跨越

广元市从整体连片贫困到同步全面小康的探索

中国扶贫发展中心　组织编写

中国出版集团
研究出版社

本书编审指导委员会

主　任：王　菲　邹自景

副主任：冯　磊　谢晓东　杨　浩

委　员：杨　敏　汪　明　罗星原　蒲国春　赵晓春
　　　　王尔敏　李　坪　李永章　唐英茂　文凌云

评审专家（按姓氏笔画排序）

　　　　王小林　王晓毅　左　停　李国强　张　琦
　　　　张春晖　罗朝立　曾佑志

课　题　组

组　长：向德平

成　员：李雪萍　陈　琦　程　玲　顾永红　宋　雯
　　　　苏　海　胡振光　王　蒙　向雪琪　梅莹莹
　　　　罗珍珍　何　瑾　向　凯　张　坤　吕明月
　　　　卫兴国　吴青霞　蒋鑫鑫　龙　霞

加快老区发展步伐，做好老区扶贫开发工作，让老区农村贫困人口脱贫致富，使老区人民同全国人民一道进入全面小康社会，是我们党和政府义不容辞的责任。

——习近平总书记2015年2月13日在陕甘宁革命老区脱贫致富座谈会上的讲话

目 录
CONTENTS

第一篇 勠力同心谋发展　全面脱贫奔小康 ……1
　一、跨越发展 …………………………………………… 3
　二、特色举措 …………………………………………… 6
　三、经验启示 ………………………………………… 13

第二篇 广元市决战决胜整体连片贫困 ……17
　一、广元市推进从整体连片贫困到同步全面小康跨越的伟大历程 ……… 18
　二、广元市实现从整体连片贫困到同步全面小康跨越的动力源泉 ……… 30
　三、广元市发挥从整体连片贫困到同步全面小康跨越的市域力量 ……… 34
　四、广元市实现从整体连片贫困到同步全面小康跨越的实践创新 ……… 40
　五、广元市推进从整体连片贫困到同步全面小康跨越的显著成就 ……… 72
　六、广元市实现从整体连片贫困到同步全面小康跨越的历史启示 ……… 78

第三篇 广元市脱贫攻坚创新举措 ……87
　一、稳定实现"两不愁三保障"的做法、成效与经验启示 ……… 89
　二、全面落实精准扶贫的做法、成效与经验启示 ……… 98

三、全面改善贫困地区基础设施和公共服务条件的做法、
　　　　成效与经验启示 ……………………………………… 115

　　四、提升群众内生动力和自我发展能力的做法、
　　　　成效与经验启示 ……………………………………… 134

　　五、广泛汇聚社会各方合力参与脱贫攻坚的做法、
　　　　成效与经验启示 ……………………………………… 149

　　六、抓党建促脱贫的做法、成效与经验启示 …………………… 162

　　七、广元市强化作风纪律促脱贫的做法、成效与经验启示 …… 173

第四篇　广元市脱贫攻坚典型案例选 …………………………… 185

　　一、广元市农业产业扶贫典型案例 ……………………………… 186

　　二、广元市工业产业扶贫典型案例 ……………………………… 193

　　三、广元市贫困家庭技能培训和就业促进扶贫典型案例 ……… 196

　　四、广元市生态建设与林业产业扶贫典型案例 ………………… 200

　　五、广元市消费（商务）扶贫典型案例 ………………………… 204

　　六、广元市交通建设扶贫典型案例 ……………………………… 208

　　七、广元市水利建设扶贫典型案例 ……………………………… 215

　　八、广元市电力建设扶贫典型案例 ……………………………… 218

　　九、广元市信息通信建设扶贫典型案例 ………………………… 222

　　十、广元市农村土地整治扶贫典型案例 ………………………… 225

　十一、广元市安居扶贫典型案例 ………………………………… 228

　十二、广元市教育扶贫典型案例 ………………………………… 232

　十三、广元市易地扶贫搬迁典型案例 …………………………… 236

　十四、广元市健康扶贫典型案例 ………………………………… 239

　十五、广元市文化旅游扶贫典型案例 …………………………… 247

　十六、广元市社会保障扶贫典型案例 …………………………… 250

　十七、广元市社会扶贫典型案例 ………………………………… 252

十八、广元市财政扶贫典型案例 ········· 256

十九、广元市金融扶贫典型案例 ········· 263

二十、广元市党建扶贫典型案例 ········· 270

二十一、广元市法治扶贫典型案例 ········· 274

第五篇　广元市脱贫攻坚政策建议　279

一、广元市脱贫攻坚取得的显著成就 ········· 280

二、广元市脱贫攻坚中的特色经验 ········· 282

三、广元市巩固拓展脱贫攻坚成果同乡村振兴有效衔接面临
的挑战 ········· 285

四、巩固拓展脱贫攻坚成果同乡村振兴有效衔接的政策建议 ········· 285

后　记 ········· 289

第 一 篇

勠力同心谋发展　全面脱贫奔小康

广元城区鸟瞰图

勠力同心谋发展　全面脱贫奔小康
——四川省广元市"六同六促进"高质量打赢脱贫攻坚战

打赢脱贫攻坚战，是中国共产党向全国人民作出的庄严承诺，是中国历史上首次消除绝对贫困的重要标志，是中国人民实现对美好生活向往的重要体现，是中华民族伟大复兴壮阔征程上的重大斗争。党的十八大以来，四川省广元市始终坚定学习贯彻习近平新时代中国特色社会主义思想，持续学懂弄通做实习近平总书记关于扶贫工作重要论述和对广元"两封来信""一次视察""一次接见"重要嘱托，以高度的政治自觉和强烈的使命担当，坚决落实党中央、国务院和四川省委省政府决策部署，力破广元之困，

大兴广元之干，加速广元之变，全力决战决胜脱贫攻坚，实现从整体连片贫困到同步全面小康跨越，探索出以"六同六促进"为核心、符合广元实际、具有广元特色的脱贫攻坚模式，为实现同步全面建成小康社会、开启全面建设社会主义现代化广元新征程奠定了坚实基础。

一、跨越发展

广元市地处四川省北部、大巴山南麓、嘉陵江上游，毗邻陕、甘两省，素有"川北门户、蜀道咽喉"之称，幅员1.63万平方公里，总人口298.9万人，下辖县区中，7个县区均为贫困县，是川陕革命老区、秦巴山集中连片贫困地区的核心区域。2013年，通过精准识别，有贫困村739个、建档立卡贫困户10.76万户、贫困人口34.82万人，贫困发生率达14.6%，高出四川省4.8个百分点，居四川省第4位。虽然广元市地处川陕革命老区、边远山区、集中连片贫困地区，但具有底蕴深厚的红色精神及由此传承的敢冲敢拼的斗争精神，在习近平总书记"两封来信""一次视察""一次接见"带来的精神激励推动下，凝聚起了脱贫攻坚的磅礴力量。

（一）科学规划，积极部署，坚决扛起脱贫攻坚政治责任

面对贫困面广、量大、程度深的状况，广元市坚持把脱贫攻坚作为最大的政治责任、最大的民生工程、最大的发展机遇，在学深悟透习近平总书记关于扶贫工作重要论述和党中央、国务院、四川省委省政府决策部署的基础上，准确把握"市县抓落实"的工作定位，主动作为，科学规划，探索将政策精神与广元市情相结合的工作路径。集聚资源要素，注重综合治理，激发内生动力，创新体制机制，形成了聚全市之力整体推动脱贫攻坚的局面。精准扶贫战略实施以来，广元结合实际情况制订年度扶贫计划，动员各类主体常态化参与基层扶贫实践，不断加大扶贫资源的投入力度和投入精准度，推动扶贫工作有序开展。

（二）凝聚合力，整体推进，以脱贫攻坚统揽经济社会发展

广元市在脱贫攻坚推进过程中着眼长远，谋划布局脱贫攻坚与同步全面小康社会建设，以脱贫攻坚统揽经济社会发展。在区域范围内统筹规划基础设施建设与产业发展，注重激活和培育贫困群众的发展能力，打造韧性社区，为推动乡村振兴、促进农业农村现代化打下了坚实基础。推进脱贫攻坚工作与锤炼干部相结合，建设了一支有热情、有思路、有方法、经得起考验的干部队伍。统筹兼顾战疫战贫，在抓紧抓实抓细疫情防控的前

提下,坚持目标不变、靶心不散、频道不换,牢牢掌握高质量打赢脱贫攻坚战的主动权、制胜权,打出了一系列攻坚"组合拳",同步夺取战疫战贫双胜利。

(三)创新驱动,科学战贫,脱贫奔小康取得显著成效

广元市以创新为驱动力,勇于探索,善于总结,采取科学治贫手段,形成了易地扶贫搬迁"四化四好"、产业扶贫"三园联动"、集体经济"三五五"、教育扶贫"四好四不让"、健康扶贫"一站式"服务、社会扶贫"四个三"等典型经验,脱贫攻坚取得了显著成效。2020年底,全市7个贫困县区全部摘帽,739个贫困村全部退出,34.7万名贫困人口全部稳定脱贫,首次消除了绝对贫困和区域性整体贫困,如期完成了党交给的重大任务。2016年、2017年、2019年在四川省脱贫攻坚成效考核中被评为"好"等次,表扬为"先进市",5次承办全国性脱贫攻坚现场会,23次代表四川省接受国家考核评估检查,产业扶贫工作得到胡春华副总理等领导同志的充分肯定。

(四)巩固成果,持续发展,有效衔接脱贫攻坚与乡村振兴

广元市将脱贫成果巩固与乡村振兴衔接作为后扶贫阶段的重点内容,紧扣产业发展和乡村治理,促进贫困地区稳定脱贫和长效发展。一是持续巩固脱贫攻坚成果。通过巩固"两不愁三保障"脱贫成果,确保脱贫人口不返贫、不产生新的贫困人口;持续精准落实各项扶贫政策、实施各类扶贫举措、服务各类贫困人口,如产业扶贫政策、教育扶贫政策、兜底保障政策等,帮助贫困人口增强自主能力,实现长久脱贫。二是动态监测边缘群体,及时解决这类群体的生产生活问题,防止其陷入贫困状态。三是以产业振兴为抓手,探索乡村振兴新路径。着力构建现代特色农业"7+3"产业体

系和"6+2"新型工业体系，充分发挥"三园联动"的带贫功能，创新标准化、现代化的产业园区。积极引导人才回流，大力发展"归巢"经济，创新返乡创业模式，带动贫困群众就业脱贫。四是推动乡村治理现代化，夯实乡村振兴发展基础。广元通过深入开展房前屋后庭园化、村落民居整洁化、产业发展特色化、公共服务体系化、基层治理法治化、新风培育常态化的"六化"行动，深入践行乡村振兴的核心内涵和基本要义，持续巩固脱贫成果，促进群众增收致富。广元统筹推动乡村"五大振兴""十大行动"，已建成"美丽四川·宜居乡村"达标村1049个、中国美丽休闲乡村5个、国家级卫生乡镇13个。

二、特色举措

（一）"干群同心"促进组织聚力，筑牢脱贫攻坚的战斗堡垒

广元市充分发挥党建扶贫在脱贫攻坚中的核心领航作用，通过党建扶贫调动各方资源、力量向脱贫攻坚一线集聚，全面推动党建扶贫领导力、凝聚力、作战力、发展力、创新力空前迸发，为打赢脱贫攻坚战提供坚强组织保障。一是配齐建强工作队伍，提升干部领导力。围绕脱贫攻坚配班子选干部，切实抓好干部全覆盖培训轮训，组织实施"一把手提能工程""专业化领导干部工程"和"年轻干部铸魂工程"(简称"三大工程")。市级每年举办各类专题培训班40余期，培训专业干部2500余人次。二是强力推进结对帮扶，增强干群凝聚力。近年来，累计选派3批次驻村帮扶力量12893人，明确4.5万余名帮扶责任人帮扶10.7万户贫困户。广元市帮扶工作成效考核始终处于四川省各市州前列，2019年位列四川省帮扶工作考核第一名。三是筑牢基层战斗堡垒，强化组织作战力。坚持因地制宜、积极稳妥、党群自愿的原则，采取富带穷、强带弱、大带小等方式，

有序推进村党组织合建联建、抱团发展。广元市以农村党支部合建共建为切入点,合并新建906个村党支部,占行政村总数的37.4%。四是促进党建引领经济发展,打造党建发展力。积极探索党建引领山区集体经济发展"643"模式,选育2843户党员中心户,采取党员中心户与骨干党员共同联系10~20名党员群众的模式,辐射带动5.5万余名群众致富奔小康。五是推动党建助力社会建设,培育实践创新力。完善村党组织领导村级治理体制机制,强化村党组织领导核心地位,构建常态教育思想激励、树立典型精神激励、道德积分物质激励、村规民约制度激励"四位一体"机制,多措并举激发贫困群众脱贫奔康的内生动力。近年来,累计培训新型农民16.3万人次。

广元市坚决打赢脱贫攻坚战誓师大会

（二）"多措并举"促进稳定增收，强化脱贫致富的核心支撑

广元市针对乡村产业小而弱、散而乱，贫困劳动者就业零散无序、技能欠缺，扶贫产品标准化程度低、市场对接能力弱等问题，坚持把促进稳定增收作为稳定脱贫的根本之策，积极构建以产业发展为根本、就业创业为重点、消费带动为支撑、集体经济为补充的"四位一体"长短结合的增收格局，不断强化资源转化、利益联结、能力提升，多方培育群众增收脱贫、持续发展的稳固支撑点。2020年10月12日，广元市作为全国两个地级市之一在中宣部、国务院扶贫办联合举办的"学习习近平总书记关于扶贫工作的重要论述研讨会"上做交流发言。一是"三园联动"促进扶贫产业高质量发展。大力推进县建现代农业产业园107个、村建"一村一品"特色产业园2548个、户建增收脱贫自强园7.4万个，通过三园"产业联建、生产联通、技术联用、利益联结"，以"大园区＋小业"新型经营模式，做大产业规模、延长产业链条、提升产业价值，带动19.1万人脱贫致富。二是"四化并举"促进贫困群众更充分、更有质量就业。市县乡党委成立农民工工作暨返乡下乡创业就业领导小组统筹农民工工作，着力在促进转移就业组织化、培训提能精准化、返乡创业园区化、扶持政策集成化四个方面创新推动，实现简单劳务输出向有质量就业创业转变。在全国设置农民工工作站和流动党员党委80余个，建成全国创业孵化园区1个、省级创新创业园区7个。在新冠肺炎疫情发生后，早谋划早动手，在全省率先采取包机、专车专列方式，"点对点"输送3万多名贫困劳动者及时返岗就业，全市18.6万名有劳动能力贫困者及时返岗就业，回引2300多名农民工留乡返乡创业。三是"四大体系"促进扶贫产品卖得好卖得俏。不断探索完善扶贫产品认证、流通、营销、质量监管体系，形成"1+7+N"农产品线上营销和线下营销格局，认定国家扶贫产品3003个、四川扶贫产品1069个，产品认定数

全省第一，开展"消费扶贫月""扶贫产品八进"等活动，销售扶贫产品11亿元，小农户进入大市场、消费引领生产初步成势。四是"三五五"模式促进村级集体经济发展壮大。坚持盘活集体资产、开发集体资源、用好集体资金，推行"经济合作社、股份经济合作社、集体资产经营管理有限公司"组织形式、"产业带动型、服务创收型、乡村旅游型、资产运营型、招商引资型"发展模式、"党建引领、多元投入、监管激励、风险防范、利益分配"保障机制，建立股份经济合作联合社2050个、经济合作联合社360个，清理核实集体资产173.4亿元、资源性资产2174.9万亩，量化集体资产128.4亿元，村级集体经济经营性累积总收入9496.22万元，其中739个贫困村收入4157.54万元、成员人均66.71元。

（三）"建改同抓"促进安居保障，提升安全宜居的幸福指数

广元市坚持把改善群众基本住房和居住条件，作为践行以人民为中心的发展思想、解决群众急难愁盼的紧要任务，实行搬迁重建、排危改造、功能提升相结合，让群众不仅住上安全舒适的房子，还能记得住乡愁乡情。一是"六改六建"保障住房安全。在全国率先实施差异化补助、重点帮扶、分类改造等安居扶贫措施，注重传统村落布局、传统民居风格、传统工艺材料、传统人文元素"四保留"，一体推进改水、改电、改厨、改厕、改圈、改室和建微田园、建入户路、建沼气池、建阴阳沟、建垃圾屋、建院坝，改造危房9.64万户（其中贫困户4.2万户），实现既住上安全房子，又记得住乡愁乡情。昭化区危房改造受到国务院督查激励。"四保留"保护传统村落经验被住建部推广，全省脱贫攻坚住房安全保障现场会在广元市举行。二是"四化四好"推进易地扶贫搬迁。按照"小规模、组团式、微田园、生态化"要求，制订《搬迁住房选址指南》《搬迁住房设计指南》，坚持"差异化搬迁规划好、规范化建设住房好、多元化发展产业好、文明化新风生

活好",实施"三避、四靠、五进",凸显"小青瓦、人字梁、白粉墙"川北民居特色,打造"依山就势、错落有致"适度规模集中的田园新村,建成集中安置区515个,搬迁安置贫困人口3.3万户10.9万人,全国易地扶贫搬迁现场会组织代表到广元市参观调研。

(四)"两基同建"促进乡村建设,奠定乡村振兴的坚实基础

基础设施的完善和公共服务条件的改善是贫困地区彻底摆脱贫困的基础性条件。一方面,全面夯实基础设施建设根基。加快全国性综合交通枢纽建设,实现县县通高速、县县通铁路、高铁列车公交化,普通国省公路覆盖90%的乡镇,100%乡镇通油路或水泥路,100%建制村通硬化路、通客车。嘉陵江实现全江通航,广元市成为距离大西北最近的内河港口城市。广元市机场开通11条航线。水利基础设施水平不断提升,乐园、曲河等中型水库工程推进顺利,建成供水工程1.34万处,农村饮水安全达标率100%、自来水普及率90%、集中供水率92.6%。区域性能源供给中心初具规模,清洁能源装机容量达245.33万千瓦,净化天然气年产能达45亿立方米,智能电网覆盖率达100%。信息基础设施建设成效显著,建成移动通信基站6000个,行政村光纤网络通达率100%,乡镇宽带网络带宽100M以上,行政村宽带网络带宽50M以上。另一方面,提升基本公共服务水平。实施"七大行动"完善基本医疗,实施"医疗救助扶持、公共卫生保障、服务体系建设、卫生服务帮扶、卫生人才培植、分级诊疗、生育关怀"七大健康扶贫行动,贫困群众基本医疗得到全面保障。广元市昭化区、苍溪县分别创建为国家级、省级健康扶贫示范县。"四好四不让"保障义务教育,坚决办好每所乡村学校、不让一所学校和教学点因弱消失,关爱好每名困难学生、不让一个孩子因贫辍学,落实好每项资助政策、不让一户家庭因学致贫,改造完成401所农村薄弱学校,办好295所农村小规

模学校，22.7万义务教育阶段适龄学生零辍学失学，通过教育扶贫阻断贫困代际传递。"四好四不让""农村小规模学校建设"实践经验在全国推广。"三三四"模式强化兜底保障，通过开展农村低保家庭经济状况评估、社会救助兜底保障对象排查、农村低保专项治理"三项行动"，健全统筹协调、信息共享、社会力量参与"三项机制"，织牢农村低保保障、残疾人福利保障、特困供养保障、慈善救助保障"四张网"，为贫困群众提供有效的基本生活保障。

（五）"志智同扶"促进内源驱动，提升贫困群众的发展能力

坚持把扶贫同扶志扶智结合起来，着力激发贫困群众发展生产、脱贫致富的主动性，引导群众依靠勤劳双手创造幸福生活。一是提升素质能力。持续开展"干部讲政策、专家讲技术、典型讲经验、群众讲党恩、做新型农民""自立自强、艰苦创业、脱贫争先、感恩奋进教育"活动，建立贫困村"乡土人才超市"，890名科技特派员经常性到村帮扶指导，1.5万名专业人才积极支农支教、义诊义治，培育家庭能人2.4万余名、新型职业农民2500余名，578名村党组织带头人参与学历提升，村党组织书记大专以上学历占比35.18%。二是强化参与监督。采取以工代赈、生产奖补、劳务补助等方式，组织贫困群众参与扶贫项目实施，调动贫困群众积极性、主动性、创造性。落实扶贫项目资金"三盯""三公开"要求，扶贫项目资金使用管理全过程接受群众监督、舆论监督，保障群众知情权、选择权、监督权。三是培树文明新风。坚持自治、法治、德治相结合，评选"百佳示范脱贫户"1440户，推行"文明新风积分管理"，发挥村级自治组织和村规民约作用，大力培育农村文明新风。围绕"感恩共产党、感谢总书记"开展感恩教育，坚持"富口袋"和"富脑袋"并重，激发群众自力更生意识、感恩奋进意识和自我发展能力。昭化区精神扶贫"四大机制"编入中宣部

《宣传思想文化工作案例选编》和《学习与交流》。

（六）"浙广同战"促进开放合作，构建互利共赢的发展格局

广元市坚持把东西部扶贫协作作为脱贫攻坚的重要内容，坚决扛起重大政治责任，深入实施"浙广同战"工程，共商合作大计、促进资源互补、合力推动发展。一是加快推进项目合作。广元市用好用实6.749亿元浙江财政帮扶资金，组织实施264个帮扶项目，总投资13.5亿元，带动10.07万贫困人口。二是全面深化产业协作。围绕现代特色农业"7+3"产业体系，坚持"三园联动"，建成广元市黄茶、苍溪红心猕猴桃等10个特色农业万亩产业基地。围绕"6+2"新型工业体系，共建工业产业园区，建成12.8万平方米标准化厂房，引进44家企业落地，累计完成70亿元的产业投资。三是优化人才培养体系。实施"四大人才支援扶贫计划"，两地互派95名挂职的党政干部，促进486名专业技术人才互动交流，举办260期各类培训班、培训3.5万人次，建立2个专家（院士）工作站等创新平台，引进28项医疗技术、农业科技等项目，推动两地干部人才观念互通、思路互动、技术互学、作风互鉴。四是全力促进劳务协作。实施劳务对接、职业培训、稳定就业"三大行动"，开展422期劳务协作培训，举办185场劳务协作专场招聘会，组织转移1.7万名贫困人口赴浙务工实现稳定就业。广元市"东西联姻、娘家培训、婆家供岗"劳务协作机制被评为全国就业扶贫典型案例。五是深度强化社会帮扶。在市、县（区）结对协作基础上，将工作重心下移延伸至乡镇、村、学校、医院，协作领域扩展至美丽乡村建设、产业发展、教育培训、医生队伍建设等，结成601对帮扶对子，累计接收浙江各类社会组织、民营企业、社会爱心人士和企业家捐赠近1亿元，惠及2万多名贫困人口。

三、经验启示

（一）超常推进是广元市实现脱贫奔小康的根本保障

广元市委市政府坚定学习贯彻习近平总书记关于扶贫工作的重要论述，坚决落实党中央、国务院和四川省委省政府决策部署，坚持把脱贫攻坚作为最大的政治责任、最大的民生工程、最大的发展机遇，全力决战决胜脱贫攻坚，实现从整体连片贫困到同步全面小康发展跨越。一是率先建立了"1+16+6+1"指挥体系。设立以市县乡党政主要负责人为指挥长的指挥部，制订《超常推进脱贫攻坚三十三条措施》，形成市级领导带头抓、县乡党政主动抓、行业部门分线抓、帮扶单位定点抓的合力攻坚格局。二是定期开展脱贫攻坚大比武。分年度打好春季攻势、夏季战役、秋季攻坚、冬季冲刺四场战役，实行"每月战报排位""每季现场会比武""每季红黄蓝评价"，扎实推进脱贫退出和巩固提升工作，将脱贫攻坚战场变成练兵场、比武场、竞赛场。深入开展"扶贫领域作风建设年""作风纪律保障年"活动，建立"433"脱贫攻坚精准监督机制，主动接受民主监督，确保责任、政策和工作有效落实。三是逐级签署脱贫"军令状"。广元市把脱贫攻坚作为重大政治任务，严格执行脱贫攻坚一把手负责制，带头履行脱贫攻坚"一岗双责"，集中力量脱贫攻坚，确保高质量完成脱贫攻坚任务。广元市通过超常推进的脱贫攻坚战略布局、工作部署和行动安排，高度聚焦责任落实和工作实效，为打赢脱贫攻坚战保驾护航。广元市承办了四川省首个精准扶贫推进现场会，《超常推进脱贫攻坚三十三条措施》被国务院扶贫办推广。

（二）机制创新是广元市实现脱贫奔小康的发展动能

机制创新是广元市脱贫攻坚的核心动力和源头活力。为了应对复杂多样的扶贫情境，广元市创新脱贫攻坚推进机制，制订脱贫攻坚工作方案，细化各项行动目标，有效解决脱贫实践中的各类问题，促进脱贫攻坚工作有序有效开展。一方面，创新脱贫攻坚推进机制。广元市不断健全指挥调度责任机制、强化党员干部驻村帮扶机制、建立财政涉农资金整合机制、完善金融服务扶贫开发机制、创新社会扶贫机制等，构建了科学化、系统化、结构化的工作机制，为打赢脱贫攻坚战夯实了制度基础。另一方面，创新脱贫成果巩固机制。广元市通过加强贫困村基层党组织建设机制，创新返贫致贫预警阻击机制、贫困群众稳定增收长效机制、易地扶贫搬迁后续发展促进机制、激发贫困群众内生动力机制，确保贫困群众稳定脱贫、长效增收。广元市将机制创新作为推进脱贫攻坚的持续动力，在扶贫实践中不断拓展新内容、探索新方式、寻找新路径、积累新经验，构建理论性与实践性相统一的扶贫机制，有效解决复杂扶贫情境中的不确定性，推动脱贫攻坚工作进入新阶段、开拓新局面、取得新成效，从而实现脱贫攻坚向全面同步建成小康社会的历史性跨越。广元市作为四川省唯一代表赴京参加了《关于创新机制扎实推进农村扶贫开发工作的意见》讨论座谈会，多次获得省领导对脱贫攻坚工作的肯定性批示。

（三）汇聚合力是广元市实现脱贫奔小康的重要支撑

广元市高度重视凝聚全党全社会力量广泛参与脱贫攻坚，抢抓浙江—广元扶贫协作、对口帮扶、定点扶贫以及互联网、电商扶贫等机遇，积极动员全市全社会力量，汇聚强大的脱贫攻坚合力，构建起政府主导、社会参与、市场运作的大扶贫格局。一是统筹整合资金。广元市统筹整合财政涉农资金投入脱贫攻坚，先后投入302.46亿元财政扶贫资金，多渠道撬动金融资本，有力保障脱贫攻坚资金需求。在广元市召开了四川省贫困县统筹整合使用财政涉农资金现场会。加强扶贫小额信贷风险防控、创新农村贫困地区信用救助机制受到人民银行充分肯定，"扶贫再贷款+扶贫小额信贷""政担银企户"模式在四川省推广。二是深化东西部扶贫协作。广元市与浙江3市6县区携手创建东西部扶贫协作示范市，开展市级主要领导交流互访、县级主要领导对接，召开联席会议，通过实施帮扶项目，以股权量化、保底分红、就近就业等利益联结方式有效带动10.07万贫困人口。引进浙江企业来广元兴业，共建扶贫车间，举办各类培训班和劳务协作招聘会，为贫困群众提供多样化的就业岗位。三是汇聚社会合力。加强与司法部、九三学社中央、国机集团3个中央级单位，省委组织部、省扶贫开发局等28个省级定点帮扶单位的沟通衔接，争取了1100余个帮扶项目，直接投入5000多万元帮扶资金，引进资金2亿余元。在四川省率先完成定点扶贫与干部驻村帮扶并轨运行和贫困村、非贫困村全覆盖选派第一书记、驻村工作队，选派第一书记4000余人次、驻村工作队队员7000余人次，扎实开展结对帮扶工作。广泛动员了超过800余家民营企业、1100个社会组织、10万余名爱心人士积极参与脱贫攻坚，累计投入67亿元扶贫资金，极大地提升了脱贫攻坚成效。2017年，在广元市召开了四川省社会扶贫现场推进会。

（四）精神引领是广元市实现脱贫奔小康的核心动力

在广元市这片热土上，遗留着丰厚的精神财富，为广元市脱贫攻坚事业注入了源源不断的生机和活力。广元市人民积极发扬"宁愿苦干，不愿苦熬"的"大茅坡精神"，始终坚守智勇坚定、排难创新、团结奋斗、不胜不休的红军精神，深刻践行伟大的抗震救灾精神，将脱贫重任扛在肩上、记在心中，不断开拓浴火重生、凤凰涅槃的美好局面。在脱贫攻坚战役中，广元市的脱贫攻坚精神也增添了新时代内涵。广元市脱贫攻坚所凝聚的精神财富已经融入各项事业的发展过程中，激励并鼓舞着广元市人民奋勇拼搏、攻坚克难，为全面建设社会主义现代化广元提供着不竭的动力源泉。

第二篇

广元市决战决胜整体连片贫困

广元凤凰楼

一、广元市推进从整体连片贫困到同步全面小康跨越的伟大历程

广元市辖4县3区，包括苍溪、旺苍、剑阁、青川4县和利州、昭化、朝天3区，共23个乡、112个镇、7个街道。幅员面积16319平方公里，2019年末全市登记的户籍人口为298.9万人，常住人口267.5万人，其中，城镇人口126.26万人，乡村人口141.24万人。

广元市是原川陕苏区核心区域、红四方面军后期首府地、长征出发地。同时，位于边远山区，生态地理环境较为脆弱，经济社会发展较为薄弱，是"5·12"汶川特大地震重灾区，也是秦巴山区连片脱贫攻坚的主战场，7个

县区中有6个国家级贫困县区、1个省级贫困县区，是四川6个整体纳入扶贫开发的市州之一。

（一）广元市"四区合一"的基本市情

广元市立足川陕革命老区、边远山区、集中连片贫困地区和地震重灾区"四区合一"的基本市情，根据农村人口比重大、农民持续增收难、脱贫攻坚与建成全面小康任务重的工作实际，着眼城乡全域、全程、全面小康，坚持新发展理念，以脱贫攻坚统揽经济社会发展，坚持稳中求进工作总基调，坚定不移实施"三个一、三个三"兴广战略，深入开展"九项工作大比武"，扎实做好"六稳"工作，全面落实"六保"任务，坚决打赢脱贫攻坚战，努力保持经济持续健康稳定发展，实现全面建成小康社会的目标。

（二）广元市经济社会发展状况

广元市历史悠久，文化和革命底蕴积淀丰厚，素有"剑门蜀道、女皇故里、熊猫家园、红色广元市"的美誉，有着丰富的自然生态资源和独特的文化特点，为其经济社会发展奠定了良好的基础。

广元市历史底蕴深厚，革命传统悠久。广元市有着深厚的历史文化底蕴，是巴蜀文明的重要发祥地之一，是先秦古栈道文化和蜀道文化的集中展现地、三国历史文化的核心走廊、中国历史上唯一女皇帝武则天的出生地，剑门蜀道被列入世界自然与文化遗产预备名录。同时，广元市有着璀璨的红色基因，是当年川陕革命根据地的政治军事经济文化中心，也是红四方面军长征出发地。

广元市生态环境独特，旅游资源丰富。广元市是嘉陵江上游生态屏障，是国家森林城市、国家园林城市，森林覆盖率达57.47%。全市动植物资源丰富，共有省级以上重点保护陆生野生动物104种，省级以上重点保护陆生野生植物35种。文化旅游、自然生态旅游和红色经典旅游资源丰富，已建成国家级自然保护区2个、省级自然保护区6个，国家5A级旅游景区1个（剑门关）、4A级景区21个，是中国优秀旅游城市、国家卫生城市，正加快建设中国生态康养旅游名市。

广元市能源资源富集，发展基础较好。广元市已探明矿产资源共37种，天然气资源丰富，水能资源开发程度较高，是中国西部重要的清洁能源利用基地。广元市是国家农产品质量安全市、四川省农产品产地无公害市，是世界红心猕猴桃原产地、全国最大标准化黄茶生产基地，四川最大的核桃、油橄榄、高山露地绿色蔬菜生产基地，有265个产品获得有机产品认证，苍溪红心猕猴桃、青川木耳、广元市富硒茶、朝天核桃等"广元市七绝"绿色农特产品远销国内外。

广元市区位优势明显，交通设施完善。广元市地处成都、重庆、西安、兰州四大城市几何中心，是规划建设的全国性综合交通枢纽和进出川门户型综合交通枢纽。有3条高速公路、4条铁路在境内交会，县县通高速公路和铁路，广元市机场开通北上广深等11条航线，嘉陵江实现全江渠化通航，连接西南西北、通江达海的立体综合交通枢纽初步建成。广元市正加快形成连接西南西北、通江达海的川陕甘接合部综合交通枢纽和四川北向东出桥头堡。

2020年广元市全市地区生产总值比上年增长4.2%，达到1008.01亿元，经济总量和人均地区生产总值在全省各市州排名均有提升，地方一般公共预算收入比上年增长8.5%（自然增长1.7%），城乡居民人均可支配收入比上年分别增长6.7%、9.4%。在经济社会持续、快速、稳步发展的过程中，广元市先后获得国家卫生城市、中国人居环境范例奖、中国散文之乡、中国楹联文化城市、中国历史文化名城、国家低碳城市试点市、全国城市医疗联合体建设试点城市等多项荣誉。

（三）广元市贫困特征及成因

2013年底，广元市共精准识别出贫困村739个、贫困人口34.82万人、贫困发生率达14.6%，2013年全国的贫困发生率为10.2%，高出全国4.4个百分点。

1. 广元市贫困特征：整体连片贫困

广元市7个县区都是贫困县区，全市被整体纳入扶贫开发中。相对于其他处于连片贫困的市州而言，广元市是整体连片贫困，区域性贫困特征更为突出，贫困面更广、贫困数量更大、贫困程度较深、多维贫困交织，脱贫难度大、返贫风险也较高。

一是贫困面广，区域性贫困突出。广元市处于秦巴集中连片贫困地区，贫困面积较大，属于区域性贫困，且整个市都被纳入扶贫开发中，构成整体连片贫困。2014年，广元市全市100%县区是贫困县区、100%乡镇有贫困村、100%行政村有贫困人口，共有739个贫困村，占行政村总数的29.2%，占全省贫困村的6.4%。贫困人口相对集中在北部山区、边远地区和移民安置区，分布在这些区域的贫困村421个，占贫困村总数的56.97%；贫困人口有154640人，占贫困人口总数的44.4%，区域性贫困特征明显。

2014年广元市贫困村贫困户分布情况表

地 区	行政村	贫困村(个)	占比(%)	贫困户(户)	贫困人口(个)	贫困发生率(%)
全 市	2527	739	29.2	107644	348153	14.6
利州区	187	59	31.6	5293	18340	10.4
昭化区	211	63	29.9	8850	30051	14.2
朝天区	214	64	29.9	7421	25518	13.5
旺苍县	352	97	27.6	16051	53832	15.5
青川县	262	79	30.2	10057	31154	16.5
剑阁县	561	163	29.1	32911	97065	16.5
苍溪县	740	214	28.9	27061	92193	13.9

2014年广元市贫困人口区域分布情况统计表

	北部山区			边远地区			移民安置区			其他地区		
	贫困村(个)	贫困人口(人)	占比(%)	贫困村(个)	贫困人口(人)	占比(%)	贫困村(个)	贫困人口(人)	占比(%)	贫困村(个)	贫困人口(人)	占比(%)
全市	205	70951	20.4	135	52983	15.2	81	30706	8.8	318	193513	55.6

二是贫困量大，贫困发生率高。广元市贫困人口规模大，2014年，共有贫困人口34.82万人，占全省人口总数的5.6%，贫困发生率为14.6%，高出全省5个百分点，居全省第四位，剑阁县、青川县、旺苍县分别以16.5%、16.5%、15.5%超过全市平均水平，居全市前三位。全市脱贫攻坚任务艰巨、形势严峻。

三是贫困程度深，脱贫难度较大。广元市全市有低保贫困户36552户、占34.0%，残疾贫困户3326户、占3.1%；贫困人口中老龄化现象突出，

广元老县城

60岁及以上占27.8%，赤贫群体较大，需要政策兜底的群体数量较多；全市有49033户贫困户住房安全没有保障，危房改造任务也较为艰巨。

2014年广元市贫困人口中60岁及以上统计表

	全市	苍溪县	旺苍县	剑阁县	青川县	利州区	昭化区	朝天区
占比(%)	27.8	30.4	26.0	28.9	28.1	23.1	24.8	24.1

四是多维贫困交织，返贫风险较高。由于贫困成因不同，存在制度性贫困、能力贫困、精神贫困等多种贫困交织的现象。同时，大部分贫困群众可持续生计能力较弱，缺乏一定的发展基础，当遇到疾病、自然灾害等突发事件时，容易陷入返贫的危险，巩固拓展脱贫攻坚成果任务难度较大。

2. 广元市贫困成因：多因致贫

（1）个体致贫原因

贫困户大多由于受教育程度低、文化知识水平有限、缺乏劳动力和专业就业技能、因病因灾因残、自主脱贫和致富动力不足等个体原因，长期处于贫困状态。从广元市2014年的贫困信息数据分析看，全市107644户贫困户中，因病致贫64498户、占59.9%，因残致贫13031户、占12.1%，因学致贫4238户、占3.9%，因灾致贫662户、占0.6%，缺技术10579户、占9.8%，缺劳动力等其他原因致贫14636户、占13.6%，贫困人口致贫原因复杂多样，部分贫困户为多因叠加致贫。

（2）区域致贫原因

贫困地区地处边远山区、生态环境脆弱、自然灾害风险较大，群众生产生活受到较大影响。同时，2014年之前广元市基础设施和公共服务薄弱，产业发展水平较低，经济结构较为传统，受传统文化思想影响深，地区脱贫的难度很大。

2014年广元市贫困户致贫原因统计表

地区	广元市	利州区	昭化区	朝天区	旺苍县	青川县	剑阁县	苍溪县
总户数	107644	5293	8850	7421	16051	10057	32911	27061
因病致贫（户）	64498	2985	5917	4515	9879	6131	16481	18590
占比(%)	59.9	56.4	66.9	60.8	61.5	61.0	50.1	68.7
因残致贫（户）	13031	944	1197	1216	1967	1441	4702	1564
占比(%)	12.1	17.8	13.5	16.4	12.3	14.3	14.3	5.8
因学致贫（户）	4238	210	312	460	905	893	599	859
占比(%)	3.9	4.0	3.5	6.2	5.6	8.9	1.8	3.2
因灾致贫（户）	662	66	41	39	80	88	182	166
占比(%)	0.6	1.2	0.5	0.5	0.5	0.9	0.6	0.6
缺技术（户）	10579	431	412	360	1342	856	4772	2406
占比(%)	9.8	8.1	4.7	4.9	8.4	8.5	14.5	8.9
其他(户)	14636	657	971	831	1878	648	6175	3476
占比(%)	13.6	12.4	11.0	11.2	11.7	6.4	18.8	12.8

一是多数处高寒山区、边远地区，自然条件较差。2014年，广元市739个贫困村中，分布在北部山区、边远地区、移民安置区的有421个，占全部贫困村的56.97%，贫困人口154640人。这些地区山高坡陡、土壤瘠薄，干旱、洪涝、泥石流、冰雹等自然灾害频发，严重限制该地区群众的生产发展。

二是基础设施和基本公共服务建设较为薄弱，发展条件较差。2014年，广元市全市仍有111个村未通硬化路，8494公里通村通组道路需硬化，还有381个村未进行电网改造，739个村农网改造不彻底，275个村本地广播电视信号未覆盖，711个村未通宽带，733个村未通天然气。同时，公共服务体系不健全，分布不均衡，优势资源向城市集中，教育、医疗、文化等专业技术人才缺乏，社会保障政策和社会救助水平难以满足贫困群众需求。

2014年广元市贫困村通村通组及联网道路硬化情况

	通村公路				通村通组及联网道路	
	已硬化		未硬化		已硬化（公里）	未硬化（公里）
	村个数	里程(公里)	村个数	里程(公里)		
全　市	628	2768	111	607	2283	8494
苍　溪	214	730			442	1845
旺　苍	35	140	62	372	1500	1400
剑　阁	141	592	22	91		1522
青　川	70	337	9	45	69	370
利　州	54	317				925
昭　化	63	501			71	911
朝　天	46	138	18	100	142	1500
经开区	5	12			60	20

三是经济结构较为传统，产业发展水平较低。广元市土地分散，耕种条件差，以传统种养业和分散经营为主，特色产业不足，难以组织化和集约化。产业基础建设薄弱，以工哺农、以城带乡能力弱。同时由于思想保守、信息闭塞、市场观念不强，大部分产业抵抗风险能力较弱。农村新型经营主体尚在培育阶段，农业龙头企业、养殖大户示范带动作用未能有效发挥，经营主体带贫机制还有待完善。

四是资金、技术、劳动力缺乏。由于历史、地域等原因，广元市县域经济薄弱，既缺乏资金、技术，又缺乏劳动力，经济发展的动力不足，以工补农、以城带乡的辐射能力不强。

五是脱贫能力和观念较落后，内生动力不够强。一些贫困群众文化水平低，有"等、靠、要"心理，主动接受新政策、新知识、新技术的意识不够，脱贫能力不强，内生动力不足。部分基层组织的示范带动作用未能有效发挥，基层党组织带头致富能力、凝聚力和战斗力亟待加强。同时农村"空心化"严重，青壮年流入城市务工就业，贫困户与帮扶活动出现时空错位，帮扶项目出现"主角"缺位，造成帮扶对接不到位、帮扶成效不明显的现象。

（四）广元市扶贫开发历程

扶贫开发是惠民生、促发展、保稳定的民生工程。自1985年建市以来，广元市坚持以贫困群众脱贫解困、安稳致富为核心，以北部山区、移民库区、边远山区为主战场，以整村扶贫、连片推进为主要路径，以科学规划布局、集聚资源要素、注重综合治贫、激发内生动力、创新体制机制为主要手段，较真碰硬狠抓落实，克难攻坚脱贫致富，推动全市扶贫工作取得巨大成效，为促进广元市经济社会跨越发展做出了突出贡献，为2020年实现同步全面小康奠定了坚实基础。

广元市实施有计划、有组织、大规模的扶贫开发始于建市初期,扶贫开发工作大致分为五个阶段。

1. 大面积解决温饱阶段(1986—1990年)

1985年,广元市全市农村贫困人口29.7万户、130.4万人,分别占同期农村总户数和总人口的52.6%和53.4%,其中7.05万户、29.6万人处于"三不"(食不果腹、衣不遮体、住不蔽风雨)境地,是当时四川省集中连片贫困地市之一,其中苍溪、旺苍两县为国定贫困县,其余县区为省定贫困县。广元市委、市政府把解决"三不"户的温饱问题作为扶贫开发的重点,狠抓改田改土和推广良种、良法、良制工程,大力提高粮食产量,并积极发展投资少、见效快的产业项目,千方百计增产增收。1988年至1989年,7县区先后初步解决温饱问题,全市农村贫困现象得到初步遏制。

2. 片区扶贫开发阶段(1991—1993年)

这期间,扶贫开发工作重点由分散扶持转移到发展区域经济、适度规模经营和建立支柱产业上来,并逐步向高寒山区和边远贫困地区延伸。广元市按照"两个稳定"(稳定的生产基础条件、稳定的增收产业)要求,以户为单位,以种养业为基础,大力发展小桑园、小果园、小药园、小养殖园。广元市全市建成了畜牧、蚕桑、林业、药材、水果和矿产开发等大批扶贫支柱产业,带动了90%以上的贫困户增产增收。同时,配套建起了一批富县工业项目,农产品生产、加工、销售一体化格局初步形成,农村贫困状况得到部分缓解。

3. "八七"扶贫攻坚阶段(1994—2000年)

1994年,按照国家制订的"八七"扶贫攻坚计划、"四进七出"标准和"五、四"扶贫攻坚标准,朝天区新增为国定贫困县,9.23万户、35.4万人被纳入扶贫攻坚对象。1994年10月,广元市委、市政府制订了《广元市扶贫攻坚计划实施方案》,把稳粮增收、越温达标作为总揽全市工作全局的中心任务，集中人力、物力和财力开展扶贫攻坚，并实施市县区机关定点扶贫制度。利州区1997年越温达标，苍溪、旺苍、剑阁、元坝（今昭化）和朝天五县区1998年越温达标，青川县1999年越温达标，贫困现象得到普遍缓解。

4. 整村推进扶贫攻坚阶段（2001—2010年）

2001年，根据《中国农村扶贫开发纲要（2001—2010年）》，广元市委、市政府制订《广元市农村扶贫开发实施方案（2001—2010年）》，提出"用10年时间建成838个扶贫新村，改扩建89所乡镇卫生院，实现3万贫困人口移民搬迁，确保10.45万'绝对贫困'人口解决温饱，61.87万'低收入贫困'人口基本生产生活条件得到明显改善，越温成果得到巩固，自我持续发展能力得到提升"的目标。2004年，广元市根据国家扶贫开发战略，提出"整村推进、连片开发"的扶贫思路，10年内累计投入各类扶贫资金近47亿元，农村贫困发生率从29.48%下降到17.62%，农民年人均纯收入从1406元增加到4036元，年均增长11.12%，深刻改变了全市贫困地区贫困人口的基本面貌，有力助推经济社会各项事业的发展进程。

5. 精准扶贫阶段（2011—2020年）

2011年5月，中央颁发《中国农村扶贫开发纲要（2011—2020年）》，正式拉开了新一轮扶贫开发攻坚的序幕。2015年，广元市委召开六届十次全会，对广元市脱贫攻坚工作进行了动员部署，提出实施"四四五六"工作方略，打好"3+12"组合拳，每年推进150个贫困村脱贫解困、减少农村贫困人口6万。广元市坚持以脱贫攻坚统揽经济社会发展全局，突出精准扶贫核心，统筹规划布局，注重综合施治，把更多公共资源、社会财富向贫困地区、移民安置区倾斜，推动扶贫工作取得重要成效，有力地推动了"美丽广元市、幸福家园"建设。

广元市先后承办了国务院秦巴山片区区域发展与扶贫攻坚启动会、全省扶贫重点县特色经济助农增收现场会、全省精准扶贫工作推进现场会等高规格会议,还作为全省唯一代表赴京参加了《关于创新机制扎实推进农村扶贫开发工作的意见》讨论座谈会,省领导多次对广元市扶贫攻坚工作作出肯定性批示。

二、广元市实现从整体连片贫困到同步全面小康跨越的动力源泉

在党中央、四川省委的坚强领导与支持下,广元市举全市之力打赢打好脱贫攻坚战,探索连片贫困地区发展道路,打造脱贫攻坚的广元市模式。广元市实现整体连片贫困到同步全面小康跨越的动力,源自习近平同志"两封来信""一次视察""一次接见"的鼓舞激励,源自自强不息的广元市精神基因,源自党中央、国务院、四川省委省政府脱贫攻坚决策部署,源自广元市脱贫攻坚体制机制创新。

(一)以"两封来信""一次视察""一次接见"作为行动指南

习近平总书记长期牵挂并关注广元市经济社会建设和发展,曾两次给广元市委、市政府发送信函,在广元市进行了一次实地视察,亲自指导广元市的发展。习近平总书记多次强调要做好东部和西部地区的对口帮扶工作,实现优势资源互补和协同发展,搭建东西部协作桥梁,加快发展性要素的流动和投入,带动广元市摆脱贫困状态,迎来崭新发展局面,创造新的经济增长点,实现全面建成小康社会的发展目标。

2002年12月15日,时任浙江省委书记的习近平同志给广元市委、市政府写信,信中指出,"今后我们将按照'三个代表'的要求,以积极的姿态,扎实的工作,一如既往地做好对口帮扶工作,继续巩固和发展两地的

传统友谊,推动对口帮扶事业和两地的经济技术合作再上新台阶"。2004年5月16日,时任浙江省委书记、省人大常委会主任的习近平同志率浙江省党政代表团到广元市考察对口帮扶工作,习近平强调,"对口帮扶工作一定要更加紧密,发展要更好更快,为广元市人民群众过上幸福美好的生活献上一份心意"。2007年3月26日,习近平同志新任上海市委书记后,再次致信中共广元市委,信中写道,"我始终牵挂着广元市的发展和进步,到上海后将继续推动上海与四川的交流与合作"。

习近平同志的深切关怀,给广元市人民巨大的鼓舞,激励广元市人民积极进取、奋勇拼搏、不畏艰难、担当作为,决战脱贫攻坚、决胜全面建成小康社会。

在习近平同志的激励下,广元市各级领导干部在脱贫攻坚工作中始终保持着高昂的精神状态、认真的工作态度和尽职的责任意识,探索出脱贫攻坚的广元市模式;广元市贫困群众坚决摒弃"等、靠、要"的思想观念,充分发挥积极性、主动性、创造性,通过勤恳劳动提高收入,摆脱贫困状态。

(二)以精神凝聚铸就发展动能

广元市的脱贫攻坚精神具有丰富的内涵。一是攻坚克难的担当精神。广元市以脱贫攻坚工作统揽经济社会发展,集全市之力推动脱贫攻坚工作,努力克服资源、人力、项目、技术等困难,向最艰深的贫困堡垒发起挑战,实现带领贫困群众脱贫致富的庄重承诺和使命担当。二是精准施策的帮扶精神。广元市通过分析贫困群众的需求和短板,找出最关键的致贫因素,制订科学的帮扶计划和实施方案,链接各类帮扶资源,增强贫困群众的自我发展能力,引领他们走上脱贫道路。三是同舟共济的互助精神。团结互助一直是中华民族的优良传统。广元市大力倡导多元主体互助协作,积极整合各类扶贫资源,充分利用东西部扶贫协作契机,构建起专项扶贫、行业扶贫、社会扶贫相补充的大扶贫格局,形成脱贫攻坚合力。四是不惧困难的奉献精神。在脱贫攻坚过程中,广元市涌现出一批优秀的扶贫干部,扎根基层、投身一线、奉献自我,长期保持"5+2""白+黑"的工作状态,努力克服自身和外部环境中的各种困难,为打赢脱贫攻坚战默默奉献着。五是因地制宜的创新精神。广元市立足基本市情和脱贫攻坚情况,通过理念创新、思维创新、方式创新、路径创新推进脱贫攻坚工作高效开展,形成了一系列具有推广意义的创新机制和典型模式,提升了脱贫攻坚的质量和实效。六是务实奋进的钉钉子精神。广元市始终朝着脱贫攻坚和全面小康的目标行进,将带领贫困群众脱贫增收作为工作重点,一点一点拔掉穷根,一步一步摆脱贫困,稳扎稳打向前走,久久为功、持之以恒,不断开拓广元市经济社会发展的新局面。

(三)以高位推动增强脱贫势能

广元市全面实行党政主要领导负总责、党员干部"一岗双责"的脱贫攻坚责任制,层层压紧压实脱贫攻坚责任。广元市学习贯彻、推进落实习近平总书记关于扶贫工作的重要论述和党中央、国务院、四川省委省政府脱贫攻坚决策部署,建立"1+16+6+1"的脱贫攻坚作战组织指挥体系,即1个市脱贫攻坚指挥部(加挂领导小组)、16个行业扶贫指挥部、6个工作协调小组和1个指挥部办公室,压实市县乡党政主体责任、市级行业扶贫指挥部分线责任、市县行业部门主管责任、帮扶部门帮扶责任,全面打造尽锐出战格局。

在作风建设方面,广元市认真落实习近平总书记关于"坚持从严要求,促进真抓实干"的重要指示,以严的精神、实的作风打好脱贫攻坚战,确保扶贫工作务实、脱贫过程扎实、脱贫结果真实。广元市始终坚持问题导向、聚焦问题发力，把破解脱贫攻坚中的突出问题、难题作为提高脱贫质量的重中之重，以落实"两不愁三保障"为抓手，将其作为补齐短板的基础性工作和"牛鼻子"工程，按照大排查"七步工作法"和问题整改"七个环节"要求，全面排查并整改脱贫攻坚中存在的突出问题。广元市扎实开展"基层减负年""脱贫攻坚纪律作风保障年"活动，靶向整治形式主义，官僚主义、不严不实不精不准等问题，建设优良的脱贫攻坚工作作风，严守脱贫攻坚的政治纪律、组织纪律和工作纪律，将问题消灭在萌芽状态，及时通过多渠道宣传纪律遵守模范典型，强调作风纪律的重要性和必要性，持续保障脱贫攻坚工作落在实处、取得实效。

（四）以机制创新释放改革活力

机制创新是打赢打好脱贫攻坚战的基本前提和重要基础。为了应对复杂多样的扶贫情境，广元市创新脱贫攻坚推进机制，制订脱贫攻坚工作方案，细化各项评估指标，有效解决脱贫实践中的各类问题，促进脱贫攻坚工作有序开展。广元市通过创新脱贫攻坚各项机制，将政府资源、社会资源、市场资源充分整合，将扶贫资金统筹到"一个篮子里"，提高脱贫攻坚工作效率。广元市将机制创新作为攻克贫困堡垒、破解深度贫困的重要法宝，积极推动各扶贫部门之间的沟通协作，实现信息共享和资源互通，打破部门信息壁垒，形成脱贫攻坚联盟，为脱贫攻坚工作的深入推进奠定良好的组织基础。

广元市始终以脱贫攻坚机制创新为重要抓手，不断健全指挥调度责任机制、强化党员干部驻村帮扶机制、建立财政涉农资金整合机制、完善金融服务扶贫开发机制、创新社会扶贫机制等，构建广元市脱贫攻坚科学化、系统化、结构化的工作机制，为打赢精准脱贫攻坚战夯实制度基础。广元市将机制创新作为推进脱贫攻坚的持续动力，在扶贫实践中不断拓展新内容、探索新方式、寻找新路径、积累新经验、开拓新局面、取得新成效，从而实现从整体连片贫困向全面同步建成小康社会的历史性跨越。

三、广元市发挥从整体连片贫困到同步全面小康跨越的市域力量

党的十八大以来，以习近平同志为核心的党中央对加快推进社会治理现代化作出了一系列战略部署。随着脱贫攻坚战略的深入推进以及乡村振兴战略的规划实施，市域治理在推动全面建成小康社会、推进社会治理现代化中的重要性不断凸显。2019年11月，党的十九届四中全会首次明确提出"市域社会治理现代化"的理念与要求，强调加快推进市域社会治理现代化，推动社会治理中心、社会服务重心以及治理资源进一步下沉到基层，更好地提供精准化、精细化服务。作为国家减贫治理体系中的重要一环，市域脱贫攻坚在发挥市级层面主导作用，统筹市域范围内各类资源，促进城乡一体化、区域协调发展等方面具有县域贫困治理不可比拟的优势。市域贫困治理的整体探索，也是广元市整体连片脱贫、全面协调发展的关键经验之一。

（一）市域脱贫攻坚的定位

市域脱贫攻坚是以设区的市为基本治理单位的贫困治理，是"市域""贫困治理""社会治理"等多个要素构成的复合概念。在中国国家治理体系中，县域处于直接接触社会的"接点"位置，而市一级则始终处于承上启下的中枢位置。不论是在"中央统筹—省负总责—市县落实"的脱贫攻坚责任体系中，还是在"中央—省—市—县—乡（镇）"五级行政治理体系中，市域治理均是上接国家、下接基层的重要中间环节。在五级行政治

理体系中，中央把握脱贫攻坚根本方向，统筹制订扶贫开发大政方针、出台重大政策举措、制订重要战略部署。省级党委和政府对扶贫开发负总责，抓好目标确定、项目下达、资金投放、组织动员、监督考核等工作。市级党委和政府要做好上下衔接、域内协调、督促检查工作，把精力集中在贫困县如期摘帽上。县一级则是落实脱贫攻坚责任的行政体系末梢，承担主体责任，切实落实中央、省、市各级脱贫攻坚部署。作为连接省、县的中间层面，广元市在贫困治理的过程中不断找准定位，发挥承上启下的中间作用，在市域脱贫攻坚中既对中央及省委的大政方针提出细化可操作的具体性、整体性的政策措施，同时也结合市域市情，在方法上创新，不断寻找中央与地方的结合点。

承上启下的中观定位决定了市域脱贫攻坚在发挥市级层面主导性。市域贫困治理承载着统筹市域范围内各种资源，狠抓脱贫攻坚落实，促进城乡一体化发展及区域协调发展的关键作用。相对于传统的以县域社会为治理对象的基层社会治理，市域治理也具有更强的整合性、协调性、综合性和枢纽性的特点。面对转型时期日益复杂的社会治理情境，市域治理有助于打破县域治理各自为政、互相竞争的破碎化、条块分割的治理格局。作为国家治理在市级层面的空间表达，市域脱贫攻坚在贯彻落实中央开发大政方针、落实省委部署和要求的同时，也将国家脱贫攻坚整体部署的"规定动作"与市域因地制宜的"自选动作"结合，以便充分发挥中央和地方两个积极性，这也在一定程度上缓解了国家治理链条过长所导致的信息偏差、治理失效等问题。

（二）市域脱贫攻坚的职能

在贯彻落实脱贫攻坚战略的过程中，广元市逐步探索并形成了市域脱贫攻坚体系。在市域空间范畴中看，广元市一级脱贫攻坚的主要职能集中在对广元市全域范围内的整体规划、资源调配、统筹整合、督查监管等方面，以及对广元市内外资源的调配引导、对接落实等诸方面。从市域全局出发，可以将广元市域脱贫攻坚的主要职能概括为纵向及横向上的条块资源统筹整合与动员、内部脱贫攻坚协调及外部脱贫攻坚协作三大板块。

以脱贫攻坚统揽经济社会发展全局。广元市委、市政府坚决贯彻落实党中央、省委重大决策部署，自觉向以习近平同志为核心的党中央看齐，以脱贫攻坚、全面小康统揽经济社会发展全局。以脱贫攻坚统揽市域经济社会发展全局，其一是注重纵向统筹，推动脱贫攻坚上接国家扶贫大政方针、下沉基层扶贫实践。具体而言，市域脱贫攻坚实现纵向统筹职能，是要自上而下压实条线责任，强化落实"中央统筹、省负总责、市县抓落实"的工作机制，在广元市全市上下形成各负其责、合力攻坚的良好格局。其二是注重横向统筹，广泛动员全市全社会力量，整合调动行业部门、企业、社会组织及个体公益力量，形成全社会参与的大扶贫格局。

域内整合协调，破除同质化发展陷阱。广元市以市域脱贫攻坚的整体性视野推进扶贫开发工作，更加强调对全域性问题的整体关注，更加考虑市域内各县区的资源要素、先天条件及发展禀赋的独特性、互补性、相容性。广元市在市级范围内的全域统筹、内部协调能最大限度地破除县域治理单元"各自为战"的局限性。广元市域脱贫攻坚通过域内整合协调，一方面，跨越县域边界，推动资源集聚、优势互补；另一方面，市域统筹超越县域的局部视角，在更高的层面统筹全域产业发展布局、扶贫资源分配，从而最大限度地推动各县区差异化发展，避免陷入同质化发展的恶性竞争和内部消耗。

跨域外部协作，东西部优势互补。传统的东西部协作扶贫、对口帮扶多是县、区之间点对点连接。县域脱贫攻坚在外部协作上的局限性在于，县与县之间在资源禀赋、产业适配等方面不一定能很好对接。点对点的连接方式在帮扶双方资源适配性不高的情况下，帮扶资源转化为帮扶优势的程度也就不高。广元市突破县域限制，实现市级层面统筹外部协作的职能，推进市级层面帮扶方、受援方的合作对接，将东西部扶贫中传统的点位协作进一步完善为全市区域协作，由"点对点"到"面对面"，在更高维度、更大灵活性的层面推进全市范围内的资源对接和资源调配，在更高的程度上推动扶贫资源配置、扶贫力量整合，以达到最佳帮扶效果。

（三）市域脱贫攻坚的创新举措

1. 扛牢政治责任，全面决战决胜

广元市委、市政府始终坚定把脱贫攻坚作为最大的政治责任，不断完善调整脱贫攻坚指挥部署，强化落实脱贫攻坚责任与监管，为建立健全脱贫攻坚动员与组织体系、强化脱贫攻坚责任体系做出了因地制宜的地方性创新探索。其一，强化组织动员体系。广元市委、市政府立足市域脱贫攻坚整体布局，统筹整合条块资源，明确压实市、县、乡（镇）以及各部门各行业条线职能任务及目标责任，探索出"1+16+6+1"的组织指挥体系，组建1个市脱贫攻坚指挥部、16个行业扶贫指挥部、6个工作协调小组、1个指挥部办公室，分别明确职责、任务和要求，构建起领导有力、运转高效、强力推进的脱贫攻坚作战格局。其二，压实责任及监督体系。广元市严格落实了市县抓落实责任制，压实了市县乡党政主体责任、市级行业扶贫指挥部分线责任、市县行业部门主管责任、帮扶部门帮扶责任，以巩固脱贫攻坚尽锐出战格局。广元市出台《超常推进脱贫攻坚三十三条措施》《脱贫攻坚工作精细化管理三十条规程》等办法，坚持脱贫攻坚目标导向和问题导向；制订《脱贫攻坚常态化约谈工作实施办法》等规章倒逼脱贫攻坚责任、政策、工作落实；持续推进脱贫攻坚"大比武"，持续打好"春季攻

势""夏季战役""秋季攻坚""冬季冲刺"四场战役,实行"现场比武""每月战报""红黄蓝季评"等举措,保持脱贫攻坚超常推进态势;深化"六个一"和任务清单、责任清单、问题清单"三张清单"制度,推动驻村帮扶工作切实落地;等等。

2. 落实精准方略,全面提质增效

广元市深入践行习近平总书记扶贫开发"贵在精准,重在精准,成败之举在于精准"的重要指示,在市域层面统筹安排脱贫攻坚工作,打出"3+12"政策组合拳,出台《脱贫攻坚责任制实施办法》等制度,实施"五个一批""26个扶贫专项"年度计划,不断提高精准扶贫成效。通过市域层面整体规划和细分下沉,广元市不断强化各级各部门各行业的脱贫攻坚责任意识,始终聚焦精准、坚持过细工作,进一步突出精准施策,进一步下足"绣花"功夫,推动域内各县区分战线分步骤推进各项重点工作,高质量高标准完成脱贫攻坚任务,全方位全覆盖公共提升脱贫成果,全过程全领域加强扶贫脱贫监管,提升工作精细化水平,确保扶贫工作质量过硬、群众认可。

一是强化产业扶贫。广元市多途径推进产业扶贫创新。创造性地开展"三园联动"产业扶贫,深入推进电商扶贫及消费扶贫,打造以"广元市七绝"为重点的全产业链,拓宽村级集体经济收入渠道,强化"四保四分红"利益联结机制。

二是强化就业扶贫。广元市坚持"五聚力五精准"推进就业扶贫,制订"稳就业15条""返乡下乡创业22条""就业扶贫15条"等措施,建立就业扶贫"一库五名单"和浙江—广元扶贫劳务协作"一库三名单",广泛开展职业技能培训,推进转移就业,开发公益性就业岗位。

三是强化住房安全。实行差异化搬迁规划好、规范化建设住房好、多元化发展产业好、文明化新风生活好"四化四好"推进易地扶贫搬迁,制订易地扶贫搬迁后续发展"七条措施",确保搬迁群众安稳致富,推进易地搬迁区"六改六建"改善人居环境、提升生活质量。

四是强化教育扶贫。坚持"四好四不让"推进教育扶贫,即开办好每一所乡村学校,不让一所校点因弱消失;关爱好每一个困难学生,不让一个孩子因贫辍学;落实好每一项资助政策,不让一个家庭因学致贫;发展好农村教育,不让贫困代际传递。

五是强化健康扶贫。实施医疗救助、公共卫生、体系建设、卫生帮扶、人才培养、分级诊疗、生育关怀健康扶贫"七大行动"。

六是强化生态扶贫。践行"绿水青山就是金山银山"理念,培养林业加工企业,发展林业新型经营主体及脱贫攻坚林业专业合作社,选聘生态护林员等,在保护绿水青山的同时实现资产收益。

七是强化基础设施建设。实行绿色通道促进度、行业监管保质量、群众主体强监督,统筹推进基础设施建设。

八是强化保障扶贫。深入开展"农村低保家庭经济状况评估""社会救助兜底保障对象排查""农村低保专项治理"三项行动,完善"统筹协调、信息共享、社会力量参与"三项机制,切实为农村特困人群建好"农村低保保障、残疾人福利保障、特困供养保障、慈善救助保障"四张网。

九是强化财政金融扶贫。统筹整合使用财政涉农资金,用好管好"四项扶贫基金",推动金融精准扶贫及财政精准扶贫,创新农村贫困地区"信用救助"机制,创新性推出"政担银企户"财金互动扶贫模式,旺苍率先试点的"小额信贷"模式在全国乃至世界范围内成为金融扶贫典型。

3. 市域合力攻坚,"七个共同发力"

广元市认真落实习近平总书记"坚持社会动员,凝聚各方力量"的重要指示,巩固专项扶贫、行业扶贫、社会扶贫同向发力的大扶贫格局。广元市推动大扶贫格局的创新举措既推动了全域范围内资源整合、汇聚攻坚合力，同时也发挥各方力量的特长优势，进一步革新脱贫攻坚工作方法和理念，完善了市域脱贫攻坚体系。其一，多措并举深化大扶贫格局。广元市通过强化浙江—广元协作扶贫、定点扶贫及社会扶贫机制，凝聚市域内政府、市场、社会各界力量，强化巩固全社会共同参与的大扶贫格局。其二，七个共同发力，全面推进脱贫攻坚。广元市汇聚整合市域资源要素，以"七个共同发力"理念及行动体系深化推进市域脱贫攻坚创新探索，"七个共同发力"也构成广元市域层面脱贫攻坚创新探索的体系化表达。在脱贫攻坚过程中，广元市坚持贯彻学习党的十九大精神和习近平总书记对四川工作系列重要指示精神，围绕习近平总书记关于扶贫工作的重要论述，认真研究安排全市脱贫攻坚工作，推动全市上下把智慧和力量凝聚到打赢脱贫攻坚战上来。在市级层面统筹扶贫各领域工作，广元市提出涵盖实行消除绝对贫困与消除贫困现象、短期有效增收与稳定长效增收、开发式扶贫与保障性扶贫、物质脱贫与精神脱贫、"输血"式帮扶与"造血"式帮扶、自我解困与社会扶贫、村户脱贫与区域整体脱贫的"七个共同发力"整体战略，在扶贫理念及行动体系上均有效推进了对市域脱贫攻坚的探索。

四、广元市实现从整体连片贫困到同步全面小康跨越的实践创新

广元市坚持把产业扶贫作为脱贫攻坚的治本之策，通过产业扶贫"三园联动"的模式和机制创新，助力"脱贫、富民、振兴"同步推进，为贫困地区产业扶贫发展提供了可供复制推广的成功经验。

（一）"三园联动"抓产业扶贫，小农户联通大市场

1. "三园联动"的重要意义

依托产业园区发展特色产业、实现产业扶贫是贫困地区脱贫的重要方式，但往往存在"水土不服"、产业结构趋同、产业园区和贫困农户"各自为战"等问题。广元市依据区域产业资源优势，以规划引领、资源统筹、机制创新为重点，建立起大园带小园、产业带农户的"三园联动"模式，即县建万亩现代农业园区，村建"一村一品"特色产业园，户建增收脱贫自强园，构建起"以点带面、以面带片"的农业特色产业体系，真正使贫困户能够主动参与和合理分享产业增长的利益。

2. "三园联动"的主要做法

广元市围绕"三园联动"，瞄准市场需求，依托区域生态优势，聚焦农业产业建园，做大做强品牌农业，凝聚各方主体力量，创新利益联结机制，促进贫困群众增收获益。

（1）落实精准要求，聚焦产业脱贫建园。广元市围绕贫困对象和脱贫任务，采用政府引导+群众认同+市场导向相结合的做法建设"三园"。一是高标准建设县级现代农业产业园。依据全市自然生态资源优势，突出发展优势产业，坚持龙头企业带动、连片规模化发展、集约化经营的建设思路，全域全程全要素打造特色农业产业链，建立县级现代农业产业园区。二是大力建设"一村一品"村级特色示范园。依据贫困村资源禀赋和产业基础，充分尊重村民产业发展意愿，确定示范园主导产业，打造具有村级特色的产业示范园。三是全覆盖建设农户脱贫自强园。依据贫困户的劳动能力、技能特长等，按照房前屋后庭园化的标准，积极引导有劳动能力的贫困户在房前屋后开办产业小庭园，实现产业对人、人对产业，因户施策、因地制宜确定特色产业和业态。

（2）适应市场需求，聚焦壮大产业兴园。一是坚持以业立园，特色化发展产业，品牌化做优产品，融合化提升效益，统筹优先发展苍溪猕猴桃、朝天核桃、剑门关土鸡、道地中药材四大全产业链集群。二是做响做好"广元市七绝"、高山露地蔬菜、剑门关土鸡、"两湖"生态有机鱼"7+3"区域公共品牌。三是实施"农业特色产业+"战略，大力发展创意农业、休闲农庄、生态康养、乡村旅游。四是做大做强一批国家省级重点龙头企业，带动园区和贫困户发展产业，以业态为纽带，组建多种形态的小庭园经营合作社，大力推动农村电商、定制农业进村入园，组织带动贫困村贫困户进入大市场。

（3）完善利益机制，聚焦群众受益活园。广元市在创新"三园联动"模式的过程中，以产权为核心、产业为纽带、股份合作为重点，构建大园区+示范园+小庭园利益链，带动贫困群众分享产业发展红利。园区企业、合作社、村级集体经济组织等主体，通过为户办产业小庭园提供统一农资供应、统一技术服务、统一产品销售等，提升小庭园生产效益，增加贫困户经营收益。贫困户一方面通过土地、林地、扶持资金等入股，增加其集体经济分红收益；另一方面通过"入园、入社、入企"务工，获得劳务收益，还可以依托合作社和企业，采取托管、寄养的方式，实现互利共赢。

（4）多方协同发力，聚焦稳定增收强园。一是加大资金投入，整合涉农项目资金、撬动金融和社会资金，投入"三园"建设。二是聚合各类科技人才，精准服务"三园"产业发展，在农业产业园建院士（专家）工作站、专家大院，驻村科技帮扶农技员负责特色产业示范园科技服务，农业科技服务团队对户办产业小庭园开展"基层点菜、专家上门"农技巡回服务。三是举办农民夜校，开办田间课堂，推动"提能培训"入"三园"，提升贫困群众生产技能。

朝天区曾家高山露地绿色蔬菜基地

3. "三园联动"的主要成效

广元市通过高起点规划、因地制宜布局、大力度整合资源和多层次推进"三园"建设，发挥"三园联动"的叠加优势，推动了产业扶贫高质量发展。

（1）"三园联动"实现高质量脱贫。广元市重点围绕优势特色产业调整优化区域空间布局，构建"三带多点多片"产业体系，支撑"三园"产业选择精准取向、适度规模、寻优发展。截至2020年，累计建成现代农业产业园115个、"一村一品"特色产业园2477个、增收脱贫自强园8.6万个，发展特色扶贫产业480万亩，特色产业覆盖8.8万贫困户，对贫困村、贫困户实现全覆盖。正是通过高起点规划、因地制宜布局、大力度整合资源和多层次推进"三园"建设，广元市实现了脱贫摘帽。

（2）"四联四带"促进全面小康跨越。广元市大胆探索，创新"三园"

之间产业、主体、经营、利益四个联动。第一,"三园"的产业选择保持高度关联,实现园与园之间产业联动。第二,积极组建合作联合社和产业化联合体,实现园与园之间主体联动。第三,"三园"经营全面推行统一品种、农资、技术、品牌、销售和分户生产的"五统一分"模式,实现园与园之间经营联动。第四,"三园"利益联结改变简单的"土地出租+务工"土地流转方式,主推股份合作、保底分红、利润返还等深度利益联结模式,让贫困群众充分分享产业发展各环节红利,实现园与园之间利益联动。

(3)"全链提升"与乡村振兴有效衔接。广元市在巩固产业扶贫"三园联动"发展的基础上,重视在产销对接的精准施策和打通产业扶贫全产业链方面持续发力,逐步形成基地种植、工厂精深加工、产品品牌打造、市场销售的完整全产业链结构,强力打好产销对接、产业融合和品牌建设的一套组合拳,进一步巩固了持续稳定脱贫的基础,夯实了从产业扶贫向产业振兴转变的重要基石,有效实现了脱贫、富民、振兴的有机衔接。

4."三园联动"的重要启示

(1)发挥联动叠加优势。第一,发挥现代农业产业园为特色农业产业提供产业体系、生产体系、经营体系的依托作用。第二,发挥村特色产业示范园上接现代农业产业园、下连户办产业小庭园的纽带作用和作为村级集体经济发展的平台作用。第三,发挥户办产业小庭园作为贫困户直接产业增收脱贫致富的载体作用,实现小农户和现代农业发展有机衔接。

(2)创新产业扶贫机制。第一,创新经营主体带动机制。充分发挥新型农业经营主体在资金、技术、品牌、市场营销等方面的优势,带动农民发展增收致富产业,推行户改场、场入社、社接企、企连市的新型农业经营主体培育机制。第二,创新股权量化联结机制。在贫困村开展集体资产股份合作制改革,进一步盘活贫困村资产资源、股权量化集体资产、将资产收益股权全部量化给精准识别的贫困户，让农户受益。

（3）实现多重利益联结。推行"特色产业示范园+村级集体经济组织+贫困户"等模式组建集体资产专业合作社，因地制宜采取股份合作经营、集体自主经营、租赁托管经营等方式，努力增加贫困户收入。使主导产业与因户施策相结合，确保户有增收门路。

（二）"五聚力五精准"抓就业扶贫，提高就业质量

就业扶贫实践创新是精准脱贫的关键举措，也是扶贫成效的重要体现。

1. "五聚力五精准"的重要意义

广元市创新推出"五聚力五精准"就业扶贫模式，精准掌握贫困群众的就业需求，制订有针对性的帮扶政策，帮助贫困群众增强就业技能、提高就业能力、搭建就业平台、增加就业机会，实现"一人就业，全家脱贫"的目标。

2. "五聚力五精准"的主要做法

（1）聚力就业扶贫基础，精准掌握需求。广元市通过向定点培训机构、中介机构购买社会化服务，采取上门走访、电话联系、问卷调查、座谈访问等方式，分片区定期开展进村入户调查，精准掌握贫困劳动者基本信息、就业状态、就业去向、能力需要、帮扶需求，分类建实建准"一库五名单"基础台账，动态跟踪掌握贫困群众的就业信息和需求。

（2）聚力提升就业能力，精准培训技能。广元市推行"353"模式，大力整合涉农培训资源，创新出台职业培训补贴办法，制订了3~60天、500~8800元不同培训课时、不同补贴标准的培训政策。广元市按照需求调查、对象内容、计划制订、机构比选、组织培训、技能鉴定、效果评估"七步法"，围绕市场需求、产业发展需要，大力开展"特色产业+实用技术""民间工艺+能工巧匠""劳务订单+岗位技能""异地务工+技能提

升"等精细化、定制化培训。

（3）聚力提高组织化程度，精准转移就业。广元市实施"企业＋人力资源服务中介机构＋贫困村"三方合作机制，在人力资源富足的贫困村建立企业劳务合作基地，定向组织贫困劳动者转移就业。广元市采取"村委会＋企业＋贫困户"居家灵活式、"企业＋车间＋贫困户"企业车间式、"专业合作社（企业）＋基地＋贫困户"专业合作社基地式对接模式，建设就业扶贫基地（车间），促进贫困群众就近就业。同时，加强东西部劳务协作，实施"包交通食宿费、包薪资福利、包子女入学，自主择地、自主择业、自主择岗"的"三包三自主"劳务派遣机制，组织贫困群众到省外就业。

（4）聚力公益性岗位开发，精准兜底保障。广元市整合人社、国土、公安、交通、林业等部门的公益类岗位资源，在每个计划退出的贫困村至少开发5个公益性岗位，吸纳贫困群众参与养老护理、治安协管、护林绿化、道路维护、地质灾害监测等公共服务，拓宽兜底保障渠道。同时，加强特殊贫困群众就业帮扶，安置大龄、残疾贫困群众及其家庭劳动力，确保有特殊困难的贫困家庭至少有1人就业。

（5）聚力增强内生动能，精准引领创业。广元市大力实施"一个贫困村、回引一名能人、落地一个项目"的"三个一"返乡创业扶贫工程；推行"1个贫困村＋1名电商创业能人＋贫困劳动者＋农副产品"的网络创业扶贫模式；建立致富带头人吸纳贫困户参与创业、联合贫困户合作创业、帮助贫困户自主创业"三大机制"，着力增强贫困群众内生动能，带动贫困户在产业链上实现增收。

3."五聚力五精准"的实施效果

一是精细化掌握贫困群众就业需求，提高就业扶贫政策设计的科学性、可行性和精准性。二是全方位提高贫困群众就业技能，有效适应就业市场的用工需求，实现了有培训、转移就业、创业意愿的贫困群众100%得到培训、转移和帮扶。三是强化了贫困群众就业组织化程度，促进工作岗位的精准匹配。四是开拓本地公益岗位资源，完善了贫困群众的兜底保障。五是提高贫困群众的创业积极性，促进了创业项目建设和创业人才集聚。

截至2020年底，广元市开展贫困群众各类职业技能培训9.17万人次，累计实现贫困劳动者转移就业41.65万人次，建成就业扶贫基地（车间）514个，共有8280名贫困劳动者实现就近就业，推动761个优秀创业项目落地贫困村，带动1.83万名贫困劳动者就业。

4. "五聚力五精准"的经验启示

广元市通过聚合五大就业力量，精准服务贫困群众，实现就业过程的动态管理，显著提升就业扶贫成效。

（1）全方位收集贫困群众的就业需求和意愿，分析贫困群众个人能力的优势和不足，在此基础上开展针对性的技能培训，提升贫困群众的就业技能。

（2）统筹整合地区就业资源，发挥组织部门、培训机构的协作优势，加大资金扶持力度，实现资源聚合效应。

（3）分区分类提供就业服务，为本地就业者推荐就近就地就业机会、开发多种公益性岗位，为外出务工者对接就业信息，提供就业后勤保障，协助解决就业后顾之忧。

（4）依托能人创业带动作用，开发多样化的创业项目，建立科学的利益联结机制和创业帮带模式，确保群众增收脱贫。

（三）"4+2"抓消费扶贫，构建现代产销体系

在消费扶贫领域，广元市依托"四川扶贫"公益性集体商标品牌优势，

因地制宜建设"扶贫产品认定、扶贫产品组织、扶贫产品销售、扶贫产品质量监管"四大体系，落实"领导考评、奖励激励"两大机制，实行"任务清单＋责任清单"，有效解决扶贫产品"销售难""运输难""丰产不丰收"等问题，助推扶贫产品"卖得出、卖得好、能受益"，取得了通过创新扶贫产品销售体系促进精准脱贫的良好效果。

1."4+2"消费扶贫的重要意义

广元市推进消费扶贫的意义体现在三个方面：第一，促进扶贫产业发展。消费扶贫体系涉及生产、加工、销售、流通等各个环节，可以推动农业产业升级和农产品质量提升，打造农产品品牌，促进农村产业融合发展。第二，促进贫困户增收。消费扶贫可以帮助贫困户及时对接消费市场，为其提供稳定的增收渠道。第三，推动扶贫事业发展。消费扶贫是对传统帮扶方式的提升，能为贫困户带来一个长期稳定的收入渠道，是效果最持久的一种扶贫方式。

2."4+2"消费扶贫的主要做法

广元市围绕打造"四川扶贫"商品品牌，完善扶贫产品销售体制机制，着力突破制约扶贫产品销售的瓶颈，实现扶贫产品与市场需求精准对接，确保扶贫产业效益持续发挥。

（1）构建扶贫产品认证体系。广元市以全面推进国家级、省级电子商务进农村综合示范项目为契机，围绕苍溪猕猴桃、剑门土鸡、朝天核桃、青川山珍等优势资源和产品，打造新兴地方特色品牌。按照有"三品一标"、有初步规模、有扶贫带动、有质量保障"四有"标准，对农特产品、旅游产品、工业产品分类建立"四川扶贫"商标产品申报名录，由归口部门动员生产及运营主体申报，做大"广元市造"扶贫产品，提高市场占有率。

（2）构建扶贫产品组织体系。广元市依托市级集中代理配送骨干企业、县区扶贫产品营销中心、电商物流产业园、乡村电商服务站点，组建市、县、乡、村四级产品组织和物流体系。采取企业自主、委托授权、定向采购、集中采购、自产自销等多种产品组织方式，对产品进行原材料收集、生产加工、质量检测、包装、营销以及物流配送等。通过整合部门资源，推动"物流+电商"协同发展，打通农产品进城"最后一公里"，健全完善农产品上行物流配送体系。建立扶贫产品信息收集发布体系和供需信息平台，每周形成供应、需求清单，方便各类主体采购供应。

（3）构建扶贫产品销售体系。广元市以市场需求为导向，大力开展组织广元市扶贫产品"进市场、进商超""进车站、进景区""进酒店、进餐厅""进学校、进医院""进机关、进企业""进社区、进家庭""进网络、进平台""进专店、出海外"，实现广元市扶贫产品全链销售。组织开展"惠民购物全川行动""川货全国行""网上迎春购物节"等活动，主动对接浙江—广元扶贫协作市县，在浙江对口帮扶城市设立"广元市造"扶贫产品专卖店。

（4）构建扶贫产品质量体系。广元市推行"生产承诺制""产品检测准出制"，强化对农产品生产环节、市场流通环节、农户自产自销环节的产品质量监管，大力推进扶贫农产品标准化生产，加强农业投入品和产地环境管控，将"集中用标扶贫农产品"和"广告精准扶贫推介农特产品"纳入农产品质量安全重点监管区和监管巡查对象。将扶贫产品纳入质量安全追溯平台管理，落实生产基地网格化监管制度，完善市、县、乡（镇）、村四级农产品质量安全监管和市、县检测体系建设，强化监管责任，确保农产品质量安全。

（5）实施两项保障措施。广元市从支持政策和奖补政策两方面保障消费扶贫工作顺利实施。一是建立领导考评机制。从组织领导、宣传推介、工作落实三个方面强化工作推进机制，完善扶贫产品销售体制机制，着力突破制约扶贫产品销售瓶颈。二是落实奖励激励机制。在落实国、省层面刚性支持要求的同时，在财税、金融、人才培训等方面加强支持。同时，各县区对在建专区专柜、直采直购、扶贫信息员销售扶贫产品以及评选先进等方面给予一定奖补，实现扶贫产品与市场需求精准对接，确保扶贫产业效益持续发挥。

3."4+2"消费扶贫的主要成效

在消费扶贫领域，广元市坚持"政府引导、社会参与、市场运作、互惠共赢"，创新扶贫产品销售体系建设，切实打造农副产品进入市内外城区的"直通车"，为推动广元市经济社会高质量发展、助力脱贫攻坚发挥了重要作用。

（1）统筹社会各方力量，扩大了消费覆盖面。广元市动员和引导全民参与、全民推广消费扶贫。党政领导和广大党员干部带头从帮扶联系村或其他贫困村直接购买时令蔬菜、水果、肉蛋等农副产品，推动解决贫困户农产品销售难题，帮助贫困群众增收。鼓励社会各界参与，民营企业、行业协会、商会、慈善机构等社会组织和个人，发挥各自优势，积极履行社会责任，采取"以购代捐""以买代帮"等多种方式，不断扩大贫困地区产品和服务消费。

（2）聚焦打造高效平台，提升了消费服务水平。广元市以打通供应链条为主要目标，引导扶持一批供应链示范企业，形成农产品"从田间到餐桌"的全链条联动。建设市级扶贫产品营销中心，为全市扶贫产品提供展示展销、交易撮合、品牌孵化、质量检测等服务，做到全面掌握市内外农产品销售信息，与市外大市场互联互通。发挥农业龙头企业销售带动作用，做到电商平台、龙头企业、营销中心互联互通，形成了有效联动的消费扶贫工作格局，提升消费服务水平。

（3）聚力激发内生动力，提高了贫困户参与度。贫困户既是受帮扶对象,也是扶贫产品的供应者。消费扶贫的实施,一方面创新了营销模式,为贫困户参与农产品销售创造了条件,把贫困户的供应和消费者的需求更直接、更便捷地对接起来,结成更紧密的利益共同体;另一方面调动了贫困户参与的主动性、积极性,激发其内生动力,提升自我发展能力。

4. "4+2"消费扶贫的重要启示

(1)消费扶贫促进了"多方共赢"。消费扶贫的实践过程实质上是政府机关、企事业单位和贫困农户等多元主体利益机制建构过程。[①]消费扶贫通过联结服务消费主体与贫困农户,促进了来自贫困地区和贫困人口的产品与服务供给的增加,拓宽了贫困农户的收入来源渠道和力度。各消费主体在同等条件下,优先消费来自贫困地区和贫困人口的产品与服务,服务了国家战略目标。贫困农户在尊重市场规律的前提下,将其产品与服务组织起来有序进入市场以实现其市场价值,可以充分调动其主动性和积极性,增强其内生动力机制。

(2)消费扶贫确保了公平价值导向。消费扶贫通过动员全社会力量优先消费来自贫困地区和贫困人口的产品和服务,将贫困地区和贫困人口的生产活动纳入社会运转大循环,通过市场价格机制,实现贫困地区和贫困人口的农产品、劳务以及旅游资源价值得到市场公平体现。消费扶贫实现了从简单地给钱给物变为增强贫困地区和贫困人口的生产能力,进一步增强这些地区与群体的内生动力。

(四)"四好四不让"抓教育扶贫,阻断贫困代际传递

教育是提高群众个人素质、刺激群众内生动力的最重要手段。教育扶贫是脱贫攻坚当中的重要内容,也是我国扶贫格局中不可缺少的部分。

---

① 厉亚、宁晓青:《消费扶贫赋能脱贫攻坚的内在机理与实现路径》,《湖南科技学院学报》2019年第2期。

1. 教育扶贫的重要意义

习近平总书记高度重视教育扶贫工作，强调"扶贫必扶智"，确定了教育扶贫的基础性地位。习近平总书记提出把"发展教育"作为精准扶贫"五个一批"的重要内容，并指出"要把发展教育扶贫作为治本之计，确保贫困人口子女都能接受良好的基础教育，具备就业创业能力，切断贫困代际传递"。"扶贫必扶智、治贫先治愚"决定了教育扶贫在脱贫攻坚战中的基础性地位和先导性作用。只有实施教育扶贫，着力发展教育，提高人口综合素质，才能有效激发贫困地区人口的内生动力，从根本上阻断贫困的代际传递。

2. "四好四不让"的主要做法

针对贫困地区仍普遍存在的教育水平发展落后、群众文化水平低下、贫困人口个人能力不足、就业竞争力缺失、思想观念陈旧等问题，广元市提出了"四好四不让"的创新举措，即"举办好每所乡村学校、不让一所校点因弱消失，关爱好每名困难学生、不让一个孩子因贫辍学，落实好每项资助政策、不让一户家庭因学致贫，发展好农村教育、不让贫困代际传递"。

（1）重视乡村学校建设。自2016年以来，广元市通过实施"改薄"项目、农村教师周转房项目、中央预算建设项目、薄弱中职学校基础能力提升项目，全面改善县区薄弱学校基本办学条件。加强农村教育信息化建设，为全市所有农村学校配备"班班通"设备，配备率达到100%；完成全市88所乡镇中心校与所辖133个村小（教学点）"同步课堂"建设；完成30所城区优质学校与90所农村薄弱学校"专递课堂"建设。农村学校互联网及教育城域网接入率达100%，农村学校的办学条件得到大幅改善。

（2）严格落实控辍保学。广元市大力抓控辍保学工作，要求"不让一个孩子因贫辍学"。严格落实控辍保学"五长"责任制，层层签订目标责任书。针对建档立卡义务教育阶段学生全面实行"一对一"结对帮扶机制，超常采取"人盯人"控辍策略，切实做到"义务教育一个都不能少"。印发了《关于加强贫困地区控辍保学工作的通知》，全市义务教育阶段建档立卡贫困家庭学生无一因贫辍学。

（3）精准保障学生资助。广元市贯彻"应扶尽扶"的原则，实行资助学段全覆盖，对建档立卡贫困家庭的学生实行一对一摸底式管理，精准落实每项资助政策。2017年，广元市全市投入2.9亿元，资助各类在校学生49.6万人次，其中建档立卡贫困学生9.5万人次。其中幼儿保教费资助1627.8万元，义务教育寄宿制学生生活补助1.71亿元（含农村学生享受营养餐资金1.05亿元），普高学生资助5032.18万元，中职学生资助4239.78万元，建档立卡贫困家庭中职学生生活补助189.5万元，建档立卡贫困家庭大学生资助1516.8万元。

（4）注重提升教育质量。广元市在客观评估本地教育发展水平的基础上，着力提升教育质量，提出了"基础教育追赶计划"与"教师专项支持计划"，一方面，积极加强基础教育建设、狠抓教学质量，缩小与发达地区教育发展的差距；另一方面，通过东西部协作"请进来、走出去"的手段，以扩大师资人才交流、建立"名师工作室"等方式，促进教学理念与教学方式的进步与创新，提高教师的教学水平与教育质量。

3."四好四不让"的实施效果

（1）有效完善了教育扶贫体系建设。广元市不断加大教育扶贫资金投入，保障教育扶贫的有效实施，扎实推进"两不愁三保障"的落实工作。仅2019年，全市在教育扶贫专项计划投入就达到了27474.5万元。广元市严格执行控辍保学制度，截至目前，全市218463名义务教育阶段适龄学生（其中含30625名建档立卡义务教育阶段学生）无因贫困而辍学失学情况发生。此外，广元市坚实推进农村中心校建设，扩大在东西部教育扶贫方面的协作，深化推进了教育扶贫的覆盖范围，在扎实落实教育扶贫举措的同时让教育扶贫的体系建设变得更全面、更科学。

（2）有力推进了教育质量提升。广元市积极学习东部发达地区的教育经验，全市61所学校与浙江56所学校签订对口帮扶框架协议，不断完善浙广校企合作、产教融合机制，加强两地干部、教师等人才交流，着力在教学教研、师资交流、职教就业等方面与浙江进行深入协作。此外，广元市还推行了"乡村名师工作室""名师工程"等项目，通过教师培养、教研指导、名师引进、名师评选等方式，有效强化了教师队伍建设、提升了教育核心竞争力，不但巩固了教育扶贫的成果，还有效提升了教育教学质量，进一步建立和健全了教育扶贫的长效机制。

4."四好四不让"的经验启示

广元市在教育扶贫领域的创新实践获得了显著的成效，为其他地区教育扶贫提供了有益的启示：

（1）革新理念。广元市深刻意识到教育扶贫在扶贫攻坚体系中的关键作用，将教育扶贫作为头等政治任务来抓，以提高教育质量为追求，让每个学生不但能接受教育，还能接受好的教育。

（2）精准实施。广元市精准落实各项教育扶贫措施，通过"五长责任制""送教上门"等创新方式，不错失、不遗漏，让每个学生都能享受到教育资助。只有精准施策，才能保障政策的全面覆盖与个性化实施，让困难学生和家庭真正受益。

（3）重在长远。广元市重视教育基础建设水平的提升，更重视教育发展对区域内经济、文化、人口素质的长远影响。在实行教育扶贫的过程中，广元市重视教育扶贫"立德树人""阻断贫困代际传递"的核心作用，将教育扶贫作为扶贫长效性机制来建设，以阻止贫困的代际传递，彻底根除贫困。

（五）"七大行动"抓健康扶贫，有效遏制因病致贫

广元市实施"医疗救助扶持、公共卫生保障、服务体系建设、卫生服务帮扶、卫生人才培植、分级诊疗、生育关怀"七大健康扶贫行动，全面保障贫困群众基本医疗。

1. 健康扶贫的重要意义

习近平总书记强调，"患病是致贫返贫的重要原因""要深入实施健康扶贫工程，提高贫困地区医疗卫生服务能力"。广元市建档立卡贫困人口共34.82万人，其中因病因残致贫人数占比高达58%。因此，广元市始终聚焦"基本医疗有保障"目标，严格按照"六个精准"要求，大力实施健康扶贫攻坚行动，全面提高贫困人口健康水平，为决战决胜脱贫攻坚，实现从整体连片贫困到同步全面小康跨越提供健康保障。

2. "七大行动"实施健康扶贫的实践举措

（1）因病施策落实医疗救助政策。广元市组织市、县、乡（镇）、村医疗机构对贫困人口开展疾病筛查识别，健全和动态调整医疗救助工作台账。锁定医疗救助对象69744人、占比20%，其中患大病1.69万人、占比4.85%。针对医疗救助对象全力开展医疗救治工作，实行分类施治、分级治疗，全面落实"四个一批"。实施贫困人口"十免四补助"医疗扶持和"两保三救助三基金"医保扶持政策。健全贫困患者"先诊疗后付费"制度和"一站式"报账流程，落实贫困患者医疗费用公示制度，规范医药爱心扶贫基金和卫生扶贫救助基金的使用和管理。创新实施县域外重大疾病患者医疗救助政策和临界贫困户医疗救助政策。

（2）预防为先开展公共卫生服务。广元市持续推进贫困人口免费健康体检、100%建立健康档案，贫困患者100%纳入健康教育和健康管理对象。加强传染病、地方病的监测与防治，对重点人群和慢性病患者实行分

类干预和健康管理。优化妇幼健康服务，认真落实妇幼重大项目和免费计生基本技术服务。推进健康细胞建设，实现健康阵地、健康明白人、健康习惯、健康信息化"四个全域覆盖"，从源头上有效阻击因病致贫、因病返贫问题。全市累计创建健康家庭295375个、健康村1228个，培养健康明白人299161人。

（3）达标提能健全医疗服务体系。广元市创新加强网底管理，推动县乡村医疗卫生机构达标提能建设，消除乡村医疗卫生机构和人员空白点，补充完善基层医疗设施设备，巩固提高县级医疗机构疑难危重病诊治能力以及基层医疗机构常见病、多发病诊治能力和公共卫生服务水平。推进基层医疗卫生机构基础设施建设，进一步巩固乡镇卫生院标准化、规范化建设成果，达标卫生院达248个，完成贫困村卫生室标准化739个。

（4）资源下沉实施卫生服务帮扶。广元市以建设县域医共体为契机，推进"县乡一体、乡村一体"机制建设，强化对口帮扶，促进优质医疗资源下沉。精准对接需求，合理选派人员，自开展健康扶贫以来，市、县两级医院派出支援帮扶医务人员3200余人次。覆盖县区所有乡镇开展文化科技卫生"三下乡"、对口支援专家定期开展巡诊义诊活动，提高医疗服务公平性、可及性。推进全市贫困人口中的常住人口家庭医生签约服务全覆盖，向贫困群众提供集预防、保健、康复、健康管理于一体的综合性、连续性基本公共卫生服务和基本医疗服务。实施"互联网+医疗健康"，推进全民健康信息化建设，大力开展远程医疗，通过信息化手段提升卫生服务帮扶能力。

（5）强基固本培植卫生人才。培养引进一批紧缺实用型人才，促进贫困地区卫生人才增量提质。加大基层医疗单位空岗补员力度，适当放宽基层医务人员招聘条件，多渠道补充基层卫生人员。促进优质卫生人才下沉，落实城市医师晋升职称前服务基层规定，建立青年医师下基层长效机制。健全乡土卫生人才培养机制，大力开展全科医生、"合格村医"培训和乡村医生定向免费培养，按照分级分类、各级负责的原则，强化在职在岗人员进修培训，确保每个村卫生室有1名合格村医。持续开展"广元市名医""优秀护理工作者""优秀乡镇卫生院院长"和"优秀乡村医生"评选工作，不断健全基层卫生人才激励机制。

（6）科学就医完善分级诊疗。健全分级诊疗制度，引导患者合理就医。落实首诊责任，规范双向转诊，严格执行贫困患者县域外转诊备案，通过加强管理、价格调整等手段，引导患者有序流动，提升群众对基层医疗卫生机构的利用率和获得感。加强医疗联合体、医疗服务协作区、临床诊疗中心建设，加快落实多项优质医疗资源逐级下沉措施和市级医院接诊贫困患者报告制度。宣传科学就医理念，加强对贫困群众科学就医知识普及，建立基层医疗机构宣传工作机制，常态长效开展各类宣传活动，逐步培养群众科学就医行为。

（7）宣奖结合实施生育关怀。完善目标管理责任制，扎实做好计划生育法律法规政策以及避孕节育、优生优育知识的宣传教育工作。探索建立以市妇幼保健机构为桥梁、县区妇幼保健机构为枢纽、乡镇卫生院和社区卫生服务中心为基础的区域妇幼健康服务联合体，形成分工协作、上下联动的工作机制。落实母婴安全行动计划和儿童健康行动计划，严格母婴保健技术服务机构和人员准入。完善计划生育利益导向机制，严格落实计划生育奖励扶助政策，实施生育关怀工程，加大对计划生育特殊、困难家庭的关怀扶持力度，促进计划生育家庭民生持续改善。

3. "七大行动"实施健康扶贫的实施效果

（1）健全"一体化"管理，基层健康服务能力全面夯实。广元市开展对口支援帮扶、开展巡诊义诊活动、开展家庭医生签约服务、加强基层人才队伍建设，完善市、县、乡、村四级医疗体系。通过大力实施健康扶贫，精准摸清健康底数，建立健全健康扶贫工作机制，有效提升了基层医疗卫生服务能力，逐步完善医疗卫生服务体系，群众健康素养普遍提高，健康行为基本养成，有效遏制了因病致贫返贫。

（2）构建"新机制"，健康扶贫水平全面提升。广元市探索建立"乡镇卫生院集中筛查，县级医疗机构专家组集中鉴定，县医保局集中审核办理"的"三集中"贫困人口慢性病特殊门诊办理新机制，切实解决了贫困人口办理慢性病特殊门诊"最后一公里"问题。创新建立"三个强化、三个统一、三个结合"的健康扶贫档案管理新模式，实现健康扶贫档案管理标准化、痕迹化、规范化。创新"临床筛查、精准识别、层级救治、减轻负担，转移垫付、分忧减压，结算报销、合力救助，病情转归、全程追踪"的贫困人口救治工作新机制，增强了健康扶贫实效。

（3）筑牢"防护墙"，健康细胞建设全面推进。广元市通过开展健康村、健康家庭、健康明白人工程，将工作关口前移，注重防治结合，标本兼治。

广元市健康扶贫工作成效明显，昭化区、苍溪县分别创建为国家级、省级健康扶贫示范县，工作经验成效在全省交流、全国推广，被《人民日报》和中央电视台宣传报道。截至2020年12月底，广元市精准识别医疗救助对象96271人，实施大病集中救治82493人次、重病兜底保障22498人次、慢性病签约管理100636人次，其他疾病救助239416人次，治愈201120人次，好转180036人次，恢复劳动能力9297人次，部分恢复劳动能力20192人次。累计统筹报销医疗救助救治各类资金达30亿元。县级医疗卫生机构建成三甲2家、三乙2家、二甲14家、二乙12家，248个乡镇卫生院和2442个村卫生室全面达标，其中21个卫生院达到二级标准。近5年累计新增医疗卫生人员2117人，基层医疗机构空编率控制在4.03%以内。

4."七大行动"实施健康扶贫的重要启示

健康扶贫作为脱贫攻坚的重要内容和最难啃的硬骨头,受到党中央高度重视、人民群众高度关切,健康扶贫成效直接影响脱贫攻坚质量。广元市坚持问题导向,聚焦贫困人口"基本医疗有保障"目标,立足当前,着眼长远,坚持健康扶贫与卫生健康事业发展相互促进,为贫困患者减轻了医疗负担,提供了良好健康保障。同时注重创新实践,通过"健康细胞工程"等项目建设,建立健全了阻击因病致贫返贫的预警监测和长效服务机制,显著提升医疗卫生服务和健康保障水平。

(六)"四化四好"推进易地扶贫搬迁,提升宜业宜居水平

广元市践行习近平总书记"确保搬得出,稳得住,逐步能致富"的重要指示,认真贯彻落实中央、省委决策部署,以"六化"行动为引领,探索形成了易地扶贫搬迁"四化四好"广元市模式。广元市把易地扶贫搬迁作为脱贫攻坚决策部署的"头号工程",2018年、2019年连续两年市易地扶贫搬迁工作稳居全省第一梯队,全市搬迁脱贫成效斐然。

1.易地扶贫搬迁的重要意义

广元市易地扶贫搬迁以实现人口、资源、生态的协调发展为目标,从根本上改变了制约贫困群体发展的环境条件,创造了稳定脱贫的良好条件。实施易地扶贫搬迁以来,当地原有的乡村治理方式及社会保障、医疗保障等生活生产条件得到了明显的改善。广元市易地扶贫搬迁改善了贫困群体的生活空间,奠定了乡村经济社会发展的基础,推动了脱贫攻坚与乡村振兴的有效衔接。

2."四化四好"推进易地扶贫搬迁的主要做法

广元市通盘考虑易地扶贫搬迁中规划选址、搬迁建设、后续扶持等不同阶段的特点和难点,制订符合广元市实际的"四化四好"易地扶贫搬迁

广元市旺苍县嘉川镇五红村易地扶贫搬迁安置点

工作方案。

（1）突出差异化搬迁规划好。第一，精准摸底夯实基础。广元市坚持人户结合，采取户申请、村组评、乡镇审、县公告程序锁定搬迁对象，同时建立健全进出机制。第二，统筹规划彰显特色。广元市推动搬迁规划"三避四靠五近"，同时推进绿化、美化、彩化、香化"四化行动"和垃圾、污水、厕所"三大革命"。第三，多措并举破解用地难。通过集中流转土地、闲置土地利用和自主调剂置换等方式，广元市有效解决搬迁户在迁入地建房用地难题，同时大力实施"易地搬迁与土地增减挂钩"，推动土地资源向资本转化。

（2）着力规范化建设住房好。第一，一条底线管控标准。坚持"严控面积、超标无效"原则，预留续建空间，同时对特殊困难群众，采取"村委会＋贫困户""政府＋贫困户"等形式进行兜底安置。第二，一套组合拳控制成本。落实县区政府主体责任，严格实施搬迁计划，严厉打击以次充好、囤积居奇、哄抬物价行为，综合施策压低成本。第三，一条流程保证质量。广元市推行"一县一策"，实行一套图纸、专人放线、工匠施工、包村监管、统一验收。第四，一份协议推进"建新拆旧"。乡镇政府与搬迁户签订协议，约定奖惩条款，严格履行"建新拆旧"合同。

（3）推进多元化发展产业好。第一，立足长远发展确定安置方式。广元市坚持"房随业走"，采取"转移就业＋连片搬迁""扩大产业＋部分搬迁"和"城镇建设＋整体搬迁"的方式，推进"搬迁＋旅游""搬迁＋康养""搬迁＋电商"模式。第二，加强职业培训提升劳动技能。广元市全面摸清搬迁群众就业意愿，完善就业咨询、岗位发布，订单式开展培训。第三，建立帮带机制促进稳定增收。广元市建立"新型经营主体＋集体经济组织＋搬迁贫困户"利益联结机制，为有经营能力的搬迁户提供"五统一"服务，引导无经营能力的搬迁户通过股份合作以及托管寄种（养）等方式参与产业发展。

（4）培育文明化新风生活好。第一，落实惠民政策提升获得感。广元市制订落实十大救助制度，细化落实教育"三免一补"政策、医疗"十免四补助"，推行"互联网＋易地扶贫搬迁"模式。第二，量化集体资产股权增强归属感。广元市在贫困村率先开展集体资产股份合作制改革，将搬迁户平等纳入迁入地村级集体经济组织，并通过"一事一议"方式将股权适当向搬迁户倾斜。第三，建设"四好"新村增进幸福感。广元市深入开展社会主义核心价值观教育和"感恩奋进"活动，全面推行文明新风积分制管理。

3. "四化四好"推进易地扶贫搬迁的显著效果

广元市通过异地扶贫搬迁，不仅让9.3万人"挪穷窝"，还促进了经济、社会、生态的协调发展，产生了良好的综合效果。

（1）极大改善了基础设施和公共服务设施。广元市易地扶贫搬迁建设了一大批安置住房，完善了安置区水、电、路、气、网等基础设施，以及教育、卫生、文化等公共服务设施，大幅改善了贫困地区生产、生活条件以及贫困人口生活质量。

（2）进一步保障了搬迁贫困户的生计安全。广元市易地扶贫搬迁工程统筹解决劳动力外出务工和特色产业发展问题，拓宽贫困户增收渠道和致富空间，引导搬迁对象发展现代农业和劳务经济，提高收入水平。

（3）有效推进了三产融合和新型城镇化。广元市易地扶贫搬迁建设了一大批移民新村、特色小镇，扩展了市县城区规模，推动了产业集聚和转型升级，有效推进了城镇化进程。

（4）稳步推动了脱贫攻坚与乡村振兴的有效衔接。广元市创新推动易地扶贫搬迁"四区同建"，成功完成了3个易地扶贫搬迁特色乡村示范点建设。通过高质量推动易地扶贫搬迁，广元市实现了脱贫致富与生态保护的"双赢"，稳步推动了脱贫攻坚与乡村振兴的有效衔接。

4. "四化四好"推进易地扶贫搬迁的重要启示

（1）因地制宜规划空间，完善创新政策体系。广元市推行"一县一策"，各县因地制宜制订政策，对搬迁对象、住房建设标准及方式、补助标准及方式、人口认定、规划选址、建设程序、质量监管、资金管理等进行明确要求和界定，形成可操作性强的政策体系。结合乡村振兴战略，坚持宜聚则聚、宜散则散，探索创新"小、组、微、生"的集中安置模式，有序推进和谐搬迁。

（2）强化后续扶持，保障生计安全。广元市通过就业和产业帮扶，强化劳务经济与特色产业带动，提升搬迁群众增收致富的机会和能力。同时，开展集体资产股份合作制改革，将搬迁户纳入迁入地村级集体经济组织，建立"新型经营主体+集体经济组织+搬迁贫困户"利益联结机制，促进贫困群体的稳步脱贫和可持续发展。

（3）培育社区共同体，推进治理现代化。广元市强化安置区党员干部队伍、群团工作队伍、志愿服务队伍等能力建设，推动多方参与的社区协同治理。同时，加强社区精神文明建设，全面推行文明新风积分制管理，引导搬迁群众养成好习惯、形成好风气、融入新环境、适应新生活，为培育社区治理共同体，推进社区治理体系和治理能力现代化奠定基础。

（七）"六改六建"抓住房安全，改善人居环境

广元市大力开展农房"建、改、保、拆"工作，引导群众通过室内改厕、改厨、改卧室等"六改"行动，合理规划功能区域，室外突出打造"踢脚线、白墙面、脊座白、瓦灰色"的川北民宿，院落里围绕建微田园、入户路、沼气池、阴阳沟、生态垃圾箱、院坝"六建"行动，统一打造极具乡愁气息的外观风貌。

1. "六改六建"保障安全住房的意义

住房安全有保障是"两不愁三保障"的重要内容。广元市始终把农村贫困人群住房安全保障放在决战脱贫攻坚关键环节，通过提高政治站位，明确危房改造责任，全面摸清改造对象底数，通过实施脱贫攻坚安居扶贫工程，掀起了一场声势浩大的易地扶贫搬迁、农村危旧房改造、土坯房改造革命，走出了一条"规划统筹、项目整合、资金拼盘、保护优先、建改结合"的安居扶贫助推乡村振兴之路。一批农居美、村庄美、生活美的宜居乡村在青山绿水间纷纷绽放，把广元大地装扮得异彩纷呈。作为一项受益面广、农民得实惠的德政工程，安居扶贫工程不仅有效改善了人居环境，还真正

广元市昭化区王家镇方山村农村危房改造

让群众住上了结构安全、功能齐全的好房子。

2."六改六建"保障安全住房的做法

广元市始终把保障安全住房作为一项民生工程和脱贫攻坚的"一号工程"紧抓不放。针对不同贫困地区、不同贫困个体的具体情况，建改结合，对安全住房保障工程进行了积极探索和实践。

（1）完善农房功能。根据村民生活习惯的差异性，合理规划生产区、住宿区、生活区，完善农房功能。

（2）改善居住环境。对改造提升的农房，积极推行改水、改电、改卧、改厨、改厕、改圈"六改"行动以及建微田园、建入户路、建沼气池、建阴阳沟、建垃圾屋、建院坝"六建"行动，改善居住环境，打造宜居乡村。

（3）保留传统元素。坚持保留"传统村落布局、传统民居风格、传统工艺材料、传统人文元素"，全市向农村建房户提供20余种具有川北民居特色的"小青瓦、穿斗结构"户型图，鼓励群众就地取材、就地改造。

（4）消除安全隐患。通过对墙体、木屋架进行加固，对挑檐木柱进行更换，对墙体裂缝用砂浆填充修复，对木材表面用油漆涂刷修复，对屋盖破损的小青瓦进行更换，对凹凸不平的屋内地面用水泥砂浆进行硬化等方法，消除农房安全隐患。这样不仅合理重构农房功能区域，使农村人居环境得到大力改善，更使得农民生活质量得到明显提高，实现"业兴、家富、人和、村美"总体要求。

另外，广元市积极推进"5+2"模式，统筹整合农村危房改造、新村建设、易地扶贫搬迁等5类项目资金，创新实施"农房建设共建共享""信贷资金建房改房"等融资新模式。同时，积极争取农发行抵押补充贷款资金，入库农村人居环境整治项目27个，申请贷款105.55亿元，主要用于危房改造，破解农房建设资金瓶颈，全市各县区获批贷款17亿元，已提取13.5亿元。安全方面，建立市安居扶贫指挥部牵头、行业主管部门包片、乡镇具体实施、村社联合监督"四联动"监管体制，不断强化技术指导、质量控制、过程监管和竣工验收"四个到位"。

3."六改六建"保障安全住房的效果

受益于安居扶贫，近年来，广元市住房保障和城乡建设局组织培训工匠1.1万人次，有效拉动内生动力，带动4.5万名农民实现家门口就业。全市享受农房政策的建档立卡贫困户76009户。通过实施农房政策、开展全覆盖质量安全评定、抽样复核等综合评判，广元市实现所有建档立卡贫困户的住房安全有保障。因农村危房改造工作积极主动、成效明显，广元市昭化区农村危房改造2018年受到国务院督查激励表彰。同年4月，广元市成功承办全省脱贫攻坚住房安全保障现场会。

4."六改六建"保障安全住房的启示

住房安全有保障是贫困人口脱贫的基本要求和核心指标，直接关系到脱贫攻坚的质量。贫困群体的住房保障问题不仅是资金问题，还是复杂的经济社会问题。安居扶贫是一项系统工程，唯有精准施策、因户施策，才能得到群众发自内心的认可和支持。通过将贫困群众可持续发展放在首位，科学制订安全住房保障措施，不仅体现了当地"大山大水大森林"的自然特征，更是因地制宜，与园区、景区、社会统筹布局规划，确保贫困群众安心、安身、安稳，做到了安居又乐业。

（八）"五大行动"抓饮水安全，提高群众生活水平

安全饮水工程是一项关乎民生的重要工程，是打赢脱贫攻坚战的"攻坚工程"。广元市实施饮水安全、产水配套、骨干水源建设、水生态治理、技术人才保障"五大行动"，完善了农村水利基础设施，切实解决了困扰老百姓发展的瓶颈。

1. 保障饮水安全的意义

农村饮水安全保障是实现脱贫攻坚"两不愁三保障"目标的重点工作之一，是脱贫摘帽的一项硬指标，也是全面建成小康社会的必要条件。2019年4月16日，在解决"两不愁三保障"突出问题座谈会上，习近平总书记强调，"饮水安全有保障主要是让农村人口喝上放心水，统筹研究解决饮水安全问题"。脱贫攻坚以来，广元市水利部门克难攻坚，以决战决胜的姿态全力推进农村饮水安全工程建设，水利基础设施得到长足发展，农村水利条件全面改善，实现了现行标准下农村饮水安全全覆盖。以水兴业、以水富民、以水美村的发展变化，让群众的幸福指数大幅提升。

2."五大行动"保障饮水安全的做法

广元市充分发挥水利在脱贫攻坚中的基础性、先导性和保障性作用，以工程建设为基础，以改革创新为抓手，为贫困地区和贫困群众脱贫致富奔小康提供了强有力的水利支撑和保障。

（1）确保饮水安全。以新建、扩建、配套、改造、联网等措施，重点以骨干集中供水工程管网延伸覆盖、连通分散供水工程，通过"城乡一体化供水、城市补贴农村＋政府限价、县财政差额补贴"等方式，实现城乡供水同网同价同质同服务。深化"总站＋协会＋个户"的农村饮水安全项目建设管理模式，紧盯水量、方便程度、水质、保障率四项标准，着力提升农村供水安全保障，建立从源头到龙头、精准到户的饮水安全保障体系，全面推进农村饮水安全攻坚克难，坚决做到不掉一户、不落一人。

（2）实施产水配套。全力推进农田水利工程建设，通过整治水库、塘堰，新建维修渠道，改造小型泵站，新建蓄水池等工程措施，构建"库、塘、池、堰、渠配套，蓄、引、提、节、灌结合"从水源到田间的生产用水保障体系，深入探索贫困山区"长藤结果"空间布局的水利发展新模式。

（3）建设骨干水源。抓质量、追进度、保安全，全力推进双峡湖、曲河、乐园、杨家河、大寨等中小型骨干水源工程建设，力争工程早日建成发挥效益，为贫困地区提供可靠的水源保障，进一步夯实水利发展基础。

（4）开展水生态治理。不断推进节水型社会建设，突出抓好水土保持、中小河流治理、山洪灾害防治等项目的实施以及水利风景区的创建，大力实施"清水工程"，强化水生态环境治理；探索建立完善水生态补偿机制，按照"超标者赔偿、改善者受益"原则开展水生态补偿实践。实现山清水秀，真正体现"望得见山、看得见水、记得住乡愁"，着力提升贫困群众人居环境，为幸福美丽新村建设、乡村旅游产业发展奠定坚实基础。

（5）强化人才保障。将水利人才技术帮扶作为水利扶贫的一项重要内容，以水利管理人才、专业技术人才和技能人才培训为重点，通过行业技术力量调度，加强基层队伍建设，着力提高水利人才队伍的业务能力、学历水平和综合素质，为推动贫困地区水利发展提供有力的人才保障，做好水利脱贫攻坚第一线的水利技术服务工作。

3. "五大行动"保障饮水安全的效果

（1）生活供水保障不断改善。通过大水厂带小水厂、小水厂联合运行，实现了互联互通保障；改进水处理工艺，加强水质监测力度，保护农村饮用水水源地，实现饮水安全工程稳步提质增效；进一步明晰了工程产权，落实了管理主体，实现了工程稳定良性运行。

（2）水源保障能力不断增强。按照"以水定产、以水兴业"的原则，新建整治一大批水源工程，稳步推进骨干渠系建设。逐步构建了"库、塘、池、堰、渠配套，蓄、引、提、节、灌结合"从水源到田间的生产用水保障体系。

（3）生态供水网络保障不断完善。以"河湖长制"为抓手，推进水系、水体、水域、水生态的综合治理，逐步实现了"碧水"工程；突出抓好水土保持、中小河流治理、山洪灾害防治等项目的实施，强化水生态环境治理；进一步探索建立完善水生态补偿机制，按照"超标者赔偿、改善者受益"原则开展水生态补偿实践。

4. "五大行动"保障饮水安全的启示

民以食为天，食以水为先。水利是打赢脱贫攻坚战的基础支撑和保障，水利扶贫在国家脱贫攻坚总体布局中肩负重要使命。保障贫困人口的饮水安全是关系到群众切身利益的大事。2020年是全面建成小康社会目标实现之年，是脱贫攻坚收官之年。因此，需要把好饮水安全的"总闸门"，补齐饮水安全的"小康短板"，让一泓清泉润泽百姓的心。

（九）"三三四"强化兜底保障，织牢社会保障网络

广元市以低保、社会救助、社会福利制度为主体，以社会帮扶、社工助力为辅助，探索出"三三四"兜底保障运行模式。

1. 强化兜底保障的重要意义

社会保障兜底扶贫是精准扶贫"五个一批"的重要内容，是实现高质量脱贫的关键环节。随着经济社会的发展，贫困人口的需求层次和需求结构在不断变化。广元市坚持保障基本、兜住底线，坚持聚焦重点、精准发力，坚持政府引导、多方参与，坚持改革创新、统筹推进，积极回应社会变化，不断满足贫困人口的保障需求，编密织牢保障困难群众基本生活的"安全网"。

2. "三三四"强化兜底保障的主要做法

广元市深入落实和贯彻中央和四川省社会保障相关政策，在精准识别、保障机制、兜底内容三方面探索实践，逐渐形成了兜底保障的广元市特色和经验。

（1）开展三项行动。第一，开展农村低保家庭经济状况评估行动。广元市健全农村最低生活保障家庭经济状况评估认定指标体系，进一步优化评估认定办法，规范评估认定方式。第二，开展社会救助兜底保障对象排查行动。广元市对低保、特困、未脱贫人口、建档立卡边缘人口和收入不稳定、持续增收能力较弱、返贫风险较高的已脱贫人口等对象进行全面核查，确保不漏一户、不落一人。第三，开展农村低保专项治理行动。广元市围绕形式主义、官僚主义、漏保、近亲属备案等方面，全面、持续、深入开展农村低保专项治理行动。

（2）健全三项机制。第一，健全统筹协调机制。广元市健全社会救助工作体系，构建部门之间政策横向协作，省、市、县纵向共享救助格局，统

筹推进兜底保障脱贫和社会救助工作。第二，健全信息共享机制。广元市健全信息互通、部门协同的信息共享机制，加强预警监测，及时评估致贫返贫风险，积极推行网上自助申请受理审批方式。第三，健全社会力量参与机制。广元市创新社会组织管理服务方式，鼓励单位和个人等社会力量通过捐赠、设立帮扶项目等方式参与社会保障扶贫。

（3）织牢四张网。第一，织牢农村低保保障网。广元市提高低保标准，加大分类施保力度，逐步提高救助水平。第二，织牢残疾福利保障网。广元市落实困难残疾人生活补贴和重度残疾人护理补贴制度、残疾人扶贫对象生活费补贴制度和残疾儿童康复救助制度，加强相关补贴和救助。第三，织牢特困供养保障网。广元市全面建立特困人员供养制度，逐步提高供养标准，加快建设社会养老服务体系，积极探索"医养结合"型和社会化养老模式。第四，织牢慈善救助保障网。广元市与中华慈善总会等慈善组织建立了稳定的长期合作关系，实施了助学、慈善大病救助、困境儿童关爱以及集体经济产业发展等慈善项目。

3. "三三四"强化兜底保障的主要成效

广元市在实施社会保障兜底扶贫的过程中，兜底识别更为精准，兜底保障更为有力，保障机制更为完善，产生了良好的兜底效果。

（1）兜底识别更为精准。广元市实行整户保与单人保相结合，将未脱贫的建档立卡户中的重度残疾人、重病患者等完全或部分丧失劳动力的贫困人口参照单人户纳入低保，并开展社会救助兜底保障对象排查，提高了兜底对象认定精准度。

（2）兜底保障更为有力。广元市实施两项制度衔接特别是实施社会保障兜底推进精准扶贫政策以来，逐步提高了农村低保标准，更多贫困人口尤其是无劳动能力的贫困人口得到了切实有效的救助和帮扶。

（3）保障机制更加完善。广元市在兜底扶贫过程中，进一步完善了兜底保障机制，包括低保贫困人口的精准识别、精准救助、精准管理、精准退出以及多部门参与协作的工作机制等。

4."三三四"强化兜底保障的重要启示

（1）强化兜底识别精准度。第一，因地制宜探索精准识别方法。结合地区实际，发挥基层扶贫工作者的创新精神，探索多样的精准识别及分类救助方法。第二，聚焦特殊困难群体政策兜底。进一步聚焦儿童、老人等特殊贫困群体和农民工群体，针对新形势创新兜底识别方法，完善和创新各种具有综合性保障的减贫和预防贫困的措施，奠定贫困人口稳定脱贫的基础。

（2）强化社会保障制度衔接。第一，强化两项制度衔接。不断加强农村低保与扶贫开发以及社会保障救助制度间的衔接，形成社会保障兜底扶贫的合力，满足贫困人口多元化、多层次的救助需求。第二，强化开发式扶贫与综合保障性扶贫的有效衔接。推进各种综合保障性扶贫措施的创新和实施，形成各项社会保障救助制度功能充分发挥、各项社会保障救助资源充分整合、城乡困难群众生活得到有效保障的良好格局。

（3）强化多部门协作机制。第一，强化组织保障。建立政府领导、业务主管部门牵头、有关部门配合、基层落实、社会参与的组织领导机制。第二，强化平台建设。建立信息互通、部门协同的信息共享机制，提高救助的时效性和便捷性。第三，强化社会力量参与。创新社会组织管理服务方式，鼓励单位和个人等社会力量参与社会保障扶贫，加强督促检查以及宣传引导，在全社会凝聚起扶贫济困的强大正能量。

五、广元市推进从整体连片贫困到同步全面小康跨越的显著成就

广元市坚持以脱贫攻坚统揽经济社会发展全局,全市经济发展动力增强,区域性整体贫困得到明显改善,人民生活水平显著提高,实现"到2020年底,全面消除绝对贫困,让贫困群众住上好房子,过上好日子,养成好习惯,形成好风气""既要富起来,又要绿起来,更要美起来"的目标,奠定同步全面建成小康社会的坚实基础。广元市历史性地告别了千年绝对贫困,迈入全面推进乡村振兴、全面建设社会主义现代化的新征程。广元市脱贫攻坚取得了丰硕的成果,2020年,全市贫困人口全部脱贫,全市739个贫困村实现全部退出,全市7个贫困县区实现全部摘帽。2019年9月4日,全国深度贫困地区脱贫攻坚督导推进会在广元市召开,胡春华副总理出席会议并对广元市扶贫工作给予了充分肯定。

(一)广元市脱贫攻坚取得的巨大成就

1. 贫困治理体系不断完善

广元市坚持把脱贫攻坚作为最大的政治责任、最大的民生工程、最大的发展机遇,以精准扶贫、精准脱贫为工作导向,把握阶段性特征,优化工作方略,创新贫困治理理念,推动精准治贫体系发生质的飞跃。在制度方面,根据广元市的实际状况出台《超常推进脱贫攻坚三十三条措施》,为贫困治理提供行动指南和制度支持;在管理方面,完善"1+16+6+1"组织指挥体系,巩固强力领导格局,有力推进脱贫攻坚进程;在机制方面,探索创新扶贫协作机制、防贫监测预警机制等多项机制,提升贫困治理的外源拉力和内源驱动力;在队伍方面,通过完善"十强十少十不准"责任链

任务链、健全驻村帮扶制度和干部容错激励制度，壮大贫困治理队伍力量，提升一线扶贫工作队伍战贫士气；在手段方面，坚持改革创新，在完成好中央规定动作的基础上细化和丰富自选动作，提升贫困治理的实效。

2. 群众生活水平显著提升

广元市坚持把稳定增收作为脱贫致富的核心支撑，多渠道发展产业、扩大就业、提升村级集体经济，强化带贫利益联结效应，促进贫困户、贫困村稳定增收，大幅提升了群众生活水平。2019年，农业产业带动巩固脱贫19.2万人，开展职业技能培训11997人，建立就业扶贫基地（车间）64个，组织当年计划脱贫劳动者转移就业9694人，开发安置贫困劳动者公益性岗位4712人。村级集体经济帮助贫困群众流转土地收租金、务工就业挣薪金、入股分红获股金、委托经营拿酬金、集体收益分现金。截至2019年底，广元市城镇居民人均可支配收入33481元，比上年增加2889元，增长9.4%；人均生活消费支出21912元，增长9.1%；农村居民人均可支配收入13127元，比上年增加1273元，增长10.7%；人均生活消费支出11021元，增长10.9%。城乡居民人均收入比值由上年的2.58缩小为2.55。

3. 基本民生民计快速发展

广元市在发展中补齐民生短板、促进社会公平正义，在幼有所育、学有所教、劳有所得、病有所医、老有所养、住有所居、弱有所扶上不断取得新进展，让广元市人民在共建共享发展中有更多获得感和幸福感，促进广元市人民的全面发展和共同富裕。有效解决了区域性整体贫困，缩小城乡区域发展和居民生活水平差距，基本实现基本公共服务均等化，有效保障了贫困群众在教育、医疗、住房等方面的基本权利，提升了群众的福祉，满足了人民日益增长的对美好生活的需要。

广元市通过开展"三减三勤三禁"活动和实施"七大行动"成效强化了健康扶贫，落实医疗救助各项资金4亿元，救治贫困患者96210人次，

群众正在苍溪现代农业园区采摘猕猴桃

并在当地召开的贫困地区健康促进三年攻坚行动新闻发布会做经验交流；"四好四不让"推进了教育扶贫，落实教育资助资金3.675亿元，办好295所农村小规模学校，27097名义务教育贫困学生零辍学失学，"创建美丽乡村学校"的做法被中央电视台《新闻调查》专题报道；用好"基本医保+大病保险+医疗救助"、自然灾害救助、社会救助等政策提升了保障扶贫，35581户65315名建档立卡贫困人口全部纳入低保兜底保障，发放3.2万名困难残疾人生活补贴3506.35万元、3万名重度残疾人护理补贴2149.53万元。

4. 农村发展条件明显改善

广元市坚持把改善农村面貌作为重要目标，持续性保障安全住房、提升基础设施、美化整洁环境，大力推进道路、水利、电力、信息网络、环境卫生等基础设施建设，极大改善了贫困地区群众生产、生活条件，有力增强了基础设施建设、公共服务、生态建设和乡村治理，为乡村振兴奠定了坚实基础。

首先是住房安全得到有效保障。全市搬迁新建住房3622套，搬迁入住10030人，搬迁群众搬得出、稳得住，也逐渐向能致富发展，苍溪县在本地召开的全国易地扶贫搬迁现场会做交流发言。完成农村危房改造34074户，改造土坯房157396户，消除房屋安全隐患，完善住房功能，改善居住环境，建档立卡贫困户住房安全得到全面保障。昭化区危房改造受到国务院督查激励。其次是基础设施条件得到强化。新改建农村公路5609.8公里，改造村道1992公里，苍溪县创建为"四好农村路全国示范县"。实施水利扶贫项目2万余个，建成农村供水工程1.4652万处，全面保障了34.8万贫困人口饮水安全；新增水利工程蓄水能力达1亿立方米，新增有效灌溉面积10.43万亩。实施46个贫困村农网改造升级，贫困人口生活用电全部达标，农村供电可靠率提升至99.96%。行政村宽带网络覆盖100%、城镇4G网络覆盖100%、乡镇宽带网络带宽50M以上，创建"文化扶贫示范村"17个。最后是人居环境明显改善。2019年，全市农村生活垃圾得到有效治理的行政村达到90%以上，农村生活污水得到有效处理的行政村占比达到30%以上，农村户用卫生厕所普及率达到80%以上，畜禽粪污综合利用率达75%以上，开展村庄清洁行动的行政村比例达到100%，行政村通硬化路比例达到100%，建设"增彩添香"示范村23个，创建省级乡村振兴先进乡镇3个、示范村27个，创建全国乡村治理示范村2个，"美丽四川·宜居乡村"达标村1049个，26个村纳入国家级传统村落保护名录，8个村获得"四川省最美古村落"称号。

5.经济社会活力有效激发

广元市坚持以脱贫攻坚统揽经济社会发展全局，有效激发了经济社会的发展活力。2019年广元市全年地区生产总值（GDP）941.85亿元，按可比价格计算，比上年增长7.5%。其中，第一产业增加值153.01亿元，增长3.1%；第二产业增加值389.68亿元，增长8.2%；第三产业增加值399.16亿元，增长8.4%。一、二、三产业对经济增长的贡献率分别为6.3%、52.1%、41.6%，分别拉动经济增长0.5个百分点、3.9个百分点、3.1个百分点。全年人均地区生产总值35262元，比上年增长7.2%。

同时，广元市践行"绿水青山就是金山银山"理念，培育160家林业加工企业、795个林业新型经营主体、161个脱贫攻坚造林专业合作社、1450户林业种养大户，带动贫困户34900户78864人，选聘6599名贫困人口为生态护林员，实现人均增收3855元。广元市创建为全国绿化模范城市，成为首批全国森林旅游示范市。

（二）广元市从整体连片贫困到同步全面小康跨越的重大意义

1. 充分彰显了中国特色社会主义制度的巨大优越性和旺盛生命力

广元市在脱贫攻坚过程中，发挥了广元市人民团结协作的奋斗精神，展示了凝心聚力的协作力量，也充分彰显了社会主义制度的强大优势。强有力的"1+16+6+1"作战指挥体系推动扶贫队伍下沉，党员全员参与，干部尽锐出战。同时，加大统筹力度，积极进行社会动员，充分挖掘社会扶贫的潜在力量和优势资源，汇聚攻坚合力，巩固专项扶贫、行业扶贫、社会扶贫同向发力的大扶贫格局。以深入创建东西部扶贫协作示范市、加强定点扶贫为契机，推动区域间产业发展、旅游开发、生态建设等方面进行深度合作。发挥基层党组织的战斗堡垒作用，将中国特色社会主义制度优势中组织动员群众和优化资源配置的功能充分转化为带领群众脱贫致富的不竭动力。

2. 整体消除了贫困地区千百年来存在的绝对贫困现象

改革开放四十多年以来，广元市走出了一段波澜壮阔的改革发展之路，也走出了一段极具广元市特色的贫困治理之路。广元市作为脱贫攻坚任务较重、难度较大的地区，全市人民不畏艰难险阻，充分发挥艰苦奋斗、自立自强的精神，努力克服脆弱的生态环境限制，极力改善落后的生产生活条件，呈现了广元市人民奋斗拼搏、勇于攻坚克难的精神面貌，与"坚韧自强"的新时代广元市精神相呼应。广元市脱贫攻坚取得显著成效，全市所有县区和贫困村实现摘帽退出，34.5万名贫困人口脱贫，贫困发生率下降至0.06%，贫困群众住房安全、义务教育、基本医疗保障全面夯实，广元市人民彻底甩掉千年贫困帽子。

3.充分奠定了贫困地区实现全面小康、实现社会主义现代化的坚实基础

以人为本、注重公平是我国实现全面小康和社会主义现代化的价值追求，也是广元市打赢脱贫攻坚战的不竭动力。广元市关注脱贫攻坚中"人"

贫困村通自来水

的要素，突出贫困地区和贫困群众的主体地位，争取外部帮扶支持的同时强调内生动力和内源发展，将脱贫攻坚行动作为关注贫困弱势群体实现人文关怀、化解发展不平衡不充分突出问题促进共同富裕的关键契机，也作为提升贫困地区和贫困群体发展能力的重要机遇。促进包括就业、教育、医疗、文化、住房在内的公共服务体系建设，编织兜住贫困群体基本生活的安全网，满足人民日益增长的美好生活需要，增强贫困地区和贫困群众的可持续发展能力，从源头上奠定广元市实现全面小康和社会主义现代化的坚实基础。

4. 有力拓展了整体连片贫困地区摆脱贫困、走向富裕的实践路径

8年来，广元市充分发挥"创新开元"的时代精神，敢为人先，锐意进取，践行精准扶贫、精准脱贫理念，创新脱贫方式和脱贫机制，充分释放改革创新活力，促进脱贫攻坚高质量推进、脱贫成果持续巩固拓展，整体连片贫困面貌实现决定性改变，走出了一条具有广元市特色的贫困治理实践之路，也形成了一些可复制、可推广的整体连片贫困地区发展经验。比如易地扶贫搬迁"四化四好"、产业扶贫"三园联动"、集体经济"355"、教育扶贫"四好四不让"、健康扶贫"一站式"服务、社会扶贫"四个三"等经验，这些贫困治理经验可以为其他整体连片贫困地区提供有益借鉴。广元市不仅历史性地实现了全域整体消除绝对贫困、全市人民走向富裕、共同迈向全面小康的目标，也为全国市级贫困治理和连片贫困地区脱贫提供了广元市经验，贡献了广元市智慧。

六、广元市实现从整体连片贫困到同步全面小康跨越的历史启示

广元市始终将脱贫攻坚作为最大的政治责任，以脱贫攻坚统揽经济社

会发展全局。在推进脱贫攻坚的过程中,既下足"绣花"功夫精准发力,也坚持将精准脱贫与同步奔小康结合,注重激发内力与用好外力,在加大输血的同时增强造血,坚持改革导向与地方特色,注重脱贫攻坚与乡村振兴衔接,为实现从整体连片贫困到同步全面小康跨越贡献地方经验。

(一)总书记的关怀与激励

习近平总书记始终牵挂着广元市的发展和进步。2002年12月,时任浙江省委书记习近平致信广元市委、市政府,提出"我们手拉手,共同奔小康"。2004年5月,亲临广元市视察调研,提出"领导要更加重视、思路要更加拓宽、措施要更加有力、工作要更加扎实"明确要求。2007年刚到上海担任市委书记时,习近平同志再次致信广元市委、市政府,深情表示"我始终牵挂着广元市的发展和进步"。"两封来信""一次视察""一次接见",充分彰显了习近平总书记对革命老区广元市的深切关怀。

实施精准扶贫、脱贫攻坚战略以来,广元市坚定高举旗帜、维护核心,牢记习近平同志"两封来信""一次视察""一次接见"的殷殷嘱托,将总书记对四川、对广元市的关怀与激励,转化为推动广元市脱贫发展的巨大动力,以实干实绩回应总书记的关怀和嘱托。广元市各级各部门始终牢记习近平总书记对广元市发展的殷殷嘱托和深切关怀,在党中央、国务院、四川省委省政府的坚强领导下,把准脱贫攻坚阶段的方位特征、重大使命、问题短板、主攻方向,增强决战决胜脱贫攻坚、建成全面小康的政治自觉和行动自觉,聚焦巩固扩大脱贫成果、稳定脱贫奔小康,深入实施收官战"7+1"作战方案,尽锐出战,精准发力,补齐短板,筑牢基础,巩固成果,确保在国家脱贫攻坚普查中全面过硬,如期实现从整体连片贫困到同步全面小康跨越。

（二）领导重视与全员动员

脱贫攻坚是习近平总书记亲自部署、亲自指挥的重大战役，四川省委一再强调，脱贫攻坚要"念兹在兹，唯此为大"。广元市委坚决贯彻党中央、国务院、四川省委省政府重大决策部署，自觉向以习近平同志为核心的党中央看齐，向党中央、国务院、四川省委省政府的决策部署看齐，以脱贫攻坚、同步全面小康统揽经济社会发展全局。广元市实现从整体连片贫困到同步全面小康跨越，得益于党中央、国务院、四川省委省政府决策部署以及各级领导的关怀重视，得益于广元市全市各级党政机关全体行业部门及社会力量的全面动员。其一，领导重视。近年来，习近平总书记多次针对脱贫攻坚工作发表重要讲话和重要批示，"两封来信""一次视察""一次接见"也始终承载着总书记对广元市脱贫发展的重视与关怀。省脱贫攻坚领导小组也强调"念兹在兹，唯此为大，坚定有力地把脱贫攻坚这件头等大事抓得更好更有成效"。脱贫攻坚，加强领导是根本。广元市在推进脱贫攻坚中，始终着力强化领导重视程度，深入落实脱贫攻坚一把手负责制，调整优化充实脱贫攻坚指挥部，构建了强大的领导体系和责任体系。广元市的脱贫实践证明，只要各级党委加强领导，"一把手"亲抓带头履职尽责，脱贫攻坚就能达到应有的深度和推进的力度；只要发挥各级领导带头重视尽责的"头雁"作用，就可以将层层压实责任由层次"喊责任"、给下级"转责任"，逐步转变为层层尽责任，真正做到一级做给一级看，一级带着一级干，层层工作有质量。其二，全面动员。一是体制内全面动员，为脱贫攻坚提供强大政治推力及组织保障。广元市全面落实党政主要领导负总责、党员干部"一岗双责"的脱贫攻坚责任制，明确细分条线职责、任务和要求。通过层层强力动员、高效组织，构建起领导有力、运转高效、强力推进的脱贫攻坚作战格局。二是全面动员社会各界力量，构建大扶贫格局。广元市高度重视凝聚全党全社会力量广泛参与脱贫攻坚，抢抓浙广协作扶贫、对口帮扶、定点扶贫以及互联网、电商扶贫等机遇，全面动员全市全社会力量，汇聚脱贫攻坚强大合力。

（三）市域贫困治理机制创新

脱贫责任机制创新。其一，完善条线责任体系以促进市域脱贫攻坚责任落实。即自上而下层层压实市、县、乡（镇）、村组各级脱贫攻坚责任，明确各级、各行业部门脱贫职责、权限、任务和要求，构建领导有力、运转高效、强力推进的脱贫攻坚作战格局。按照"中央统筹、省负总责、市县抓落实"的总体要求，广元市细化落实了市级5大职责、县级8大职责、乡（镇）8大职责、村（组）12大职责，形成责任清晰、任务明确、各负其责、合力攻坚的脱贫攻坚责任体系。其二，以脱贫攻坚责任状促进市域脱贫攻坚责任分解及压实。逐级签订脱贫攻坚责任书，立下军令状，明确"清单制+责任制"，切实将脱贫攻坚责任分解落实到各级、各部门以及个人。这构成广元市在组织动员体系、目标责任制两方面发力完善市域脱贫攻坚责任机制的重要经验。其三，强化明确脱贫攻坚考核问责制以促进市域脱贫攻坚责任监督。广元市结合市情贯彻落实中央脱贫攻坚责任制实施办法，制订《超常推进脱贫攻坚三十三条措施》《宽容失误失败助力决战决胜脱贫攻坚五条规定》等办法，兼顾脱贫攻坚硬性考核问责以及弹性容错纠错机制，监督激励干部甩开膀子、撸起袖子抓脱贫。

大扶贫机制创新。广元市深入践行习近平总书记"扶贫开发是全党全社会的共同责任，要动员和凝聚全社会力量广泛参与"的重要指示，建立"市指导推动、县区主体负责、乡镇组织实施、村组具体实施"的抓落实责任机制，抢抓脱贫攻坚金融支持政策、中省单位定点扶贫、浙江—广元扶贫协作等机遇，构建起政府主导、社会参与、市场运作大扶贫格局。一是创新财政及金融扶贫机制。创新"政担银企户"财政金融互动扶贫模式,创新"扶贫小额贷款+农村保险"机制,全域推进小额普惠制金融,创新"债贷结合+拼盘整合"机制,构建债、贷、投、扶相结合的多元金融扶贫体系。二是创新浙广扶贫协作机制。推进浙江—广元双方市级层面多层次、宽领域、全方位扶贫协作,不断深化领导互访交流机制、人才交流机制、产业合作及劳务协作机制、资金管理机制。三是创新定点扶贫机制。在全省率先完成定点扶贫与干部驻村帮扶并轨运行,扎实推进贫困村、非贫困村第一书记、驻村工作队全覆盖选派,等等。

利益联结机制创新。其一,深化扶贫协作双方利益联结。在以东西部协作扶贫、定点扶贫为代表的内外扶贫协作方面,广元市始终坚持不断深化利益联结长效机制,不断将帮扶关系逐步转化为稳定持久的互利共赢关系。广元市的实践显示,扶贫协作的长效机制不能单单依靠政治帮扶,更要以市场的方式、以利益联结的方式将帮扶关系固定下来,让帮扶的归帮扶,市场的归市场、发展的归发展,在政治帮扶基础之上进一步建立长期合作、互利共赢的利益关系和共同发展关系。其二,打通建立市、县、乡(镇)、村四级之间的产业利益联结机制。依托产业园区发展,实现扶贫目标是各地脱贫攻坚普遍的路径选择,但传统的农业产业扶贫往往存在脱离自身资源的简单移植以及产业布局缺乏规划引领的问题。广元市探索"三园联动"产业发展格局,构建出了贯穿生产、加工、经营、销售、服务各环节的现代农村产业体系,通过大园带村园、村园带户园,实现园园相连、群园发展态势,有效破解扶贫产业与区域产业协同发展难题。广元市"三园联动"的实践探索,将县(区)、乡、村乃至户整合统一到现代农业产业体系和利益共同体之中,打通全产业链上下游,从而在市域全局意义上建立了市、县(区)及乡镇、村之间的利益联结机制。其三,深化区县利益联结。广元市坚持将现代农业园区作为脱贫攻坚重要阵地,创新引入"飞地"机制，通过土地流转、资源整合、政策扶持、贫困户参与的方式，将偏远村社贫困群众融入现代农业园区产业发展，实现"飞地脱贫"。广元市通过"飞地"扶贫模式打破了区县行政区域限制，更为有效地实现区域统筹建园区、资源统筹补短板、资金统筹破瓶颈，有效打破了农村产业发展地域限制、技术缺乏、资金零散、各自为战的瓶颈制约，有效解决了高山贫困群众无增收产业的问题。以"飞地"扶贫为代表的诸多旨在强化县域发展协作的措施，有效深化了区县利益联结、协同发展机制。其四，深化村集体、经营主体与农户的利益联结。以"三园联动"产业扶贫、集体经济扶贫为代表，广元市通过多种措施推动村级集体经济以及新型农业经营主体联农带贫，推动农业企业、专业合作社、基地与农户之间以多种形式建立利益联结机制。同时，广元市大力探索订单式、托管式、股份式，全面推广保土地租金、保贫困户就业、保产品订单收购等形式的"四保四分红"模式，构建经营主体与小农户紧密利益联结机制。

（四）贫困群众自立自强精神

树立群众自立自强的主体意识是实现内生性脱贫，"真脱贫""脱真贫"的根本保障。激发贫困群众自立自强精神、内生脱贫发展动力是广元市地区实现从整体连片贫困到全面小康跨越的根本经验之一。"扶贫先扶志""扶志必扶智""扶贫重扶能"，广元市深刻践行习近平总书记"贫困群众既是脱贫攻坚的对象，更是脱贫致富的主体"的重要指示，将广元市山区敢于战天斗地的质朴奋斗精神与红军革命精神、灾后重建精神、新时代脱贫攻坚精神融为一体，不断激发广元市人民的自立自强精神，引导广元市贫困群众积极脱贫致富。

其一，广元市人民朴素奋斗精神。广元市地处秦巴山区集中连片贫困地区，"山高摔死鸡，滩大不养鱼，有马不能骑，有病不能医"，贫困山区严苛的自然地理环境以及落后的生产条件长久以来制约着广元市人民的脱贫致富。然而，自然地理区位条件的制约和生产条件的落后并不能阻碍广元市人民的脱贫致富意愿，广元市人民敢于战天斗地，与落后的交通条件、恶劣的自然环境、生产条件做斗争，"宁愿苦干，不愿苦熬"，展现出广元市人质朴的、坚韧不拔的奋斗精神以及对命运的抗争精神。其二，红军精神。广元市是革命老区，有着做好群众工作的优良传统。在脱贫攻坚这场没有硝烟的战争中，广元市全市各级党组织坚定不移走群众路线，发扬擅于走群众路线、擅于发动群众的红军精神和革命传统，着力于宣传群众、发动群众、组织群众，做深做细做实群众工作，让群众成为脱贫攻坚的主人翁和主力军。其三，灾后重建精神。广元市将"有手有脚有条命，天大困难能战胜""出自己的力，流自己的汗，自己的事情自己干"的汶川特大地震灾后重建"两幅标语"精神与脱贫攻坚相结合，不断加强贫困群众感恩教育、政策引导、技能培训、新风培育，增强群众自力更生意识、自我发展能力。其四，新时代脱贫攻坚精神。广元市坚持用初心践行脱贫攻坚的使命担当，将"脱贫攻坚，贵在精准""扶志扶智，扶贫扶能""啃硬骨头，攻坚拔寨"等新时代脱贫攻坚精神融入精准扶贫的广元市实践，为决战决胜整体连片贫困到同步全面小康跨越、加快建设川陕甘接合部区域中心城市和四川北向东出桥头堡提供了坚强思想保证和强大精神动力。从广元市山区人民质朴的奋斗精神以及"宁愿苦干，不愿苦熬"的大茅坡精神，到"有手有脚有条命，天大的困难能战胜"的灾后重建精神，再到"厚德行广、坚韧自强、创新开元"的新时期广元市精神和志智双扶的新时代脱贫攻坚精神，广元市不断激励着贫困群众的自立自强意识，激励一代又一代广元市人民为实现脱贫奔小康而攻坚克难、砥砺奋进。

（五）脱贫攻坚与乡村振兴的有效衔接

有效衔接乡村振兴是广元市实现从整体连片贫困向同步全面小康跨越的关键之举。脱贫攻坚、全面小康及乡村振兴三重任务叠加，对贫困地区既是挑战也是机遇，脱贫攻坚与乡村振兴的有效衔接，是贫困地区脱贫发展必须面对的问题。广元市在探索脱贫攻坚与乡村振兴有效衔接的过程中，始终坚持发挥市域制度设计与地方实践创新"两个积极性"，坚持用好政府与市场"两只手"，聚焦聚力脱贫攻坚与乡村振兴的体制机制衔接，聚焦聚力新时代乡村振兴战略重点任务，高质量推进乡村产业振兴、人才振兴、文化振兴、生态振兴、组织振兴。

一是推动乡村产业振兴。广元市持续深入推进农业供给侧结构性改革，坚持质量兴农、科技兴农、科技强农，将"三园联动"的现代农业产业基地作为衔接乡村产业振兴的重要抓手，壮大提升"广元市七绝"品牌效益，延长产业链推动特色农产品深精加工，纵横拓展农业产业促进城乡融合，构建现代农业产业体系、生产体系、经营体系，不断提高广元市农业综合效益。二是推动乡村人才振兴。坚持着力培养新型职业农民，改善农村基础设施与公共服务体系，进一步破除体制机制壁垒，打好乡情牌、乡愁牌、事业牌，深入实施城市居民进乡、优秀人才下乡、成功人士返乡、企业家兴乡、社会团体助乡"五到乡工程"。三是推动乡村文化振兴。广泛开展群众性文化活动，大力弘扬红船精神、红军精神、大茅坡精神和灾后重建精神，推动社会主义核心价值观融入乡村文化；培育新风正气，破除陈规陋习及懒汉思想，让道德教化回归乡村，让精神力量助推乡村振兴；继承创新优秀文化传统，加强非遗和文物保护，创建特色保护村落及民俗文化村，传承活态乡土文化。四是推动乡村生态振兴。广元市坚持将生态保护和脱贫攻坚结合，实现一个战场两个战役的双赢，深入推进垃圾、污水、厕所"三大革命",开展宜居乡村建设,在绿化基础上做好"彩化、美化、香化",打造美丽乡村升级版,发展全域旅游,将绿水青山变为金山银山。五是推动乡村组织振兴。广元市构建起乡村组织、骨干支撑、服务管理、三治融合、作用发挥、责任保证"六大体系",全面提升乡村基层治理水平,走乡村善治之路。广元市探索形成"一核多元"村级治理格局,发挥农村基层党组织战斗堡垒作用,深入推行"四议两公开一监督"做法及维稳、综治、信访、法治、民生"五位一体"网格化服务管理模式,充分发挥村规民约和新乡贤作用,形成"大事一起干、好坏大家评、事事有人管"的乡村治理新格局。从五大振兴的总体目标,到结合市域县情的整体规划,广元市通过一系列探索实践,破除乡村振兴瓶颈制约,助力农业全面升级、农村全面进步、农民全面发展并推动城乡融合发展,为破解"脱贫、富民、振兴"同步推进难题提供了可资借鉴的成功经验。

第三篇
广元市脱贫攻坚创新举措

广元剑门关

一、稳定实现"两不愁三保障"的做法、成效与经验启示

"十三五"以来,广元市强化责任担当,创新扶贫举措,聚焦"两不愁三保障"目标,努力实现从整体连片贫困向同步全面小康跨越。广元市委、市政府深入学习领会习近平总书记关于扶贫工作重要论述,坚定贯彻落实党中央、国务院、四川省委省政府重大决策部署,聚焦贫困群众"两不愁三保障"突出问题精准攻坚,有针对性地抓好社会保障兜底扶贫、水利扶贫、产业扶贫、就业扶贫、教育扶贫、健康扶贫、安居扶贫等工作,确保高质量打赢精准脱贫攻坚战。脱贫攻坚战收官之际,广元市聚焦高质量脱贫,进一步巩固脱贫成果,确保"两不愁"真不愁、"三保障"全保障。

(一)广元市稳定实现"两不愁三保障"的做法

为了实现"两不愁三保障"目标,广元市以社会保障兜底扶贫、水利扶贫保障特困群众基本生活,以产业扶贫、就业扶贫促进群众增收,确保不愁吃、不愁穿;完善义务教育、基本医疗、安全住房"三保障"机制,精准落实到户到人;强化组织保障和考核监督,确保"两不愁三保障"目标顺利达成。总体来说,稳定实现"两不愁三保障"的过程中,广大扶贫干部和贫困群众共同创造了益贫式的社会发展环境,使广元市贫困地区的面貌发生了翻天覆地的变化。

1. 稳定增收，确保"两不愁"

一是强化社会保障兜底扶贫。广元市深入落实和贯彻党中央关于社会保障减贫的政策设计，在精准识别、保障机制、兜底内容三方面不断加强探索实践，逐渐形成了"三三四"兜底保障运行模式，即三项行动、三项机制、四张网。截至2019年，35581户65315名建档立卡贫困人口全部纳入低保兜底保障。落实残疾人两项补贴，发放3.2万名困难残疾人生活补贴3506.35万元、3万名重度残疾人护理补贴2149.53万元。

二是强化水利扶贫。广元市水利脱贫攻坚探索出了"三措并举抓落实，通过三大保障，补齐三大短板"，形成了实现水利脱贫攻坚高质量的广元市实践。首先，全面实施问题清零行动。通过市、县、乡三级联动，采取补水源、延管网、强管护三大措施，紧扣水量、水质、方便程度、保障率四项指标，实行逐级认定销号。其次，全面开展供水补短行动。补齐工程建设短板、补齐长效管护短板、补齐水费征收短板，全面提升全市农村饮水安全运行维护管理水平。最后，全面落实工作保障行动。市委书记、县区委书记、乡镇党委书记三级书记抓龙头，严格落实农村供水工程属地管理及地方政府主体、行业部门监管、供水单位管理三个责任，并实行分片包干、定点督战以及月调度机制强化政策落实。

三是创新产业扶贫方式。广元市坚持"三四五六"路径大抓产业扶贫，推进现代农业园区、一村一品扶贫园、增收脱贫自强园"三园联动"兴业，建立扶贫产品认定体系、销售体系、质量监管体系、物流配送体系"四大体系"促销，推行订单式、入股式、托管式、代养式、车间式"五种方式"带贫，强化组织支撑、财政支撑、金融支撑、保险支撑、科技支撑、人才支撑"六大支撑"保障，打造以"广元市七绝"为重点的全产业链，推进扶贫产品"进市场商超、进车站景区、进酒店餐厅、进学校医院、进机关企业、进社区家庭、进平台网络、进专店出海外"的"八进"活动。

四是加强就业扶贫帮扶。广元市坚持"五聚力五精准"推进就业扶贫，制订"稳就业15条""返乡下乡创业22条""就业扶贫15条"等措施，建立就业扶贫"一库五名单"和浙江—广元扶贫劳务协作"一库三名单"，摸清15.65万名贫困人口就业信息，开展职业技能培训11997人，建立就业扶贫基地（车间）64个，组织各类招聘146场，组织当年计划脱贫劳动者转移就业9694人，开发安置贫困劳动者公益性岗位4712人。广元市制订《广元市职业培训补贴办法》，将劳务品牌培训补贴纳入就业技能培训统一标准的做法在全省推广。

2. 加大投入，完善"三保障"

一是保障义务教育。广元市坚持"开办好每一所乡村学校，不让一所校点因弱消失；关爱好每一个困难学生，不让一个孩子因贫辍学；落实好每一项资助政策，不让一个家庭因学致贫；发展好农村教育，不让贫困代际传递""四好四不让"推进教育扶贫，落实教育资助资金3.675亿元，办好295所农村小规模学校，27097名义务教育贫困学生零辍学失学。广元市"创建美丽乡村学校"的做法被中央电视台《新闻调查》专题报道。

二是保障基本医疗。广元市实施医疗救助、公共卫生、体系建设、卫生帮扶、人才培养、分级诊疗、生育关怀健康扶贫"七大行动"，贫困人口参保率100%，落实医疗救助各项资金4亿元，救治贫困患者96210人次。创新建立县级"医药爱心救助基金"，专项用于非建档立卡特殊困难户大病救助。国家卫健委在广元市召开贫困地区健康促进三年攻坚行动新闻发布会，广元市做经验交流。

三是保障安全住房。广元市实行差异化搬迁规划好、规范化建设住房好、多元化发展产业好、文明化新风生活好"四化四好"推进易地扶贫搬迁，新建住房3622套，搬迁入住10030人，制订易地扶贫搬迁后续发展"七条措施"，确保搬迁群众安稳致富。苍溪县在国家第六个扶贫日易地扶贫搬迁论坛上做交流发言。一体推进改水、改电、改卧室、改厨、改厕、改圈和建微田园、建入户路、建沼气池、建阴阳沟、建垃圾屋、建院坝"六改六建",改造"四类对象"农村危房11289户,其中贫困户危房改造1020户。昭化区危房改造受到国务院督查激励。

3. 统筹安排,健全保障机制

一是强化组织保障。广元市委、市政府坚定用习近平总书记关于扶贫工作的重要论述统揽脱贫攻坚各项工作,始终把学习贯彻习近平总书记关于扶贫工作的重要论述和党中央、国务院、四川省委省政府脱贫攻坚决策部署摆在重要位置。首先,压实责任。广元市严格落实市县抓落实责任制,压实市县乡党政主体责任、市级行业扶贫指挥部分线责任、市县行业部门主管责任、帮扶部门帮扶责任,巩固尽锐出战格局。其次,严抓落实。广元市精准实施26个行业扶贫专项年度计划,扎实开展脱贫攻坚"大比武",持续打好四场战役,强力推进脱贫攻坚。最后,推进信息化管理。市脱贫攻坚办健全脱贫攻坚信息数据精细化管理机制,实现"一套程序核数据、一个系统出数据、一个口径用数据",加大新闻媒体暗访曝光、基层公示公告、群众参与监督力度。

二是强化考核监督。广元市认真落实习近平总书记关于"坚持从严要求,促进真抓实干"的重要指示,以严的精神、实的作风打好脱贫攻坚战,确保扶贫工作务实、脱贫过程扎实、脱贫结果真实。首先,强化问题整改。广元市以开展落实"两不愁三保障"回头看大排查为抓手,全面排查并整改脱贫攻坚中存在的突出问题。其次,严明作风纪律。广元市认真执行贫困县约束机制,扎实开展"基层减负年""脱贫攻坚纪律作风保障年"活动,靶向整治形式主义、官僚主义、不严不实不精不准等问题。最后,强化激励机制。广元市分层分类培训各类扶贫干部26989人次,推荐省委表扬各类帮扶力量79个,市级表扬脱贫攻坚先进集体和个人158个。《构建乡村组织振兴六大体系》被《组织人事报》刊载。

（二）广元市稳定实现"两不愁三保障"的成效

脱贫攻坚以来，广元市贫困地区生产生活质量明显改善、贫困人口综合素质稳步提升、基层治理体系逐步完善。总体来说，广元市贫困群众基本生活得到有效保障，市"两不愁三保障"工作取得了良好的成效。

1. 贫困地区生产生活质量明显改善

广元市把民生问题视为脱贫攻坚的重要任务，不断强化"两不愁三保障"脱贫标准，贫困地区的基础设施和公共服务得到大幅改善，农村地区人居环境、教育质量、医疗水平等得到很大提升。

伴随着贫困人口大幅下降，广元市贫困地区整体生产生活环境明显改善。随着基础设施和公共服务的完善，贫困地区的公路、电话、宽带、主干道硬化的覆盖农户比重有了较大幅度的增长，上幼儿园和小学便利、就医便利的农户持续增加。截至2020年，广元市建成农村供水工程1523处，改造村道1992公里，创建全国乡村治理示范村2个，创建省级乡村振兴先进乡镇3个、示范村27个，"美丽四川·宜居乡村"达标村1049个，改造农村危房1.1万户、土坯房4.1万户。

同时，广元市贫困地区产业发展加快，贫困群体生活质量得到提升，改善民生方面成效明显。截至2019年，建成万亩现代农业产业园100个、"一村一品"示范园739个、增收脱贫自强园5.6万个，实现贫困村、贫困户全覆盖，构建"4+2"扶贫产品销售体系和"十百千万"营销网络，依靠产业脱贫达25.1万人，占脱贫人口的80.2%。广元市产业扶贫"三园联动"模式和"四保四分红"利益联结机制得到国务院胡春华副总理肯定。截至2020年，328户建档立卡城镇困难职工家庭脱困解困，培育新型职业农民2038人；城乡居民基本养老保险覆盖126.74万人，基本医疗保险参保率达98%，省内异地就医实现直接结算;农村留守儿童、困境儿童、残疾人关爱和养老服务体系不断完善,新增护理性床位410张;改造棚户区住房3699套、老旧小区28万平方米;建制村通客车率达96.4%。

2. 贫困人口综合素质稳步提升

在实现"两不愁三保障"的脱贫目标过程中,广元市贫困群众通过教育扶贫、就业扶贫、健康扶贫等帮扶举措增强了学识素养,提升了工作技能,在一定程度上恢复了劳动力,建立了自力更生的脱贫信念,综合素质得到全面提升。

一是能力素质得到提升。脱贫攻坚期教育扶贫政策涵盖了从学前教育到高等教育的各阶段,内容包含了宏观政策规划、基本办学条件改善、儿童发展、乡村教育支持、学前教育、营养改善计划、高校定点扶贫、助学

旺苍县木门镇元坝村开展茶叶病虫害防治技术培训

贷款、职业教育、特殊教育、高中教育普及等，在一定程度上阻断了贫困家庭的代际传递，升级了下一代进入劳动力市场的"入场券"。同时通过一系列培训帮扶加强劳动技能，截至2019年培育示范脱贫户1800户、致富带头人2478名。如开办"农民夜校"，提高群众综合素质；实施"家庭能人培训计划"，组建贫困村"乡土人才超市"；组织专技人员进村入户开展田间、车间培训，使每户农户有一个明白人、每个劳动力有一技之长；持续开展"干部讲政策、专家讲技术、典型讲经验、群众讲党恩、做新型农民"、帮扶干部与贫困户"同吃同住同劳动"等活动。

二是身体素质得到提升。一方面，落实医疗救治。针对医疗救助对象，特别是减贫对象，全力开展医疗救治工作，实行分类施治、分级治疗，全面落实大病集中救治一批、慢性病签约服务管理一批、重病兜底保障一批。2019年全市累计实施医疗救治96210余人次，其中大病集中救治16929人次、慢性病签约服务31046人次、重病兜底保障8065人次，其中治愈46816人次、病情好转37358人次，贫困人口"十免四补助"等政策全面落实。同时优化妇幼健康服务，认真落实妇幼重大项目和免费计生基本技术服务，推进妇幼保健机构等级创建，贫困孕产妇县域内住院报销政策全面落实。全市孕产妇和婴儿死亡率分别持续6年、15年低于全省平均水平。另一方面，推进健康细胞建设。以昭化区、苍溪县为示范，在全市大力推进健康细胞建设。截至2019年，全市创建健康村494个、健康家庭68872个，培养健康明白人14.4万人，农村群众发病率明显降低，健康素养普遍提升。

三是主体参与积极性得到激发。教育扶贫的根本出发点是提升贫困地区人口全面发展能力，这种能力既包含致富的能力，也包括个体提升自身发展的能力，当扶贫进程发展到更高阶段后，贫困家庭和个人对自身发展和社会参与就会表现更多的渴求。通过严格公开公示，组织群众全过程参与脱贫攻坚，充分保障群众知情权、参与权、选择权、监督权，并采取以工代赈、生产奖补、劳务补助等方式，组织动员贫困群众参与项目实施，充分调动了贫困群众积极性、主动性、创造性，增强了贫困群众获得感。

3. 基层治理体系逐步完善

广元市致力于解决贫困问题的同时，促进了贫困治理体系的改革和创新，进一步完善了基层治理体系。

贫困治理机制方面，广元市创建返贫预警阻击、贫困群众稳定增收、易地扶贫搬迁后续发展促进、激发贫困群众内生动力、贫困村基层党组织建设五项长效机制，开展"大走访、大排查、大整改、大提升"活动。

扶贫资金有效管理方面，广元市坚持"多个渠道引水、一个龙头放水"，建立县级"脱贫攻坚项目库"和"扶贫资金整合平台"，以脱贫年度计划为导向，整合财政投入，撬动金融投入，增强社会投入，每年整合投入资金50亿元以上，满足脱贫攻坚需求。

多元主体参与方面，事业单位、社区组织、合作社、第三方机构、企业等主体参与协同推进的反贫困治理模式不仅有效满足了广元市困难群众的需求，还有助于实现全市减贫效应最大化。广元市通过强化社会监督、推进东西部扶贫协作、培育文明新风等举措推进基层治理水平有效提升。

（三）广元市稳定实现"两不愁三保障"的经验启示

乡村振兴是解决中国农村、农业和农民"三农"问题的根本之路，广元市稳定实现"两不愁三保障"的实践与探索为新时代的"三农"发展奠定了扎实的基础，也为下一步推进乡村振兴战略积累了一定的工作经验。

1. 重视民生问题，强化政策衔接

广元市一直把脱贫攻坚作为最大的政治责任、最大的民生工程、最大的发展机遇。全市通过社会保障兜底扶贫、产业扶贫、就业扶贫、教育扶贫、健康扶贫等一系列扶贫制度的衔接，在"两不愁三保障"方面形成较为全面的政策框架及体系，为实现大规模减贫奠定了坚实的政策基础。"十三五"以来，广元市不断落实"两不愁三保障"回头看大排查工作，强化问题整改和脱贫巩固措施，总体来说全市整体连片贫困状况发生了根本性的改变。在后脱贫时代，贫困治理工作将从阶段化、目标化转向长期化、常态化，需要以此为基础，完成贫困标准从"绝对贫困"到"多维相对贫困"的换挡。因此，在步入相对贫困阶段之际，要继续把民生问题作为重要考量，进一步推进精准扶贫与乡村振兴有效衔接，建立健全解决相对贫困的长效机制。

2. 培育基层队伍，强化贫困治理

在精准扶贫的国家战略下，下派的第一书记与村"两委"共同进行贫困治理的模式已经成为贫困治理实践中的中国经验之一。广元市高度重视基层治理，一方面对原有的农村基层干部队伍进行有针对性的培训，提升其政治、业务、文化水平、工作能力等；另一方面不断地选拔、引进有能力的基层干部，同时逐步把多元参与主体纳入基层治理框架之中，构建基层社会治理体系。广元市通过一系列举措营造了浓厚的法治氛围、提升了基层干部群众法律意识、巩固了基层法治文化阵地，全市基层治理取得突破性进展，形成了全面推进乡村振兴战略的良好局面。

3. 激发内生动力，巩固脱贫成果

激发内生动力有两个层面，一是激发贫困群众的内生动力，二是激发基层扶贫干部的内生动力。对贫困群众而言，解决"两不愁三保障"的长效机制最终仍要落脚到"自我发展"。城市化进程和乡村振兴战略为农村贫困人口参与社会分工体系、实现自我发展创造新的发展机遇和条件。在激发基层扶贫干部内生动力方面，广元市通过实行村级建制调整改革，实现村干部队伍向精锐化、年轻化、知识化、高素质化转变，在一定程度上激励了基层干部的工作热情，为后续稳定脱贫工作的顺利开展奠定了基础。步入乡村振兴时代，基层治理需要加大对"最后一公里"干部队伍的扶持和激励，激发为民谋福的动力。因此，后脱贫时代巩固全市脱贫成果，一方面需要激发贫困人口脱贫的内生动力，推动贫困群体从被帮扶走到主动寻求发展的道路上；另一方面要重视激励基层干部，提升待遇留住人才，培养一批扎实的基层工作队伍，从而真正实现广大乡村中"人的振兴"。

二、全面落实精准扶贫的做法、成效与经验启示

精准扶贫是基于现阶段基本国情和社会经济发展特点，综合考虑中国特色扶贫体系特征的基础上提出的扶贫方略，其核心要义是集中注意力和各种资源，正视贫困问题，聚焦贫困地区和贫困对象，改善和提高扶贫工作的效益和质量，顺利实现到2020年全面建成小康社会的目标。在推进精准扶贫的进程中，广元市认真落实中央和省委各项决策部署，积极改革创新，精心组织实施，探索出具有秦巴山区特色的精准扶贫机制，扎实推动精准扶贫工作取得新成效、实现新突破、迈上新台阶。

（一）广元市全面落实精准扶贫的做法

在精准扶贫方略的指导下，广元市从精准管理服务对象、科学制订脱贫规划、严格资金使用管理规定、提升项目建设质效、精准落实脱贫措施、集聚脱贫攻坚力量、有序开展脱贫退出、全面实行痕迹管理、强化督考压

实责任等多个方面开展工作，保证精准扶贫落到实处、发挥实效。

1. 精准管理扶贫对象

（1）精确识别对象。严把政策关、标准关、程序关，按照农户自愿申请、民主评议确定、村级初审公示、乡镇审核公示、县级审定公告"五步两公示一公告"程序，精准识别贫困群众。组织扶贫、公安、房管、财政、人社、交管、工商、住建等部门，扎实开展比对甄别、清退新增等工作，对不符合条件的贫困户，坚决清退；对符合条件的困难群众，严格按照规定的识别标准和"两公示一比对一公告"的程序进行识别，切实做到"该进必进，该退必退，实事求是，彻底清楚"。

（2）动态管理对象。坚持"不漏一户、不掉一人"的原则，对符合国家扶贫标准的农村人口，以户为单位全部纳入扶贫开发信息系统。建立完善扶贫对象动态管理机制，定期对经过帮扶达到脱贫标准的及时按程序销号退出，对返贫人口及时按程序纳入扶贫体系，做到应进全进、应退尽退、进出有序。

（3）规范信息管理。规范管理国家扶贫开发子系统、省"六有"信息管理平台，确保国省系统数据、扶贫手册、户卡、明白卡中信息准确一致。建设市、县区信息管理平台，市级平台重点监测县区脱贫攻坚、行业扶贫情况，县区平台重点开展扶贫痕迹管理、返贫监测预警和群众诉求反馈等工作，稳定信息管理人员队伍，定期培训指导，确保数据采集录入完整准确。加强扶贫对象信息与民政、教育、卫计等行业部门信息对接，促进信息互联互通。对信息实行经常性分析研判，及时掌握脱贫攻坚进展，发现和解决突出问题。

2. 科学制订精准扶贫规划

（1）对标制订精准扶贫规划。按照"对标补短、缺啥补啥"原则，突出年度目标任务，对标户脱贫、村退出、县摘帽的标准，逐乡逐村逐户精细查明致贫原因、发展优势和短板、群众脱贫意愿等，科学制订年度县摘帽、村退出、户脱贫以及行业扶贫专项规划，明确扶持对象及范围、目标任务、重点工作、进度安排、资金筹措、保障措施等内容，确保精准滴灌、靶向治疗。

（2）开展第三方评估论证。规划方案出台前要进行公示，充分征求各方面意见建议，确保规划可行。推行脱贫规划第三方机构评估制度，市、县区邀请第三方机构或专家组，每年对贫困县摘帽规划、行业扶贫规划和贫困村退出规划、贫困户脱贫方案的编制情况进行评估，提高规划方案措施的精准度和可行度。

（3）分级审核审批脱贫任务清单。市、县区脱贫攻坚办提前开出下年"脱贫任务清单"，指导编制年度脱贫规划。实行户规划乡审、村规划县审、县规划市审，每年第四季度完成下年度各类规划制订工作。实行同级财政、审计、扶贫等部门参与的行业总体规划和年度计划会审会签，确保行业资源优先保障脱贫攻坚。

（4）严格执行精准扶贫规划。加强对脱贫规划、方案实施的进度和质量管理，实行规划执行"月公示、季通报、半年评估、年度考核"，强化规划、方案的刚性落实。对确须调整规划的，由相关部门（单位）按程序报批获准后执行。

3. **严格扶贫资金使用管理**

（1）有序整合扶贫资金。建立县级扶贫资金统筹整合平台，整合中央、省级层面34项涉农资金；市级行业部门按照不低于可安排资金总额50%的比例，安排涉农项目资金用于贫困村和贫困人口相对集中的区域；县区根据统筹整合资金范围，将上级转移支付资金、本级财力以及帮扶资金，优先用于解决贫困村、贫困户突出问题。整合资金在每年6月底前全部下达。

（2）合理调度扶贫资金。严格执行财政扶贫资金县级报账制，发挥基层财政财务人员就近就地以及网络通信优势，简化报账流程，加快资金拨付，确保扶贫资金早到位、早投入、早见效。开辟财政国库资金拨付绿色通道，实行扶贫资金国库专项调度，确保各类扶贫资金拨付进度高于时序进度。建立脱贫项目启动周转金，用于已纳入脱贫规划、有资金来源、评审通过但资金到位滞后的项目前期启动所需资金，项目资金到位后及时归垫。

（3）用好金融扶贫资金。推广"央行扶贫再贷款＋扶贫小额信贷"金融精准扶贫到村模式，向贫困户发放以扶贫小额信贷为重点的个人精准扶贫贷款，支持贫困人口发展产业。打造金融扶贫综合服务站点，方便贫困户就近获得金融服务。创新实施"央行扶贫再贷款＋产业扶贫带动贷款"模式，加大对产业扶贫信贷支持力度，支持贫困村培育"一村一品"，运用扶贫再贷款支持带动贫困户就业发展的新型农业经营主体。加大扶贫贷款投放力度，支持基础设施项目、基本公共服务项目以及农村危房改造、人居环境整治、新农村建设等项目建设。开展特色农业保险，推广扶贫小额人身保险、大病保险等民生保险产品。

（4）管好用活专项扶贫基金。建立教育扶贫救助基金、卫生扶贫救助基金、扶贫小额信贷风险基金和贫困村产业扶持基金，加强对"四项基金"的资金补充、使用发放、监督管理，不断壮大基金规模，切实提高使用成效。建立教育、卫生扶贫应急救助机制，设立应急救助绿色通道，解决贫困群众最亟待解决的困难和问题。

（5）强化扶贫资金监管。健全扶贫资金绩效评估制度，采取"政府审＋专家评＋群众议"模式，从扶贫成效、管理使用、工作评价等方面，加强对扶贫资金安排、使用、管理的前期审查、过程监督和成效评议。开展财政监督、审计监督、纪检监察监督、群众监督和社会监督，全域全程加强扶贫资金使用管理，发挥村廉勤委作用，组织群众参与扶贫项目资金监管。

建立最严格的扶贫项目资金违规行为责任追究制度,对违规问题从严、从重、从速查处。

4. 提升扶贫项目建设质效

(1) 努力推进扶贫项目实施。清理项目组织建设管理规定,建立扶贫项目实施指导流程,推行简便快捷、行之有效的项目实施管理方式,除依法必须公开招投标的项目外,支持推行群众"一事一议"、民办公助、投劳折资、以奖代补等方式组织村民自建、自主招标实施项目,加快项目实施进度,提升项目实施效率。

(2) 加强扶贫项目质量监管。严控项目原材料价格,打击市场哄抬。实行项目进度、质量、综合效益第三方评估。县区、乡镇成立扶贫项目技术指导、质量监督工作组,全程加强对项目实施的指导、监督和检查,确保项目实施质量。项目村组建项目实施小组和由党员群众代表组成的项目理财、民主监督小组,负责项目宣传动员、组织实施、检查验收等工作,提升项目建设水平。

(3) 巩固扶贫项目成果。建立扶贫项目长效管护制度,强化群众监督、社会监督,明确乡镇、村组、农户的项目使用管理责任。通过实行定期维护、加强奖励、设立公益性岗位等方式,组织发动群众用好管好扶贫项目。创新资产入股、有偿使用、利益联结等方式,盘活扶贫项目资产,增加村集体和贫困户收入。

5. 精准落实脱贫措施

(1) 拓宽稳定贫困户增收渠道。坚持对象精准化、产业特色化、载体园区化、经营组织化、技能专业化"五化同步",大力实施产业扶贫,每户建设1个以上户办产业小庭园,每村发展1个特色产业示范园区,确保有劳动能力的贫困户都有1个增收产业和就业门路。实施就业促进"124"行动,建立农村劳动力"数据库",实施贫困劳动者就业帮扶和就业扶贫示范村建设"两项计划",开展就业促进、技能培训、创业带动、劳动维权"四大行动",实现有劳动力的贫困家庭至少有1人就业。积极培育村级集体资产经营管理公司、股份经济合作社、经济合作社"一司二社"集体经济组织,完善龙头企业带动、入股分红、合作经营、资产收益等贫困群众利益联结机制,带动贫困户增收。

(2)持续改善贫困地区基础设施。坚持全域规划、分步实施,全面提升贫困地区基础设施建设,加强通村硬化路建设,确保贫困村都有通村硬化路,大力提升通组路、入户路的覆盖率和通达率,逐步解决村内道路断头路、"微循环"问题;实施贫困地区农村饮水巩固提升工程,实现农村集中供水率、普及率、保证率和水质合格率四个100%达标,建立精准到户的饮水安全保障体系;实施产水配套、骨干水源工程、水生态治理等行动,解决"因水不稳、因水不兴、因水致贫"难题;实施新一轮农村电网升级改造工程,提升农村电网供电能力和供电质量,确保群众生活用电需求;加强信息通信扶贫工作,确保贫困户能打通电话、能收听收看广播电视节目。实行基础设施项目质量管控和责任追溯制度,确保项目建设质量。

(3)全面落实精准帮扶政策。结合"四好"村建设和发展乡村旅游,规范危房改造实施程序,提供建房图集和改造方案,提升完善户型功能和村落民居风貌;严守易地扶贫搬迁"底线"和"红线",实行报账兑付10个工作日制,用好用活贫困户搬迁后拆旧复垦的土地资源;强化住房建设质量管控,做好要素保障,规范验收程序,确保群众住上好房子。加大健康扶贫力度,严格执行贫困住院患者县域内"先诊疗后付费"制度,设立贫困户就诊绿色通道,开展"一站式"服务,确保贫困患者县域内住院和慢性病门诊维持治疗医疗费用个人支付占比均控制在10%以内。每个乡镇建立标准中心学校1所以上,实行最严厉的控辍保学措施,落实各项减免和补助政策,实现贫困家庭适龄子女就学优惠政策全覆盖。落实"两线合一"

政策，及时足额兑现补助资金，实现"应扶尽扶、应享尽享"。

6. 集聚各类脱贫攻坚力量

（1）均衡安排帮扶力量结对帮扶。均衡配置贫困村和非贫困村帮扶力量，市、县区部门（单位）全覆盖联系有扶贫任务的村，使每个部门（单位）、每名党员干部都有帮扶任务，确保每户贫困户都有干部帮扶。采取安排班子成员牵头负责、派驻帮扶工作队和第一书记、落实贫困户帮扶责任人等方式，推动"六个一"帮扶工作取得实效。按照《第一书记"十条禁令"》《驻村干部"八个必须"》《驻村农技员工作守则》等要求，从严加强各类驻村帮扶力量管理。按照贫困户不同需求，制订"六个一"帮扶力量职责清单，将编制规划、制订措施、落实项目、宣传政策、解决问题、联络感情、引导教育、记录痕迹、管理台账、完善档案等帮扶内容固化量化，明确工作要求和实施步骤。

（2）广泛动员社会力量参与扶贫。大力推进中央国家机关、省级部门定点扶贫。深入推进浙江扶贫协作，加强产业合作、劳务协作、干部挂职、人才交流等工作。创新推进"10·17扶贫日""万企帮万村""结对认亲、爱心扶贫"等活动。开展评选表扬"最美扶贫人""示范脱贫户"等荣誉激励活动。推行政府购买服务，鼓励支持民主党派、国有和民营企业、社会组织、公民个人等更多力量参与精准扶贫。

（3）充分激发贫困人员内生动力。注重扶贫扶志相结合，采取"农民夜校"、入户走访、大宣讲等方式，引导贫困群众发扬红军精神、大茅坡精神、灾后重建"两幅标语"精神等，树立不等不靠、自力更生的奋斗意识。完善村民积分制度和帮扶"双向责任"制度，规定贫困群众应尽义务，通过对帮扶对象履责情况进行积分和奖励的办法，激发群众干事创业的热情。

7. 有序开展脱贫精准退出

（1）严格真脱实退程序标准。严格对照国家标准，按规定程序开展贫困退出验收工作。贫困户脱贫按照村民民主评议、乡镇核实公示、县区核查验收、县级政府批准公告、逐级上报备案、信息系统标注的程序进行。贫困村退出按照村"两委"提出申请、县区初审公示、市级核查验收、市级政府批准公告、上报省级备案、信息系统标注的程序进行。贫困县摘帽按照县区提出申请、市级初审上报、省级核查公示、国家专项评估、省政府批准退出的程序进行。

（2）持续巩固提升脱贫效果。对已脱贫对象进一步巩固提升，保持在脱贫攻坚期内帮扶、政策、项目不变，深入实施房前屋后庭园化、村落民居整洁化、产业发展特色化、公共服务体系化、基层治理法治化、新风培育常态化脱贫奔小康"六化"行动，确保稳步脱贫奔小康。将已脱贫对象巩固提升纳入每年度脱贫攻坚目标考核，在年度脱贫规划和行业扶贫专项计划中，统筹资源开展有针对性、个性化的后续扶持，及时解决具体问题，确保稳定脱贫。

（3）持续监测阻击返贫。建立市、县区、乡镇三级返贫风险预警体系，每年按照市级1%、县级10%、乡级100%的比例，随机抽查已脱贫户收入情况，市级重点根据产业市场变化情况、劳动力市场和就业环境变化情况、自然灾害发生情况等，按照专业的指标体系进行综合分析，及时提出区域性的返贫预警；县级重点针对收入濒临脱贫线的已脱贫对象，由统计部门对其收入进行跟踪统计，及时做出返贫预警；乡村对本辖区内贫困户和边缘困难户进行实时预警，定期测算收入。对因重大事故、重大灾害、重大疾病等因素导致扶贫对象收入骤降的，及时通过医疗基金、重大疾病保险、临时救助等方式开展帮扶，降低返贫失血概率，巩固脱贫攻坚成果。

8. 全面实行扶贫痕迹管理

（1）规范扶贫档案资料。加强脱贫攻坚档案资料的收集整理，既全面真实反映精准扶贫、精准脱贫过程，又防止层层加码，做到不重复、不累赘、简洁实用。贫困村按照精准识别、精准帮扶、精准退出的资料类别，做好村级资料收集整理，同时做好所辖贫困户公共资料和入户资料的收集整理，留存在村级。非贫困村做好脱贫攻坚期间涉及本村基础设施、公共服务、驻村帮扶等资料收集整理，同时做好所辖贫困户公共资料和入户资料的收集整理，留存在村级。贫困户入户资料原则上只保留《四川省脱贫攻坚贫困户精准帮扶手册》、达标认定书和脱贫成果表，贫困户和村委会各留存一份。遵循档案资料的形成规律和特点，保持相互之间的有机联系和成套性特点，提高规范化管理水平。

（2）规范管理运用档案。加强对脱贫攻坚资料的形成、积累、整理和归档工作的指导、监督、检查及复核，对照市、县、乡、村及贫困户归档痕迹资料收集整理要求，统一制订资料档案整理目录，确保档案资料的完整准确、系统规范。加强对资料档案的动态管理，按月整理、逐月更新、实时补充档案资料。加强对各类档案资料的分析运用和有效利用，指导脱贫攻坚工作实践。

9.强化督考压实扶贫责任

（1）细化精准扶贫落实责任。按照"中央统筹、省负总责、市县抓落实"的总体要求，健全落实"市指导推动抓落实、县区主体负责抓落实、乡镇组织实施抓落实、村组具体实施抓落实"的脱贫攻坚工作机制，细化落实市级5大职责、县级8大职责、乡镇8大职责、村组12大职责，形成责任清晰、任务明确、各负其责、合力攻坚的脱贫攻坚责任体系。

（2）定期督查巡查扶贫工作。严格落实《广元市脱贫攻坚督查巡查工作实施方案》，建立市、县、乡分级督查巡查机制。分年度制订督查巡查计划，统筹力量常态化开展督查巡查。坚持督巡结合，综合运用以下沉驻点为主的定期巡回暗访督查、以对标督导为主的针对性督查和以综合调查为主的巡查等多种形式，推动责任落实、工作落实。注重督查巡查结果运用，督查巡查结果按 40% 权重纳入年度目标考核，对发现的问题进行"点对点"通报并限期整改，同时按照脱贫攻坚问责问效有关办法严肃处理。

（3）公正考核评价扶贫业绩。发挥脱贫攻坚考核指挥棒作用，严格执行省、市脱贫攻坚有关考核办法，对脱贫攻坚工作进行专项考核。采取县区自查、部门考评、市级检查、第三方评估、综合评价考核方式，做实考评过程，确保考评结果全面准确反映脱贫攻坚工作。坚持上下联动、过程与结果并重，将上级考核结果和日常评价结果按一定权重计入本级年度考核结果，确保考核结果准确真实反映工作实效。

（4）鲜明扶贫考核导向。用好考核结果，将考核结果与班子评价、干部使用、资金安排挂钩。严格落实《超常推进脱贫攻坚三十三条措施》，加强正向激励，大力表扬各级先进集体和先进个人，提拔重用表现突出的各级干部；加强反向惩处，对落实不到位、任务未完成、工作效果差的，实行考核评优"一律一票否决"、责任领导"一律就地免职"、追责问责"一律从重从严"。落实《宽容失误失败助力决战决胜脱贫攻坚五条规定》，为干部敢想敢干敢为创造宽松环境。

（二）广元市全面落实精准扶贫的经验

广元市全市上下坚定贯彻习近平总书记关于扶贫工作重要论述和对四川工作的重要指示，认真落实中央、省委决策部署，聚焦脱贫攻坚摘帽，统筹重点攻坚与巩固提升、解困脱贫与同步奔康，取得了一系列重要经验，不断提高精准扶贫的科学化水平。

1. "四责一体"聚合力，注重保持超常态势

在推进精准扶贫战略的进程中，广元市健全抓脱贫攻坚责任体系，把压实扶贫责任转化为自觉担当和工作激情。一是切实履责。对中央、省委有关脱贫攻坚重要指示部署，市委常委会及时学习贯彻、不打折扣执行、主动

报告复命。市委出台《超常推进脱贫攻坚三十三条措施》，从市到村建立完备的作战指挥体系。二是严格督责。建立并严格实行"每月督查反馈、季度评价排名、半年分析研判、年度评估验收"制度。组建10个巡回督查组，进村入户采取交叉巡回督查指导，及时发现问题、限期纠偏整改。三是科学考责。建立了集上级考核、日常督查、群众评价、第三方评估的抓脱贫攻坚责任落实和绩效考评体系，是否认真履职尽责，由贫困群众说了算、按制度规定办。四是严肃问责。实行"三个一律"，对不落实不作为的，考核评优一律一票否决，责任领导一律就地免职，追责问责一律从重从严。开办《阳光问政》脱贫攻坚专题节目，在报纸、电视开设"曝光台"，集中查处扶贫领域案件。同时，出台脱贫攻坚容错纠错机制、脱贫攻坚一线干部和村组干部有效激励机制等，形成了领导干部率先垂范带头干、党员干部撸起袖子加油干、广大群众自力更生抓紧干的生动局面。

2. "四化协同"抓精细，注重质量效益提升

广元市在推进精准扶贫的工作中，以最讲认真的作风、最实在的措施和最管用的方法，促使各项政策、工作和要求落地落实，让贫困群众满意。一是个性化研制规划。在精准识别基础上，严格对标政策规定，突出年度任务，逐村逐户精细查明致贫原因、发展优势和短板、群众脱贫意愿等，科学制订县摘帽、村退出、户脱贫以及26个行业扶贫规划，并采取"上级组织+群众（或代表）+第三方论证"方式，评审规划措施的精准度和可行度，确保精准滴灌、靶向治疗。二是清单化兑现政策。厘清中央、省有关政策规定，市县列出细化政策要求清单，乡镇、帮扶干部和村组列出政策落实清单，各级指挥部列出政策兑现督查清单。实行户认领签字、组每月通报、村季度公示、上级全程监督制度，利用信息化平台跟踪、设立公开举报电话监督，确保每项政策特别是教育、卫生、兜底等与贫困群众切身利益关联紧密的扶持政策及时兑现、不走样跑偏。三是项目化落实任务。将扶贫专

项年度计划具体化为建设项目，把村退出、户脱贫分解为工作项目，由各级、各帮扶部门挂图作战、逐项落实。如在抓产业扶贫中，做到对象精准化、产业特色化、载体园区化、经营组织化、技能专业化、投入多元化方略，长短结合、以短支长，建设万亩现代农业产业园、村特色产业示范园和户办产业小庭园。四是标准化管控过程。出台《脱贫攻坚工作精细化管理三十条规程》，对识贫、扶贫、脱贫、提升全过程确立工作标准、查验规范，确保各项工作高质量完成。

3. "四大机制"补短板，注重务实创新突破

对于精准扶贫工作中的焦点问题，广元市通过创新政策机制和方式方法克难前行。一是构建返贫预警阻击机制。采取每半年按市1%、县10%、乡100%的比例，随机抽查已脱贫户收入情况的办法，及时发现可能返贫的已脱贫户，严格因突发重病或自然灾害等返贫情况报告制度，对可能返贫的对症施策阻返。对已脱贫村和户，全面开展"回头看""回头帮"，做到"帮扶、政策、项目"不变，深入实施"房前屋后庭园化、村落民居整洁化、产业发展特色化、公共服务体系化、基层治理法治化、新风培育常态化"的"六化"行动，实现稳步脱贫奔小康。二是构建插花贫困帮扶机制。实行脱贫规划、资金投入、帮扶力量、督查督办、脱贫验收"五个同步"，在全省率先从市县乡三级部门单位中选派干部职工，帮扶非贫困村中的插花贫困户和边缘户。三是构建群众内生动力机制。坚持短期扶贫、同步扶能、持续扶志。深入开展干部讲政策、专家讲技术、典型讲经验、群众讲党恩、做新型农民"四讲一做"活动。开展村民素养技能大普查，按需分类分层培训。完善村规民约，普遍实行积分管理，对带头脱贫致富、积极参加公益劳动、自觉遵规守法、主动扶贫济困、尊老爱幼的农户，由群众打分，以积分评先奖励，群众感恩意识、主动意识、奔康意识空前高涨，就业创业技能得到较大提升。四是构建资金管理增效机制。健全涉农投入统筹整合、金融

投入财政撬动、社会投入政府激励政策体系，规范资金使用管理。

（三）广元市全面推进精准扶贫的经验启示

广元市认真学习贯彻党的十九大精神和习近平总书记对四川工作重要指示精神，强化落实精准方略、更加注重"绣花"精准到人到户到村，强化真扶贫真脱贫、更加注重增强群众获得感，强化永不停息奋斗精神、更加注重保持一往无前战斗姿态，确保全市实现高质量脱贫。

1. 紧扣目标任务，消除绝对贫困和贫困现象

（1）稳定实现"两不愁三保障"。对照贫困县"一低三有"、贫困村"一低五有"、贫困户"一超六有"退出标准，做精做细7个贫困县摘帽、739个贫困村退出、10.76万户贫困户脱贫规划，做实做好精准扶贫、精准脱贫工作，杜绝算账脱贫、缺项脱贫。

（2）及时发现帮扶新增贫困人口。建立干部调研走访、群众信访、媒体报道等联动发现机制，对新增贫困对象及时启动精准识别和精准帮扶工作，一个星期内到位帮扶责任、规划和措施，确保及时纳入扶持范围。

（3）统筹解决边缘户和非贫困村。建立县、乡、村、组四级管理台账，统筹人、财、物资源，积极解决1.92万户困难边缘户的具体困难问题。加大对1802个非贫困村的针对性投入，做实"六个一"帮扶工作，提升非贫困村发展水平。

（4）切实巩固提升脱贫退出成果。聚焦410个已退出村、25.08万已脱贫人口和利州区已摘帽县，制订脱贫成效巩固提升三年计划，持续用力补短板、强弱项。探索建立防止返贫基金，对有返贫风险的脱贫户及时落实措施精准阻击。

（5）实施脱贫奔小康"六化"行动。实施房前屋后庭园化、村落民居整洁化、产业发展特色化、公共服务体系化、基层治理法治化、新风培育

常态化脱贫奔小康"六化"行动,提升脱贫攻坚整体质量。

2. 聚焦产业就业,促进短期与长效增收相结合

(1) 长短结合发展特色产业。深化农业供给侧结构性改革,深度调整产业产品结构,坚持"三园联动"发展,新建现代农业园 8 个、村特色产业园 270 个、户办小庭园 5 万个,新建改造特色产业基地 22 万亩,新培育科技示范户 1500 户,新建益农信息社 918 个,创建旅游扶贫示范村 9 个,培训电商人才 1500 人次,解决品种低端、大园不大、小园不精等问题,实现扶贫产业特色化、优质化、差异化发展。

(2) 切实提高就业扶贫实效。抓好建档立卡贫困劳动力培训、建档立卡贫困户"两后生"技能培训,创新推行"用工企业+贫困户+稳定就业"等模式,组织贫困家庭劳动者参加职业技能培训 1 万人。232 个贫困村每村至少开发 5 个公益性岗位,加强与市外劳务协作,开发建设扶贫车间、微工厂,组织开展招聘活动 100 场次,帮助贫困劳动者转移就业 2.5 万人。

(3) 强化稳定增收利益分配。鲜明不忘扶贫初心的利益分配导向,建立带动贫困群众进入产业、带动贫困群众就业、带动贫困群众提能、带动贫困群众增收"四个带动"机制,让贫困群众流转土地收租金、务工就业挣薪金、入股分红获股金、委托经营拿酬金、集体收益分现金,多渠道增加收入。

3. 优化政策供给,抓好开发和保障扶贫

(1) 精准保障式扶贫对象。聚焦建档立卡贫困对象中 58.17% 的因病致贫人口、11.49% 的因残致贫人口、3.69% 的缺劳动力人口、8.9% 的缺技术人口、17.8% 的 65 岁及以上老年人,开展保障式扶贫对象全面摸排、精准识别,分类建立保障式扶贫档案。

(2) 完善保障式扶贫政策。扎实推进基本医疗保障,强化"两保三救助三基金"扶持,贫困群众县域内就近就医率达到 95% 以上。适度提高救

助水平，做大医药爱心扶贫基金、卫生扶贫救助基金、重大疾病慈善救助基金，解决贫困人口因重大疾病县域外就医医疗费用过高的问题，减轻贫困群众就医负担。扎实推进义务教育保障，以"四好四不让"为总目标，落实"一大专项计划"，确保53577名贫困家庭学生不因贫辍学。针对154个深度贫困村存在的突出问题，在项目资金、扶持政策上适度倾斜，通过抓好产业扶贫根本、安全住房关键、基础设施支撑、教育医疗短板、政策兜底保障等，扎实推进深度贫困村脱贫攻坚。

4. 激发内生动力，实现物质与精神脱贫相统一

（1）解决贫困对象精神贫困。办好2422所"农民夜校"，开展"示范脱贫户""文明家庭"等先进典型评选，在信贷评级、项目安排、集体分红等方面给予优先倾斜。建立贫困户行为"负面清单"，划出赌博酗酒、违法乱纪、不赡养老人、铺张浪费等25种行为"红线"，对出现不良行为的，实行"歇帮""有限帮扶"等约束措施。

旺苍县贫困群众发展扶贫产业

（2）解决贫困对象能力贫困。实施"家庭能人培训计划"，开展"万名专家人才智力扶贫"行动，组织5000名专技人才到村开展组团服务，选派240名科技特派员到村开展技术帮扶，组建739个贫困村"乡土人才超市"，加强对贫困群众市场经济、实用技术、经营管理等培训，促进贫困劳动力由体力型向技能型、智能型转变。

（3）解决贫困代际传递。加强对流动儿童、留守儿童、女童、家庭经济贫困儿童等重点群体关爱，落实家庭经济困难学生资助政策，保障农村贫困家庭孩子完成义务教育阶段学业。帮助中职学校招收10000名以上学生接受中职教育，动员、招录初、高中往届毕业生接受免费职业教育500人以上，拓宽贫困家庭子女转移就业渠道。

5. 改善帮扶方式，推进输血式与造血式帮扶

（1）制优脱贫奔小康规划。立足脱贫退出标准，着眼同步小康和乡村振兴，精准研制规划，整合涉农资金，安排建设项目，逐步把美好蓝图变为现实。

（2）建强农村基层组织。以实施"组织力提升工程"为抓手，实施组织设置优化行动，健全村党组织合建共建运行机制，推进新型农村社区建设，扩大产业链党组织覆盖。实施后进组织整顿行动，开展后进村党组织排查整建，启动村级组织活动场所改造提升三年计划，改扩建贫困村活动场所232个，启动非贫困村（中心村）活动场所规范化建设。

（3）打造乡村人才队伍。实施"好书记选育计划"，村党组织带头提能培训、管理监督和激励保障机制。实施能人培育储备行动，挑选培养贫困村"领头羊"、乡村振兴"精英"5000人。

（4）发展壮大集体经济。以特色农业产业为重要抓手，围绕主导产业型、为农服务型、乡村旅游型、资产盘活型、招商引资型五大集体经济发展类型，壮大村级集体经济，全面完成739个贫困村集体产权制度改革，严

格规范村级集体经济组织架构和运行机制。

6.汇聚攻坚合力，实现自我解困与社会扶贫齐努力

（1）扎实抓好东西扶贫协作。组建以市委、市政府主要领导为组长的东西部扶贫协作领导小组，健全与浙江省仙居县等5个县区扶贫协作机制，抓好浙江长效帮扶青川工作，扎实推进东西扶贫协作。做好3个中央机关、27个省级部门定点扶贫广元市协调工作。

（2）提高社会力量参与广度。抓好中国社会扶贫网大数据平台推广应用，实现全市所有建档立卡贫困户信息全覆盖、贫困户帮扶需求即时发布、贫困户需求信息对接率达50%以上。深化"10·17扶贫日""返乡创业、回家发展""远山结亲、以购代帮"等活动，支持社会力量承担政府购买服务、实施扶贫项目。

（3）强化资源整合配置使用。发挥政府投入主体作用，取消限制统筹整合使用的相关规定，发挥资金最大聚合效益，整合投入各类资金42亿元以上用于脱贫攻坚。整合各级责任主体和帮扶力量，对联系领导、帮扶部门和乡镇实行捆绑考核，促使各类力量同心攻坚。

7.做强县域经济，促进村户脱贫与区域整体脱贫

（1）充分释放扶贫政策红利。以脱贫攻坚统领县域经济发展，用好基础设施扶贫政策，补强交通、水利、电力、网络等短板，消除县域经济发展瓶颈制约；用好产业扶贫政策，培育壮大特色优势产业，夯实县域产业发展基础；用好教育扶贫政策，培养懂技术、善管理的专业技术人员，为县域经济发展储备人才。

（2）规划实施乡村振兴战略。坚持农业农村优先发展，坚持城乡融合发展路径，聚焦宜居宜业宜养宜游，实施"十大行动"，建设"美丽乡村、幸福农家"，加快推进农业农村现代化，让农业成为有奔头的产业，让农民成为有吸引力的职业，让农村成为安居乐业的美丽幸福家园，走在全省山

区乡村振兴前列。

（3）大力发展壮大县域经济。优化县域产业布局，形成"一核四带六链"产业发展格局，加快建设工业强县、农业强县、旅游康养强县和生态强县。做强县域特色产业集群，推进特色优势产业成链深度融合发展。做强国家级和省级经济开发区，打造县域经济增长极。做强县区龙头企业，打造行业"领头雁"。

三、全面改善贫困地区基础设施和公共服务条件的做法、成效与经验启示

基础设施是保障民生、发展产业的先决条件，是提高公共服务水平的重要平台。基础设施的完善和公共服务条件的改善是贫困地区彻底摆脱贫困的基础性条件，是关系到人的生存质量和发展质量的关键性要素，也是使贫困地区稳定脱贫、不再返贫的重要保障。精准扶贫以来，位于秦巴山区集中连片贫困地区、川陕革命老区核心腹地的广元市，坚决落实党中央、国务院决策部署和四川省委、省政府部署要求，着力破解基础设施薄弱这一制约贫困地区发展的瓶颈，大力推进交通、水利、电力、信息网络等基础设施建设，公共服务水平明显提升，群众生产生活条件得到明显改善。

（一）交通扶贫铺就脱贫致富路

交通是经济发展的大动脉，脱贫奔小康，交通须先行。对于贫困地区来说，交通不便是制约当地发展的重要因素，没有便捷的交通，不仅会导致当地的农业资源、旅游资源、自然资源、劳动力资源得不到充分利用，还在一定程度上阻碍了外地企业、新型农业产业模式和理念的进入，进而增加了

实现农村经济繁荣、促进农业产业发展、提高农民生活水平的难度。因此，加快贫困地区交通基础设施建设对于提高当地群众生活水平具有极为重要的意义。

1. 广元市交通扶贫的举措

广元市地处川陕甘三省接合部，嘉陵江上游，位于川东北经济区，是成都、西安、重庆、兰州四大都市交通干线的交会点。作为西南连接西北、中原地区的重要枢纽和战略要地，广元市是长江经济带和丝绸之路经济带互动合作的重要节点，更是进出川门户型综合交通枢纽。为加快建设连接西南西北、通江达海的区域性综合立体交通枢纽，助力脱贫攻坚、项目投资、产业发展，2018年以来，全市启动实施"脱贫奔小康交通三年大会战"，以农村公路补短板和互联互通为基础，以"4+22+N"交通基础设施建设为重点，大力实施"交通强市"战略，为决战决胜整体连片贫困到同步全面小康跨越、建设川陕甘接合部现代化中心城市提供强有力的交通运输支撑。

广元罗家沟互通立交

（1）加强领导，统筹安排。广元市成立了交通专项脱贫攻坚领导小组，市委、市政府分管交通的领导任组长，市政府分管副秘书长、市交通运输局局长分别为领导小组办公室主任，市级相关部门负责人、各县区政府分管领导为成员，加强交通专项脱贫攻坚工作的领导和统筹推进工作。同时，市交通运输局成立了交通专项工作专班，市交通运输局局长为组长，分管副局长为副组长，局建管科、农建办和各县区交通运输局负责人为成员，具体负责推动全市交通脱贫攻坚工作，紧紧围绕全市739个贫困村脱贫目标，结合扶贫开发攻坚规划和交通综合规划，科学编制并实施交通扶贫专项规划。

（2）明确目标，狠抓落实。按照省、市脱贫攻坚工作部署，制订了《广元市交通扶贫专项实施方案》，将目标任务细化分解到县区、乡镇、村，明确县区政府主体责任，落实推进和奖惩措施，强化行业指导和现场监管，确保通村公路建设进度、质量、安全管控三到位。

（3）筹措资金，破解瓶颈。一是抢抓国家推进脱贫攻坚的政策机遇，通过主动向上争取补助资金、加大地方财政配套、动员社会捐助、群众投工投劳等方式，全力筹措项目建设资金，缓解建设资金压力；二是开展交通扶贫项目资金专项检查，对项目资金使用、项目推进、质量安全、招投标及基本建设程序等方面进行了检查，督促各县区建立完善交通项目资金专款专用、专人管理、专账核算、封闭运行的"三专一封闭"制度，确保交通扶贫资金专款专用；三是对交通专项扶贫专项审计、督查暗访及第三方评估等发现的问题，逐条进行研究分析，明确整改责任，加强督查督办，确保整改工作落到实处。

（4）强化督导，主动作为。印发了《局领导联系督导县区交通建设工作方案的通知》，确定每个局领导负责联系1个县（区），抽调技术骨干参加督导工作，对照年度目标任务，每月至少开展一次检查督促工作。就农村公路的建设标准、技术指导、工程质量、工期安排、安全管理等方面进行全面检查和服务，对县区通过"四川省农村公路管理平台""六有管理平台"报送的农村公路建设和精度信息动态跟踪，对推进不力的县区采取通报至县区政府的方式加以督促。按照市脱贫攻坚指挥部《关于进一步做好"大走访、大排查、大整改、大提升"工作的通知》要求，成立了督导组，对照中央、省委脱贫攻坚专项巡视、国家脱贫攻坚成效考核反馈脱贫攻坚工作中存在的问题，与各县区交通运输局联动开展工作，统筹组织力量，分级分类全面排查梳理各类问题，深入查找脱贫攻坚工作存在的薄弱环节，确保问题全部整改完成，并形成了《关于"大走访、大排查、大整改、大提升"活动开展情况的报告》。

（5）积极创建"四好农村路"示范县。一是市、县（区）高度重视，均成立了"四好农村路"组织机构，制订了工作方案，将各项任务和目标落到实处；二是将"四好农村路"创建工作纳入对县区的目标考核，建立了月督查、季通报的工作机制；三是积极开展"四好农村路"创建活动，鼓励县区积极创建国家级、省级"四好农村路"示范县，并每年度加强对示范乡镇、示范村的考核验收工作。

2. 广元市交通扶贫的成效

广元市交通扶贫以"两通"为目标，以"补短板"及"四好农村路"为抓手，充分发挥交通在全市脱贫攻坚中的基础性和先导性作用，深度融合产业发展和全域旅游，全市交通扶贫成效显著。

（1）农村公路通达深度和通畅水平稳步提高。一是全市农村公路总里程达17618公里，农村公路占全市公路总里程的88%，实现了县、乡、村公路通畅率100%；二是全市230个乡镇、2396个建制村均已通硬化路，提前完成交通脱贫攻坚兜底性任务；三是已摘帽县区通村路全面提升改造，路面宽度基本达到4.5米的标准；四是通组公路覆盖面进一步扩大，全市通组公路硬化率达到81%以上，其中贫困村通组公路硬化率基本达到100%。

（2）"四好农村路"建设取得突破。在2017年剑阁县成功创建省级"四好农村路"示范县的基础上，苍溪县于2018年创建为"四好农村路"全省示范县，并于2019年11月4日被命名为"四好农村路"全国示范县。2020年朝天区也积极申报省级"四好农村路"示范县，全市农村公路建管养运协调发展得到显著提升。

（3）农村客运事业逐渐发展壮大。全市230个乡镇、2396个建制村均已实现通客车。日益壮大的农村客运为农村经济社会发展、改善群众生产生活条件发挥了至关重要的作用，让老百姓真正实现了"出家门、上车门、进城门"。

（4）服务乡村振兴战略和农业农村现代化效果明显。充分发挥农村公路在脱贫攻坚中的基础性和先导性作用，将农村公路建设与精准扶贫、产业发展、全域旅游"三大板块"深度融合，高品质建设幸福美丽乡村路，全力助推幸福美丽乡村更加宜居宜业宜游，积极践行"绿水青山就是金山银山"，带动了农村产业兴旺、农民增收致富；以污水处理、垃圾清理为重点，大力推进路域环境综合整治和"路田分家、路宅分家"，以及农村公路交叉路口"六个一工程"建设，当好生态宜居的农村环境建设先行官，为全面建成小康社会、实施乡村振兴战略和推进农业农村现代化奠定坚实的交通基础。各县（区）在推动农村旅游路、资源路、产业路建设，改善特色小镇、农林牧场、乡村旅游景点景区、产业园区和特色农业基地等交通运输条件，促进农村公路与农田机耕道有机结合，为产业兴旺提供强有力的交通保障等方面成效显著。

（5）群众获得感强，满意度高。全市按照"修公路、兴产业、建基地、带新村"的发展思路，以农村公路建设促进产业规模的不断壮大和规模经营水平的不断提高。农村公路的快速发展，促进了农业产业发展、群众增收致富和人居环境改善，广大老百姓获得感、幸福感、安全感不断提升，满意度不断增强。

3. 广元市交通扶贫的经验启示

自脱贫攻坚开展以来，广元市通过统筹整合涉农资金、加大金融支持和社会资金帮扶，加快了贫困地区的道路建设进度，有力改善了贫困地区发展条件，夯实了区域发展保障，构建了更加安全可靠、功能配套、基本适应贫困地区经济社会发展需要的交通基础设施和服务体系，切实增强了群众获得感。回顾广元市交通扶贫工作走过的漫漫征途，总结经验，有以下几点启示。

（1）强化组织领导，落实决策部署。广元市交通专项脱贫攻坚始终坚持以习近平新时代中国特色社会主义思想为指导，深入贯彻党的十九大精神，认真落实各项脱贫攻坚政策，把脱贫攻坚作为最大的政治责任、最大的民生工程来抓，抢抓机遇，市、县党委政府亲自抓，交通部门组建专班具体推动，县交通部门和乡镇具体抓落实，细化责任，精准实施脱贫攻坚项目，达到村村通硬化路和客运车辆的标准，全面提升了群众满意度和获得感。

（2）坚持立足实际，注重科学规划。为切实加快农村公路发展，广元市及各县（区）党委政府立足当前，谋划长远，以"尊重群众意愿，体现时代特征，引领未来发展"为原则，科学开展项目规划工作。分期分阶段研究制订全市交通发展规划和实施计划，明确全市交通建设的目标任务、基本思路和保障措施，同时加强县域交通发展规划与全省路网建设总体规划相适应，促进农村公路与干线公路的联网配套。注重交通发展规划与经济发展规划、产业园区建设规划、旅游发展规划等相配套，发挥交通建设在促进全市经济建设中的支撑和带动作用。

（3）深化机制改革，创新发展体制。广元市创新建立政府主导、行业牵头、社会参与的联动机制，形成推动交通建设的巨大合力，统筹建立部门相互配合、部门与乡镇相互衔接的沟通机制，形成协调一致的工作格局。同时建立以县、乡、村为责任主体的农村公路管理养护体制，积极推行路长制，实现农村公路管理养护的规范化；积极统筹解决农村公路管养资金，从根本上解决了农村公路重建轻管、建养失调的问题。

（二）水利扶贫保民生

水利是打赢脱贫攻坚战的基础支撑和保障，水利扶贫在国家脱贫攻坚总体布局中肩负重要使命。由于自然条件差、经济发展落后等原因，贫困地区水利基础设施严重滞后于经济社会发展需求，因水受困、因水成疾、因水致贫现象较为突出。加快补齐脱贫攻坚水利短板，充分发挥水利支撑保障作用，让水利的发展成果惠及广大贫困群众是破解贫困地区水利难题的有效途径。

近年来，广元市水务系统以实施饮水安全巩固提升、产水配套、骨干水源、水生态治理、技术人才保障"五大行动"为重点，充分发挥水利在脱贫攻坚中的基础性、先导性和保障性作用，以工程建设为基础，以改革创新为抓手，为贫困地区和贫困群众脱贫致富奔小康提供了强有力的水利支撑和保障。

1. 广元市水利扶贫的举措

广元市水利脱贫攻坚探索出了"三措并举抓落实，通过三大保障，补齐三大短板"，形成了实现水利脱贫攻坚高质量的广元市实践。

（1）全面实施问题清零行动

一是三级联动，查摆问题增量。以饮水安全达标复核为契机，结合全市问题整改"歼灭战"，市、县、乡三级联动，全面启动开展建档立卡贫困人口饮水安全达标复核工作，以5类饮水安全薄弱贫困户为重点，以严格标准、抽查督促、政策解读、标准宣贯、争取群众认可为举措，全市统筹，县区、乡镇主体，全面对标体检，户户见面，人人过关。

二是三措并举，问题全面清零。针对前期各级各类巡视巡察、督查暗访以及"两不愁三保障"回头看大排查的存量问题，当年达标复核的增量问题，逐户梳理、逐项研判，采取补水源、延管网、强管护三大措施，实现问题全面整改清零。

三是三级认定，确保真实整改。针对农村饮水安全发现的存量问题和增量问题的整改质效，严格对照整改方案，紧扣水量、水质、方便程度、保障率四项指标，聚焦问题核心，实行逐级认定销号，确保问题真实整改、整改真实、群众满意。

（2）全面开展供水补短行动

一是补齐工程建设短板。按照"建大、并中、减小"的原则，充分利用和挖掘现有供水工程设施潜能，采取适当新建、联通扩能、补充分散的方式，推进城乡供水一体化，着力优化供水工程布局。针对水源不稳定、应急水源缺乏、季节性缺水，通过新建应急水源、多水源并联运行，增加应急保障能力，补齐水量短板。针对水处理工艺不完善、供水水质不稳定，通过水质处理工艺技改，完善水质检测监测体系，补齐水质安全短板。针对工程零星分散、保障率低、抗风险能力弱，通过骨干供水工程管网延伸，补齐供水保障短板。针对水源结构复杂、保护措施缺乏，通过划定饮用水水源地保护区、强化水源地巡查保护、加强水源地治理，补齐水源保护短板。

二是补齐长效管护短板。聚焦供水工程运行管理不到位、工程建而未用等现象，市政府出台《关于加强农村供水工程运行维护管理的指导意见》，各县区制订实施办法，全面落实"三个责任"、全面建立"三个制度"、全面提升"三项能力"。以分级分类管理模式为核心，以明晰工程权属为保障，以管理队伍能力提升为支撑。对千人以上的集中供水工程实行企业化管理，标准化、专业化运营。千人以下的小微型供水工程纳入村级集体经济建设范畴，由村组集体通过组建用水者协会、聘用村级管水员或委托专业化公司等方式统一管理。个户工程由受益户自主管理。实现每一处供水工程都有人管、管得好，长受益，全市农村饮水安全运行维护管理水平全面提升。

三是补齐水费征收短板。规模以上的集中供水工程水价由价格主管部门核定；村级供水工程由村委会组织受益群众"一事一议"商定，并探索"限价水费+财政补贴"的水价机制，实行供水水价不高于3元/方，对制水成本高于3元/方的，其差额部分经水利、财政、审计部门和乡镇核定后，由财政补贴供水单位；推行两部制水价、阶梯水价、用水定额管理与超定额加价制度；针对大型集中供水工程逐步推广智能水表、预付费用水，对小型工程按月、按季度由管水员上门抄表收费；发放明白卡，对水价标准、水费收支情况进行公示。通过公示栏、微信群等方式，保障群众知情权、监督权，实现明明白白消费。

（3）全面落实工作保障行动

一是三级书记抓龙头。市委书记、县区委书记、乡镇党委书记三级书记高度重视农村饮水安全工作，记在心里、抓在手上、落在实处，充分发挥统揽全局、协调各方的组织优势，将农村安全饮水作为常委会、全委会重要议题，纳入重要议事日程，亲自研究、靠前指挥，确保财力、物力、人力等资源及时保障到位。市、县区党委政府领导包县区、包乡镇，均将农村饮水安全作为重要内容进行重点督导推进。

二是三个责任强体系。严格落实农村供水工程属地管理及地方政府主体、行业部门监管、供水单位管理三个责任。县区、乡镇人民政府履行主体责任，统筹负责辖区内农村饮水安全工程的组织领导、制度保障、体系建设、经费落实、宣传引导和工作考核等各项工作。发改委、财政、环保、卫健、水利等重点部门，各司其职，确保计划及时下达、资金足额到位、水源保护有力、水质定期检测、建设管理有序优质。供水管理单位建立健全供水工程日常运行各项规章制度,做到管理规范、供水安全。

三是三种方式督落实。围绕重点工作,实行分片包干,市级分县包干服务指导,县区分片包干联系乡镇,技术人员包干到项目、到工程、到村社。每月抽调专业力量对边远掉角地区及旱山村社饮水安全保障、问题整改、饮水返贫阻击等工作进行定点督战。建立月调度机制,对时间节点的任务完成情况、存在的问题及解决措施、资金调度、质量控制、标准把握等方面开展调度、研判。

2. 广元市水利扶贫的成效

广元市以提高供水保障能力、农业生产能力、防汛减灾能力为核心,通过科学谋划、合理布局,水利扶贫工作成效显著。

(1)学习教育与专项工作同步推进。结合"不忘初心、牢记使命"主题教育阶段成果,着眼乡村振兴,坚持以中小型骨干水源工程为支撑,续建、开工、整治一批中小型水库,强化抗旱应急水源工程建设,实施大中型灌区续建配套以及河湖连通、水保工程、水利工程维修养护、防汛减灾工程等项目,着力推进民生水利基础设施网络体系建设,提升水利服务能力,为打赢脱贫攻坚战、全面建成小康社会提供坚实的用水支撑和保障。

(2)聚焦重点与全面覆盖同步推进。同步实施贫困村与非贫困村的农村贫困人口饮水安全巩固提升工程,使贫困地区的贫困户与非贫困户劳有所依、食有所安、居有所质,生产生活生态供水保障能力不断提升,获得感与幸福感不断增强,群众与水利干部的情感得到了不断增进,水利干部与人民群众更加紧密地联系在一起。

(3)水源建设与水系完善同步推进。坚持以骨干水源工程、抗旱水源工程、大中型灌区项目建设为支撑,围绕产业布局,新建、整治水源工程与水系水网完善同步推进,着力加大水源水系保障力度,促使贫困地区产业发展的供水保障能力稳步提高。

（4）项目建设与长效机制同步推进。着力推进水利扶贫项目建设，解决贫困群众工程性缺水问题。同步推进水利管理能力的提升，深化小型水利工程管理体制改革，明晰所有权，实现所有权与使用权、收益权分离，提高水商品意识，强化农业水价综合改革，鼓励水权交易，实现水资源统一管理和节水型资源综合利用；进一步完善基层水利服务机构、农民用水协会组织及准公益性专业化服务队伍建设，提高队伍业务能力和综合素质，增强水利服务水平和能力，形成层次清晰、管理规范、服务高质量的水利管理体系。

（5）补齐短板与排查整改同步推进。按照《广元市水利脱贫攻坚和基础设施补短板实施方案》，加快推进全市水利薄弱环节补齐短板，有效解决因水致贫的突出问题，大幅提升水利保障能力。同步推进对已实施水利扶贫项目的"回头看"，针对各级巡视巡察、"大走访、大排查、大整改、大提升"活动、"两不愁三保障"回头看大排查、扶贫领域资金项目专项清理发现反馈的问题，逐一剖析问题根源，查找病灶病因，研究整改措施，制订整改方案，分解整改任务，落实整改责任，明确整改目标，规定整改时限，确保了问题"条条要整改、件件有落实"，整改工作有序有力出成效。

3. 广元市水利扶贫的经验启示

安全的饮用水是群众身体健康的保障，完善的农田水利是农业发展的保障。水利扶贫不仅要通过加快推进农村安全饮水建设，解决"饮水难"的问题，还要解决饮水不安全、不健康、不稳定等突出问题。既要政府加强推动，继续加大投资，又要加快农村供水设施产权制度、农村水利设施建设管理机制等多方面的改革，以适当的方式引入社会资本，打破单纯由政府或者市场主导的建设管理模式，靠政府加市场的"两条腿"走路。无论是饮用水建设还是农田水利建设，都要因地制宜、建管并举，让其充分发挥作用，以收到良好的效益。

回顾广元市水利扶贫过程，总结经验，得出以下启示：一是高起点规划，高标准落实。要深化精准扶贫，有针对性解决贫困村、贫困户在水利方面遇到的实际问题，做到"一村一策""一户一方案"。二是坚持绿色发展、生态发展、科学发展。以水定地、以水定人、以水定产，抓好节水配套，扎实推进各项水利基础工作。三是注重创新改革。在水利工程管理体制、贫困户增产增收、长效机制建设方面，取得新的更大突破。四是强化多方配合。全力协调水利工程建设管护工作，为扶贫攻坚提供扎实的用水保障。

（三）电力扶贫惠民生

电力，关系国计民生，联系千家万户。安全充足可靠的电力供应，是贫困地区经济发展的坚强保障。自开展精准扶贫工作以来，广元市坚持"脱贫攻坚、电力先行"，用光明照亮了群众致富之路。

1. 广元市电力扶贫的举措

围绕高标准、高质量完成行业扶贫目标任务总体要求，广元市在电力扶贫项目推进工作中，主要采取了8条扎实有效措施，积极推进电力扶贫工作。

（1）明确目标任务。电力扶贫实行目标责任制管理，牵头单位与各责任单位分别签订年度目标责任书，在责任书中进一步明确目标任务、完成时限及考核办法。

（2）实行挂图作战。对所有电力扶贫项目工程实行工期倒排，将目标任务细化到县区、部门，落实分解到人头，对所有工程实行"月计划、周安排、日管控"，并将目标任务分解表上墙，实行挂图作战。

（3）规范工程管理。建立健全项目管理规章制度，切实加强资金管理、施工管理、安全质量管理，自觉接受社会和舆论监督，把农村电网改造升级工程建成精品工程和群众满意的德政工程。

（4）明确责任主体。电力公司是推进电力扶贫项目建设的责任主体。广元市国网、地网两家公司作为电力扶贫攻坚责任企业，通过切实增添措施，克服困难，在加快项目推进的同时，确保按时按质完成任务，并做到安全施工、文明施工。各级政府是协调服务的责任主体。各县（区）政府在指导、协调、管控，特别是在通道规划、征地拆迁等方面做好保障，协调解决工作过程中遇到的困难和问题。电力行业扶贫成员单位主动对接，共同做好土地、林地征占、规划衔接等协调服务工作。

（5）加强项目督查。每月对电力扶贫项目听取进度汇报，每季对电力扶贫项目推进情况进行督查，半年进行项目实施情况总结，对项目实施中出现的困难和问题制订切实可行的解决方案并逐级落实。制订督查计划，跟踪督办任务完成，确保项目顺利实施。

（6）围绕目标抓统筹。统筹抓好电力扶贫工作硬件和软件，统筹抓好电力扶贫电网查漏补缺工作，统筹抓好不同类型地区用电保障，统筹抓好当年任务完成和下一年项目争取。

（7）树立标杆示范。在全市范围内选取贫困村开展农村居民生活、产业发展、基础设施用电需求负荷摸底调查，建设电力扶贫示范点，探索全市电力脱贫奔小康农网改造升级的示范项目。

（8）加大宣传力度。利用广播电视、报刊网络等多种方式大力宣传电力扶贫工作，及时总结推广电力扶贫的先进经验和典型做法。

另外，通过以下举措推动电力扶贫不断开创新局面：一是夯实基础，加强生活用电保障，推动电力扶贫落地落实。继续大力开展电力扶贫工作，对全市贫困村全面梳理、排查比较、精准实施，项目涉及村（点）生活用电保障水平显著提升。二是强化引导，加强科学用电保障，推动电力供应稳定可靠。强化宣传、做好引导、加强检查，增强农村群众科学、安全用电的常识，严格区分生活用电和生产用电的接入，生活用电和生产用电的混接现象显著减少，农村地区供电可靠率、综合电压合格率显著提升。三是提档升级，加强奔小康用电保障，推动电力奔小康快马加鞭。深入评估农村居民及产业发展用电需求，在国家电力行业奔小康相关标准没有明确的情况下，探索全市农村电力奔小康工作，确定按照"农村居民生活用电稳定保障、农村居民生产用电稳定保障、集体产业发展用电稳定保障"的标准对部分产业发展快、负荷增长快的地区开展农网建设提升工程。在全市三区一县共选择4个村（点）开展农村居民生活、产业发展、基础设施用电需求负荷摸底调查，建设全市农村电力脱贫小奔小康示范点，建设结构合理、技术先进、安全可靠、智能高效、服务优质的现代农村电力保障体系。四是完善机制，加强安全用电保障，推动电力事业健康发展。建立协调、顺畅、高效的沟通和组织指挥体系，常碰头、常研究、共落实，对易地搬迁安置、生态移民、突发、紧急等用电需求及时做好沟通交流，开通绿色通道，坚持电力先行，确保电力扶贫工作与其他工作精准对接、提前实施、保障有力。建立县区、乡镇政府及供电公司分片区落实农村电力保障负责人（电管员）制度，做到电力保障、电力抢修等工作责任到人、及时反应。

2. 广元市电力扶贫的成效

"脱贫攻坚，电力先行"，这是打赢脱贫攻坚战的首要任务。广元市以让贫困地区"用上电、用好电"作为电力扶贫的主攻方向，开展电力扶贫工作，全市贫困地区电网薄弱局面得到根本性转变，电网结构持续优化、供电可靠性明显提升，有力支撑了全市脱贫攻坚大局。

（1）通过农网改造项目的实施，以前乡村低矮的木电杆、小方杆改造成了结实耐用的混凝土杆，供电线路由小线径、耐张性差的铝绞线和破股线等换成了高强度、高过载能力的大线径钢芯铝绞线或架空绝缘线；以往"小不点式"的高能耗、老旧配变换成了大容量的节能新型配电变压器，供电能力和质量得到了根本性改变，许多农村居民家中用上了空调、电冰箱、洗衣机等大功率生活电器，添置了打米机、粉碎机等生产工具和农副产品加工设备，生活条件和生产力得到了极大的改善。

（2）按照"入住一户，通电一户"的标准，遵循"搬迁户搬到哪里，电网就延伸到哪里"的承诺，超前规划、统一部署，确保所有易地搬迁供用电工程按时完成。2015年至2020年，广元市易地搬迁电网建设项目共48项，总投资1328万元，新建10千伏线路48.41千米、新建配电101台，共计1090千伏安，完成85个易地搬迁安置点电力改造。

（3）"十三五"以来，国网广元市供电公司累计投入农网改造资金13.97亿元，改造小城镇（中心村）293个、贫困村471个、机井（提灌站）860口，新建改造配电变压器3536台，配变容量34.23万千伏安，新建改造10千伏及以下线路12552公里，完成新一轮农村电网改造升级任务。其中贫困村电网改造投资5.75亿元，对407个贫困村电网进行了升级改造。截至目前，全市农村生活用电量、户均容量分别达12.63亿千瓦·时、1.87千伏安/户，市户均配变容量比5年前翻了一番，全市739个贫困村贫困户生产用电质量全面达标。

3. 广元市电力扶贫的经验启示

电力扶贫是改善贫困地区生产生活条件的关键举措，既是一项重要的民生工程，也能全面带动和辐射产业扶贫。回顾广元市电力扶贫过程，总结经验，得出以下启示：一是要统筹抓好电网巩固提升工作，确保生活用电安全、稳定、可靠；二是要统筹抓好农网改造项目争取工作，争取国家、省在投资计划等安排上给予广元市倾斜，确保拟实施项目早开工、早建设、早见效；三是要统筹抓好薄弱环节巩固提升工作，加强贫困地区用电监测及服务保障，着力补短板强弱项提质量，确保生活、生产、产业发展用电需求，防止农村居民生活用电保障不足或出现空白区；四是各电力企业要履行好国企的社会责任和政治责任,着力解决电力扶贫短板弱项,提升电网改造质量,提升电力服务水平。

(四)信息通信扶贫创新扶贫路

在信息高速发达的今天,"信息公路"是否畅通成为贫困地区能否快速脱贫、能否实现致富的重要因素。2016年以来,广元市砥砺奋进,攻坚克难,农村信息通信基础设施从无到有,通信网络覆盖质量由次及优。通过扎实开展信息通信建设扶贫工作,统筹实施"宽带乡村"工程、电信普遍服务试点等工程项目建设,深入推进偏远地区手机网络覆盖质量提升等活动,稳步推进全市信息通信基础设施建设,实现农村地区信息通信服务质量逐年提升,信息通信扶贫群众满意度与日俱增。

1. 广元市信息通信扶贫的举措

近年来,广元市狠抓信息扶贫,按照"政府引领、企业主体、协调配合、共同推进"的思路,突出通信扶贫助力脱贫奔小康,统筹电信、移动、联通、广电、铁塔等通信企业的资源和力量,既狠抓硬件发展基础设施建设,又抓软件建设的健全完善,扎实推动信息通信建设扶贫工作。

(1)统筹推进,构建专项扶贫指挥体系

为切实构建强有力的信息通信建设扶贫作战指挥体系,有效推进信息通信建设扶贫相关工作,广元市成立了市脱贫攻坚指挥部(领导小组)信息通信建设扶贫指挥部。市经济和信息化局作为全市信息通信建设扶贫的牵头部门,扎实开展信息通信扶贫工作,积极推进贫困村信息通信网络建设,同步成立了由党组书记、局长任组长,党组成员、机关党委书记和市信息化工作办公室主任任副组长的脱贫攻坚工作领导小组,信息化科作为信息通信建设扶贫工作责任科室,负责信息通信建设扶贫日常工作。完善的信息通信建设扶贫专项指挥系统,有效确保了全市信息通信建设扶贫工作的稳步推进，助推了全市信息通信扶贫专项工作提前完成。

（2）真抓实干，夯实通信基础设施建设

统筹推进"宽带乡村"工程、电信普遍服务试点等通信基础设施项目建设，将"宽带乡村"工程建设、电信普遍服务项目与信息通信建设扶贫相融合，真抓实干提升农村地区通信基础设施建设水平。

（3）起跳摸高，提升手机网络覆盖质量

统筹推进行政村4G网络基站建设，积极争取国家电信普遍服务试点项目，积极协调项目实施单位中国移动广元市分公司严格按照项目建设要求开展项目建设。另外，还积极开展偏远地区手机网络质量提升行动。一方面，积极协调各通信运营商开展手机信号基站补点建设，优化提升全市农村地区手机网络信号覆盖质量。另一方面，针对群众反映的手机网络信号不好的具体点位，积极组织各通信运营企业实地查看，并根据点位具体实际情况，采取优化现有基站、调整天线俯仰角、增大设备功率等技术手段，优化手机网络覆盖质量，最大限度满足群众通信网络使用需求。

（4）巩固成效，完善运行维护联动机制

创新建立信息通信建设扶贫成效巩固长效机制，先后印发《关于进一步全面提高我市信息脱贫质量的通知》（广脱贫信指办〔2018〕8号）、《关于印发〈广元市信息通信建设扶贫成效巩固长效机制〉的通知》等系列文件，建立完善由县区经信部门、乡镇、村组和相关电信运营商组成的村通网络运行维护四方联动机制，有效落实村通网络运行维护责任，确保通信网络平稳运行常态化。

（5）筑巢引凤，引导开展乡村信息化应用

积极引导各行业扶贫部门充分利用信息通信建设扶贫提供的村通光纤宽带等信息基础设施资源，研究行业实际、做好规划设计、落实建设资金、搞好行业信息化培训，深入推进行业扶贫信息化应用，不断提高乡村信息化水平。指导乡镇、村和相关通信企业等充分利用宽带网络，积极推广农村电子政务、电子商务等信息化应用，大力推广美丽乡村频道、基层农技服务、社会综合治理、手机看家、光缆传输应急广播、智慧乡村旅游、远程教育、新农合、远程医疗等信息化智慧应用，有效提升农村公共信息服务水平。

2. 广元市信息通信扶贫的成效

广元市在信息通信建设扶贫中统筹谋划，狠抓生产要素保障、成果保护，加强基础设施共建共享，提升信息扶贫应用水平，在信息通信建设扶贫中取得了显著成效。一是信息通信建设扶贫专项工作提前完成。2019年3月，全市739个贫困村均已达到国家及省信息通信建设扶贫考核标准，实现全市行政村光纤网络通达率100%。二是宽带网络基础设施建设取得长足进展。全市行政村光纤网络通达率100%，乡镇及部分聚居地宽带网络带宽100M以上，行政村宽带网络带宽50M以上，行政村通3家以上运营商网络宽带的占比为73.33%，通2家以上的占96.13%。三是农村地区手机网络覆盖质量显著提升。全市移动电话基站数达14783个，其中4G基站占比达65.93%，成功实现乡镇及主要聚居地4G手机网络全覆盖，行政村4G手机网络通达率达98%以上。四是农村地区信息通信网络实现常态化运维。通过四方联动运维机制的建立，农村地区通信网络运维力量得到加强，有效确保信息通信网络隐患及早发现、网络故障及时排除，极大保障了信息基础设施维护。五是助推电子政务外网有效延伸。实现乡镇电子政务外网接入率100%，行政村（社区）便民服务代办站建成率100%，有效实现电子政务向村级延伸。六是智慧农业应用实现突破。线上农业逐步成形，遥感监测、病虫害远程诊断、温室环境自动监测与控制、水肥药智能管理、自动控制饲养等一批信息化系统得到推广使用。七是助推农村电商业务蓬勃发展。农村地区益农信息社、农村淘宝、天虎云商等电商平台有效向行政村延伸，累计发展各类涉农电商企业2500余家。

3. 广元市信息通信扶贫的经验启示

广元市始终将信息通信基础设施建设作为重要的民生工程来抓，借助信息通信建设专项扶贫、电信普遍服务试点项目和行政村通光纤宽带民生实事，将信息通信基础设施建设与农村信息化应用推广相融合，有效推动了全市农村地区经济社会发展。回顾广元市信息通信扶贫过程，可以总结出以下两个方面的经验。

一方面，实施信息通信扶贫是实现脱贫奔小康的重要支撑。一是从必要性看，信息贫困是致贫的重要原因之一。广元市贫困村大多处于偏远地区，信息观念淡薄、信息资源匮乏、传输手段落后、信息市场发展滞后等问题，影响地区市场化、商品化进程，导致新知识、新技术、新生活方式进入困难。所以，实施信息通信建设扶贫，强化信息通信基础设施建设是脱贫攻坚的必由之路。二是从紧迫性看，互联网时代是互联互通的时代，互联网已渗透到社会经济的各个环节，已成为新一轮经济发展的重要基础。如不加强信息通信基础设施建设就容易造成穷者越穷的马太效应，严重影响广元市社会经济发展。三是从重要性看，信息通信建设扶贫为贫困村的产品与广大市场对接提供了便捷高效的路径，对推动贫困地区经济发展具有重要意义。能让偏远地区群众享受在线办理的方便，及时获取最新的公共服务信息，能为提升农村地区综合治理和社会服务水平提供新方式，对于传播新知识、新观念，改变落后习俗、生活方式和文化观念都具有重要作用。

另一方面，要因地制宜开展信息通信建设扶贫。一是从推进机制上讲，要建立高效的专项领导机制，明确责任分工和工作内容，确保信息通信建设扶贫专项推进有序有力、项目落实落地。二是从实施方式上讲，要结合电信普遍服务、行政村通光纤宽带以及通信企业规划布局，统筹谋划农村地区通信基础设施建设,提升农村地区信息通信水平。三是从建设标准上讲,要处理好国家、省信息通信建设扶贫标准和群众高质量通信使用需求之间的关系,在信息通信建设扶贫达标的基础上,要协调各通信运营企业采取措施,尽可能满足群众通信使用需求,不断提升人民群众满意度和幸福感。四是从长效机制上讲,要建立明确的运维机制,确保农村地区网络正常运行常态化。要不断拓展农村地区信息化应用范围,提升农村地区信息化应用水平和效能,实现信息化与农村发展深度结合,有效推动农村地区奔康致富。

四、提升群众内生动力和自我发展能力的做法、成效与经验启示

新中国成立尤其是2013年习近平总书记提出"精准扶贫"以来,我国的脱贫攻坚取得了举世瞩目的成就,7亿多贫困人口摆脱贫困状态,为全球减贫事业做出了重要贡献;贫困人口的生活和发展条件得到了切实改善,获得感和幸福感随之明显提升,举全党全国之力推进脱贫攻坚工作的同时,在社会上广泛形成了扶贫济困的氛围,巩固和深化了社会主义核心价值观,凝聚起互助团结、和谐发展的强大力量。在这一伟大进程中有不少值得总结的经验,其中内生动力和自我发展能力的激发,既是保证脱贫攻坚顺利完成的关键因素,也是维持脱贫成效、助力乡村振兴和小康社会建设的重要条件。广元市在脱贫攻坚战的推进过程中,注重群众内生动力和自我发展能力的激发和培育,积累了丰富有效的经验。

(一)广元市提升群众内生动力和自我发展能力的做法

习近平总书记指出,"要激发贫困人口内生动力,把扶贫和扶志、扶智

结合起来，把救济纾困和内生脱贫结合起来"。①广元市在脱贫攻坚的推进过程中，坚决贯彻习近平总书记的指示精神，将干部群众内生动力的激发，贫困人口自我发展能力的唤起、培育和激发贯穿脱贫实践当中，确保可持续稳固脱贫。

1. 统一思想，深化干部队伍对内生动力重要性的科学认识

我国推进扶贫工作的历史经验表明，"输血"式的帮扶固然能够为贫困地区和贫困人口带来短时间内较为明显的改变，但是这种改变的持续性难以保证；并且这种外在资源主导的改变，往往仅限于物质方面而无法延伸至贫困人口的整个生活世界，对于提升贫困人口的获得感和幸福感收效有限。在现阶段，注重内生动力的唤起和激发，培育和强化贫困人口的自我发展能力是保证脱贫攻坚高质量完成并使成效得以巩固的重要因素。

习近平总书记指出，"要端正思想认识，树立正确政绩观，注重扶贫同扶志、扶智相结合，把提高脱贫质量放在首位，把激发贫困人口内生动力、增强发展能力作为根本举措"。②要真正做到注重内生动力和自我发展能力，需要在思想上予以充分认识，并随之反映到工作机制的完善、工作方法的改进以及工作成效的评量等脱贫攻坚实践的方方面面，这实质上是由理念转变带来的工作整体的优化提升，是治理体系和治理能力现代化的范畴。广元市委、市政府深刻领会习近平总书记关于"志智双扶"的指示精神，注重在扶贫干部乃至整个干部队伍中加强宣讲和学习，并通过一系列工作机制对全面提升内生动力和自我发展能力的实际成效予以保障。

其一，在脱贫攻坚的整个工作体系中体现对内生动力的关注。在以往的工作中以物质范畴的指标来衡量成效是工作惯例，而对于精神范畴的内生动力和自我发展能力而言，绝大多数干部从意识上能够了解其重要性，

---

① 习近平：《在中央农村工作会议上的讲话》(2017年12月28日)，载《习近平扶贫论述摘编》，中央文献出版社2018年版，第142页。

② 同上。

但是在将其落实在工作中时缺乏经验。依据这一实际情况,广元市在构建整个脱贫攻坚工作体系时充分考虑了内生动力和自我发展能力的唤起、培育和提升。广元市脱贫攻坚指挥部(领导小组)印发的《脱贫攻坚工作精细化管理三十条规程》中明确提出,要"充分激发内生动力"和"注重扶贫扶志相结合,采取'农民夜校'、入户走访、大宣讲等方式,引导贫困群众发扬红军精神、大茅坡精神、灾后重建'两幅标语'精神等,树立不等不靠、自力更生的奋斗意识。完善村民积分制度和帮扶'双向责任'制度,规定贫困群众应尽义务,通过对帮扶对象履责情况进行积分和奖励的办法,激发群众干事创业的热情"。相关规定明确了激发内生动力的具体路径,为广大干部的工作提供了确实的依据,有助于激发内生动力这一目标的切实达成。

其二,通过对"内生动力"的实地研究深化对相关议题的科学认识。广元市围绕"有效激发群众脱贫奔小康内生动力"和"扶志扶智激发贫困群众内生动力"等课题展开实地调研,深化对内生动力相关议题的认识。广元市扶贫开发局按照"不忘初心、牢记使命"主题教育课题调研的统一部署安排,将"扶志扶智激发贫困群众内生动力"作为调研课题,并以苍溪县白鹤乡鼓子村和顶子村为例展开实地研究,从中总结了广元市扶贫扶志的具体成效,推进过程中存在的问题及原因,并提出了有针对性的意见建议。依托于此次调研成果,广元市扶贫开发局何长军在《关于扶贫扶志激发贫困群众内生动力的思考》中提出了影响贫困群众内生动力有效激发的几对矛盾,即脱贫期限的硬性要求和扶志扶智的长期性之间的矛盾、扶贫政策的窗口期和贫困群众期望政策连续稳定之间的矛盾、脱贫攻坚的广泛参与和贫困群众素质能力较低之间的矛盾等,这体现了扶贫干部对"内生动力"这一议题所进行的现实的、深入的思考。对实践进行分析,深化认识,再用以指导实践,这正是科学精神的具体体现,是提升治理能力的应有之义。

2. 宣传领头，将提升内生动力从观念层面落实到实际行动

随着脱贫攻坚的持续推进，一些问题逐步显现，如在贫困群众中出现的"等、靠、要"、不思进取、争当贫困户及恶性攀比等思想，部分地方出现了"干部干、群众看"的情况，甚至有故意刁难帮扶单位、帮扶干部和基层组织的情况。随着脱贫攻坚工作中对干部要求的提升，这种情况甚至愈加严重。虽然这类情况从总体来看属于少数，但其带来的影响却极为恶劣，会直接影响脱贫攻坚的成效，也是同步小康社会建设和乡村振兴等必须解决的问题。

习近平总书记指出，"要加强扶贫同扶志、扶智相结合，激发贫困群众积极性和主动性，激励和引导他们靠自己的努力改变命运，使脱贫具有可持续的内生动力。要改进帮扶方式，多采取以工代赈、生产奖补、劳务补助等方式，组织动员贫困群众参与帮扶项目实施，提倡多劳多得，不要包办代替和简单发钱发物。要加强教育引导，各地需办好各种类型的农民夜校、讲习所，通过常态化宣讲和物质奖励、精神奖励等形式，促进群众比学赶超，提振精气神。要发挥村规民约作用，推广扶贫理事会、道德评议会、红白理事会等做法，通过多种渠道，教育和引导贫困群众改变陈规陋习、树立文明新风"。① 有效激发内生动力需要从多方面入手，不仅要将其融入实际工作的方方面面，也要有提纲挈领的抓手予以重点推进。广元市委、市政府深刻领会习近平总书记的指示精神，于2016年开始部署解决脱贫攻坚中的内生动力不足问题，形成了由市委宣传部、市文明办牵头，各单位共同参与的扶贫扶志工作机制，着力提升群众的内生动力，助推物质精神双脱贫。

其一，推进文明新风积分激励机制，形成激发内生动力的常态化工作

---

① 习近平：《在打好精准脱贫攻坚战座谈会上的讲话》(2018年2月12日)，《求是》2020年第9期。

机制。针对以往农村精神文明建设工作内容散乱、方式单一、群众参与度不高、激发群众内生动力效果不显著等问题，广元市文明办于2017年3月制订《脱贫奔小康"六化"行动之新风培育常态化实施方案》，选取6个集体经济条件较好的村试点推进农村道德积分激励机制。2017年6月，市委宣传部、市文明办、市农委联合下发了《广元市建立完善农村道德积分激励机制实施方案》，正式推出以"十个好"评比、"十颗星"量化、"10%集体经济"激励为主要内容的农村道德积分激励机制。2019年，根据实际情况将农村道德积分激励机制更名为文明新风积分激励机制，丰富了此项工作的内涵，对农村的精神文明建设起到了全面系统的引领作用。

其二，培育懂农业、知农村、爱农业、永不走的"知客"队伍，形成本土宣传力量。知客是对在红白喜事中帮主家招待宾客的能人的称呼，在广元市具有悠久的历史。这一群体大多是一个地方知书达理、能说会道、享有较高威信的"乡贤""名流"，但长期以来一直较为散漫。广元市由宣传部门牵头组织各区开展"知客大赛"，通过层层比赛和选拔，从文本、形式上对这一支民间队伍进行规范，将其培养成担负农村文化传播、政策宣传和矛盾调解功能的本土力量。如利州区于2017年初由该区宣传部门牵头，区作协具体负责，通过知客本人申报、乡村干部推荐、部门实地寻访等方式，将全区123名农村知客统一收编在册，组成12支宣讲队；区设农村知客协会、乡镇设知客分会，由民政部门纳入社团组织登记监督管理，这支队伍擅长以贴近群众的通俗化语言在红白喜事中宣讲政策，用群众喜闻乐见的方式将党的政策进行有效传递。通过知客大赛打造的知客队伍，克服了既有宣传方式难以突破的辐射盲区，各乡镇利用农民夜校、坝坝会，进贫困村驻农家户志愿服务活动、集体经济分红大会等活动平台，邀请知客开展公益性宣讲，基本做到了季季有主题、月月有活动。这支本土宣传队伍不仅在脱贫攻坚的推进过程中发挥了重要作用，在同步小康社会建设和乡村振兴中同样是不可或缺的一支力量。

3. 着眼长远，推进教育文化领域的先行发展

文化和教育领域对于内生动力的激发有重要意义。内生动力的激发和自我发展能力的培育，是一项长远细致的系统工程，不仅要关注当前贫困人群的思想动态、行为习惯和发展能力等，也要着力促进年青一代尤其是未成年人的全面成长与发展。让下一代接受良好的教育，走出世代贫困的恶性循环，有能力去选择更多更好的生活和发展机会，既是众多贫困家庭的期望，也是一个家庭摆脱贫困的重要因素。同时，内生动力的激发、自我发展能力的唤起和培育，不仅需要个人的努力，也需要营造鼓励发展、积极正向、植根于优秀传统文化、以社会主义核心价值观为引领的乡风文明氛围；"蓬生于麻，不扶而直"，良好的乡风、村风对于激发群众向好向上向善有着重要的意义。

习近平总书记指出，"扶贫必扶智。让贫困地区的孩子们接受良好教育，是扶贫开发的重要任务，也是阻断贫困代际传递的重要途径"[1]"要把下一代的教育工作做好，特别是要注重山区贫困地区下一代的成长。下一代要过上好生活，首先要有文化，这样将来他们的发展就完全不同。义务教育一定要搞好，让孩子们受到好的教育，不要让孩子们输在起跑线上。古人有'家贫子读书'的传统。把贫困地区孩子培养出来，这才是根本的扶贫之策"[2]。教育领域在激发贫困人口和贫困家庭的内生动力，提升其发展能力方面具有无可替代的作用。习近平总书记指出，"要坚持以促进人的全面发展的理念指导扶贫开发，丰富贫困地区文化生活，加强贫困地区社会建设，提升贫困群众教育、文化、健康水平和综合素质，振奋贫困地区和

---

[1] 习近平：《给"国培计划（二〇一四）"北师大贵州研修班参训教师的回信》（2015年9月9日），《人民日报》2015年9月10日。

[2] 习近平：《在河北省阜平县考察扶贫开发工作时的讲话》（2012年12月29日、30日），载《做焦裕禄式的县委书记》，中央文献出版社2015年版，第24页。

剑阁县特殊教育学校送教上门

贫困群众精神风貌"。① 以文化建设为抓手的系统化推进是促进人的全面发展、激发内生动力的有效路径。

其一，从补短板到谋发展，切实践行教育先行的扶贫发展理念。广元市教育局全面贯彻落实市委、市政府对教育工作的部署要求，紧紧围绕"加强管理、提高质量、促进公平、内涵发展"的工作思路，围绕全面扩展优质教育工作目标，切实加强教育治理体系和治理能力建设。立足"教育扶贫怎么扶"这一基本问题，着眼长远积极规划，从最基本层面的要求，即从抓实控辍保学保证一个不落、落实资助政策保证一分不差，到推动教育领域的低层次扶贫向高层次扶贫转化，形成"四好四不让"方略和"三大教育扶贫专项计划"，使教育扶贫的提档发展切实起到阻断贫困代际传递、培育贫困家庭内生动力的功能。"四好四不让"是广元市教育扶贫领域的特色，即"关爱好每一个困难学生，不让一个孩子因贫辍学；落实好每一项资助政策，不让一户家庭因学致贫；举办好每一所乡村学校，不让一所校

---

① 习近平：《在中央扶贫开发工作会议上的讲话》（2015年11月27日），载《十八大以来重要文献选编》（下），中央文献出版社2018年版，第50页。

点因弱消失；发展好农村教育，不让贫困代际传递"；在确保不让一个孩子辍学失学的基础上，大力发展农村教育，改善和提升农村学校的办学条件，为乡村振兴打下坚实基础。"三大教育扶贫专项计划"即基础教育追赶计划、就业能力培养计划和乡村教师专项支持计划，三大专项计划涵盖基础教育、职业教育和师资力量培育，立足脱贫攻坚而着眼于区域长远发展。此外，农村小规模学校建设也是广元市教育扶贫领域的一大特点，每个校点每年20万元的经费保底，确保基础教育的扎实推进。

其二，完善村级文化活动室建设，夯实培育内生动力的村级阵地。村级文化室、文化服务中心和文化院坝等设施作为村庄精神文明建设的阵地并不罕见，但其中普遍存在着利用率低、功能难以有效发挥等问题。广元市以文化旅游局为牵头单位，积极实施乡村公共文化服务保障行动，落实乡村公共文化服务保障标准，加强村级综合文化服务中心建设，打造农村"十里文化圈"。关于村级文化活动室的建设，广元市坚持国家统一标准与实地特色相结合，就地取材，利用当地的木头、竹子、石板等材料进行建设，成本小且有特色，重视文化室的温馨环境营造，不盲目追求高大上。关于村级文化活动室的使用，突出实效，借助驻村工作队等以"口袋书屋""背篓书屋"等形式由借书变为送书，解决"看书难"的问题；将技能培训等相关书籍录制为音频，借由广播传播，由读书变为听书，再结合驻村工作队、乡镇干部等进行疑难解答，解决"看不懂"的问题；放开村文化室书屋的目录选择，以村为单位进行摸底调查，按需采购，并结合各地实际补充学习工具书、儿童玩具等物品，解决"图书不实用"的问题；推进"图书室+"打造综合利用的文化活动室，结合各地实际将文化活动室与产业发展孵化室、留守学生辅导室、健康知识普及室、民间文艺创作室、民间风俗培育室以及家庭亲情联络室等设施完善，充分发挥其阵地作用，解决"图书室功能单一"的问题。在脱贫奔小康的后期阶段，以村级文化活动室为抓手的村级文化阵地建设，将会在激发内生动力、培育自我发展能力中发挥更大的作用。

4. 创新模式，因地制宜打造提升内生动力的工作路径

习近平总书记指出，"脱贫攻坚是干出来的，首先靠的是贫困地区广大干部群众齐心干""只要贫困地区干部群众激发走出贫困的志向和内生动力，以更加振奋的精神状态、更加扎实的工作作风，自力更生、艰苦奋斗，我们就能凝聚起打赢脱贫攻坚战的强大力量"① "要防止忽视贫困群众主体作用。干部和群众是脱贫攻坚的重要力量，贫困群众既是脱贫攻坚的对象，更是脱贫致富的主体"。② 内生动力的激发和自我发展能力的培育，需要把握统一的内涵，遵循相对一致的工作规律，但同时也需要各地依据区域特征、民风民俗以及发展路径和阶段等进行因地制宜的创新。广元市各县（区）在提升内生动力方面深刻领会总书记指示精神，在市委、市政府的统一部署框架下，依据区域特点进行了各有侧重的创新。

利州区根据贫困群众主观"愿"和客观"能"两个方面，创新开展脱贫攻坚"扶志扶能树新风"主题活动，探索出了"扶贫+扶志+扶智"的品牌扶贫新模式。第一，扶志自强，聚力思想脱贫。一是思想引领"立志"，采用各种方式营造感恩自强的环境氛围，如利州区54个"六个一"驻村帮扶队伍和3000余名帮扶干部进驻贫困村农户家，每周不少于5天与贫困群众同吃同住同劳动，深入开展"感恩自强、争先脱贫""自力更生、共建家园"和"文明和谐、共同奔康"三项主题教育；二是文化熏陶"养志"，全区建成54个贫困村综合文化服务中心，并组织志愿服务队、志愿者等常态组织开展文化志愿服务活动，将一大批反映脱贫攻坚的优秀作品送到贫困

---

① 习近平:《在东西部扶贫协作座谈会上的讲话》（2016年7月20日），载《习近平扶贫论述摘编》，中央文献出版社2018年版，第138页。
② 习近平:《在十八届中央政治局第三十九次集体学习时的讲话》（2017年2月21日），载《习近平扶贫论述摘编》，中央文献出版社2018年版，第140页。

村，这一系列的文化惠民活动成为"养志"的重要载体；三是典型宣讲"励志"，宣传部门牵头组建基层宣讲团，深入机关、乡镇、村进行面对面宣讲。第二，扶能自立，加速本领脱贫。一是劳务技能培训"提"能，充分发挥驻村农技员、科技特派员的技术优势和人脉资源优势，常态化、菜单式开展特色种植、养殖技术培训和实用科技普及，每村每月授课2次以上；二是新型主体带动"促"能，通过配套基础设施、简化审批程序、降低税费额度、贷款政策贴息等政策优惠，培育壮大家庭农场、农民专业合作社、种植养殖大户等新型农业经营主体800余家，实现54个贫困村全覆盖；三是创业就业扶持"强"能，以返乡创业园等形式提升贫困群众就近就业的比例和效益。第三，倡树新风，攻坚习俗脱贫。一是人居环境"景观"化，倡导绿色和优秀传统文化元素相结合的村居民社整体风貌，并依托于此打造特色文旅景观；二是道德激励"常态"化，以"利州好人榜"、"百姓好人榜"、"文明家庭"星级评定等形式对道德模范进行宣传；三是乡村秩序"自治"化，通过建立道德评议会、红白理事会等群众自治组织，引领文明生活新风尚，根据家庭优良传承和价值追求，引导村民提炼并悬挂家规家训，在宝轮镇莲花村、三堆镇小河村等地集中打造家规家训一条街，让优秀家规家训成为新风正气培育的助推器。

昭化区以"四旗同树"激发脱贫攻坚一线干部干事创业的活力。第一，树起提拔重用"导向旗"。一是一线提拔一批，坚持在一线考察识别、选拔使用干部；二是交流重用一批，推行"上挂下派、多向交流"的培养模式，先后选派50余名机关优秀年轻干部到脱贫攻坚一线历练"淬火"，13名干部到脱贫乡镇挂职党委副书记、4名干部挂职党委委员；三是常态晋升一批，坚持公务员职务与职级并行"月审批"制。第二，擎起低职高聘"引领旗"，全面激发服务脱贫攻坚原动力。一是严把关口识"才"，坚持"公平公正、突出实绩、全面评价"的原则，从严考评；二是突出绩效管

"才",围绕脱贫攻坚、行业特点等细化考核指标20余项,对专项考评优秀上浮经济待遇20%,基本合格发放60%,不合格不予发放;三是聚焦一线用"才",引导专业技术人员聚焦基层引领发展。第三,举起激励关怀"奋进旗",创新村干部专职化和绩效奖补,着力铸就脱贫奔小康钢铁队伍。一是突出差异化薪酬,考核结果分类并与基本报酬挂钩,设立奖励以全面调动村组干部干事创业激情;二是坚持多元化激励,出台《村党组织书记特殊津贴及评选功勋村党组织书记办法》,以多种渠道对干部进行激励;三是注重人性化关怀,全方位落实定期体检、带薪休假、心理咨询、生病探望、困难救助"五大"关爱行动。第四,扬起容错纠错"护航旗",旗帜鲜明为干事创业者撑腰鼓劲。一是明确容错情形,严格区分无心和有意、无禁和严禁、为公和为私;二是把好容错程序,明确容错纠错申报、受理、核实、审定、报备5道程序,由区纪委、组织、人社、督查等部门联合成立容错纠错领导小组,采取重看内在动机和外在程序,又看时间节点、发展方向、结果影响和后续处置的"2+4"甄别模式;三是强化纠错整改,强化干部日常监督量化预警,突出分类处置。

(二)广元市提升群众内生动力和自我发展能力的成效

内生动力和自我发展能力的激发、培育与提升是一个系统的长期工程,其成效既体现在当下,更体现在之后的发展中。扶贫干部的内生动力得到激发,会大大提高其工作的积极性和主动性,会促使其充分理解"担当"与"责任",在遇到问题和新局面时能够迎难而上,这在当前社会治理体系和治理能力现代化背景下更有意义;贫困群众的内生动力和自我发展能力得到激发,不仅会使其遇到顺境主动求发展,也会培养其面临逆境亦不轻易气馁和放弃的韧性,是脱贫攻坚目标顺利达成的必要条件,也是在脱贫攻坚推进过程中唤起、培养并逐步提高的结果。

1. 干部中形成了针对内生动力的统一认识和勤于思考的良好风气

通过深入学习习近平总书记关于内生动力的重要指示，在广元市的干部中形成了对于内生动力的重要性、激发内生动力的核心要素以及内生动力的培育路径等相关问题的统一认识，明确了培育内生动力在脱贫奔小康过程中的重要性。在此基础上，主动扭转传统政绩观，结合各自的岗位和所在区域的实际情况，思考在脱贫攻坚中存在的问题和更加有效可行的工作方式。

广元市干部队伍普遍表现出了比较超前的思考意识，并基于此来预防问题和解决问题，表现出了自觉的担当精神和责任意识。如教育系统自2016年以来每年都形成"教育扶贫规划"来明确发展目标，循着整体发展方向逐步推进。在达成控辍保学和资助等教育扶贫领域的基本任务之后，主动谋求更进一步的发展，推进三大教育专项计划以及美丽乡村学校建设等；当前广元市教育局正在针对陪读父母问题进行调研，对此类具有"超前性"和"超纲"问题的关注，充分展示了在发现问题、研究问题和解决问题方面的主动性，显示出被激发出内生动力的干部队伍和公务员队伍所具有的担当精神和责任意识。

2. 牢固构筑了阻断贫困代际传递的堤坝

教育领域是阻断贫困代际传递的重要战场，也是影响贫困家庭和贫困人口的内生动力和自我发展能力的直观要素。广元市尤为重视教育系统在激发贫困家庭和贫困人口内生动力方面不可替代的重要作用，夯实基础教育保公平，做强职业教育促发展。

广元市于2015—2017年连续获得全省教育年度目标考核"优秀奖"（2018年起省教育厅未进行目标评比），2018年获市委、市政府年度目标考核"优秀奖"，整体成就卓著。以利州区范家小学为龙头，在全国首家发起"农村小微学校联盟"，甘肃、青海、贵州等11省市260余所农村小规模学校加入联盟。中央电视台、《人民日报》、中央人民广播电台、新华社、《中国教育报》等主流媒体对广元市农村学校建设管理做了专题报道,专家、学者给予高度评价,利州区范家小学被誉为"中国新时代农村教育的一面旗帜"。位于旺苍县的广元市首个"新教育实验区",以"建立新制度、打造新校长、建设新校园、培育新教师、研发新课程、构建新课堂、引领新父母、建立新评价、培育新学生"为抓手,打造植根于本土的新教育"旺苍模式"。在新教育的引领下,旺苍县教育质量连年攀升,2019年高考本科上线1546人,实现本科、重本上线"双超"目标,100名学生升入一流院校,为更多的贫困家庭脱贫致富提供智力支持,切实阻断贫困代际传递。在职业教育方面,深化产教融合、校企合作,引入吉利集团、北方教育集团等21家企业开展校企合作项目32个,组建产教联盟培训中心、产业研究院5个。教育领域的扎实工作和长期谋划,牢固构筑了阻断贫困代际传递的堤坝,有效提升了贫困地区未成年人及其家庭的内生动力和发展能力。

3. 探索出乡村基层治理的新路径

内生动力的激发需要充分唤起贫困群众的主体意识,发挥贫困群众的主体性、使其参与到脱贫攻坚和社区发展的过程中来,这种方式与传统的自上而下的管理模式有所不同。传统的管理模式多由政府部门以权威身份予以主导,群众以接受的角色予以配合;而社会治理则要求多主体地广泛参与,群众作为重要参与主体也应该而且必须参与其中。这种身份转换需要一定的时间开展工作予以引导和教育,要将无形的内生动力提升用有形的工作去落实。

广元市以文明新风积分激励机制为抓手提升贫困人口的内生动力,探索出了乡村基础社会治理的新路径。文明新风积分激励机制充分尊重群众首创精神,将顶层设计与基层创造有机统一,为群众参与乡村治理搭建了平台,拓展了渠道,丰富了形式;在活动的过程中,推进信息公开、协商公开、决策公开，让群众在集体中自己评、自己议，强化了权利与义务相一致的法治观念；通过道德评价从内心情感约束群众行为，使道德规范外化为群众的行为自觉，促进了自治与德治有效衔接，实现了自治法治德治融会贯通，为推进基层治理体系和基层治理能力现代化提供了新路径。以苍溪县三会村为例，通过推行文明新风积分激励机制，支持村"两委"决议、积极参加村集体义务劳动的人多了，群众满意度测评从60%上升到100%。

（三）广元市提升群众内生动力和自我发展能力的经验启示

群众内生动力和自我发展能力的提升没有固定的套路可循，广元市在深刻领会习近平总书记关于激发内生动力的重要指示基础上，学习和掌握其科学规律，在实地调研的基础上进行科学的分析和思考，积累了丰富的经验。

1. 注重干部队伍内生动力的提升

唤起、提升和培育贫困人群的内生动力，不仅需要有合理的制度设置和政策安排，更需要有能够将制度设置和政策安排的精神有效传达给群众的基层干部，基层干部是将政策转化为群众获得感和满意度的重要媒介。从这个角度上来说，提升贫困人群的内生动力，必须同步提升甚至要先一步提升干部的内生动力。广元市十分重视干部队伍内生动力的激发和培育，通过设立系统的向基层倾斜的提拔、使用、管理和激励机制全面激发基层干部的内生动力，提高其工作的积极性和主动性，同时通过下发执行《广元市支持改革创新容错纠错办法》《宽容失误失败助力决战脱贫攻坚五条规定》等文件，为基层干部的创新减压减负，鼓励干部突破障碍主动作为。内生动力的提升在很大程度上是一种精气神的传递，只有干部队伍有积极正面的工作状态，才会使群众真正感受到基层干部的热情和关心，才更容易触动其内在的发展潜力。广元市干部整体体现出的勤于思考、勇于担当的作风，也是其内生动力得以激发的明确表征；正如群众的内生动力激发是一个过程，干部队伍内生动力的激发亦需要长期关注。

2.注重信息的双向交流

要提升群众的内生动力，必须要找到真正能够打动群众的关键因素，想群众之所想，急群众之所急，充分理解群众的实际情况和思维习惯，只有这样才能使政策宣传不仅入耳，而且入脑入心，才能真正使群众接受并且愿意参与，政策实施的结果也才能真正为群众带来获得感和幸福感。要做到这些，就必须重视来自群众的基层信息的收集和上传。广元市重视和鼓励基层自主创新，如推行的文明新风积分激励机制，其中的"十个好"评比标准，是在广泛征求基层群众意见的基础上提出的，涵盖环境卫生好、自强发展好等内容，市级层面制订参考标准，县区本着"力求实效、易于操作"的原则对其进行细化调整，各村根据实际，按照"什么陋习严重就针对什么"，由村民"一事一议"制订村民日常行为积分细则。"十颗星"量化展示，意在以公平公正公开的方式对群众的日常行为表现进行督促，不同地区采用不同的方式进行，如剑阁县铜梁村根据评定情况设立"红、黄、黑"榜，利州区荣山镇是利用"村村通"广播每季度通报，朝天区黎明村则是由村"两委"干部定期到农户家授星。来自基层的信息经由乡镇汇总到市级层面，由市级层面形成指导意见，明确相关工作的精神内涵和推进指导意见，再下发至各县区进行调整细化，最后由村根据实际情况予以落实。这一过程体现了从下至上再由上及下的信息传递过程，既保证了工作的相对统一性，又满足了地方的实际需求。

3.注重两个文明的互相促进

一般认为，内生动力属于精神范畴，应在精神层面予以引导和干预，而激发内生动力如果仅在精神层面开展工作，未免陷入空谈而难以取得实效。广元市注重物质和精神领域的同步推进。如在推行文明新风积分激励机制时建立"10%"集体经济激励机制，在积分结果的运用上构建村级集体经济与文明新风积分活动互为支撑、相互促进的格局。采取村民"一事一议"或经济组织股东会议等方法建章立制，明确从村经济合作社、股份经济合作社、集体资产经营管理公司以及公共运行经费等形式的集体经济收入中提取 10% 的资金，设立道德激励专项基金，用于活动持续开展或对积分较高的家庭进行帮扶、激励等，形成精神、物质双奖励的常态机制。这种设置既能让群众在活动中受教育，从精神层面激发贫困群众脱贫奔小康的内生动力，又将积分结果与集体经济收益挂钩，让有德者有所得。通过精神和物质双重激励，初步形成了物质文明与精神文明同步协调发展的有效机制。如剑阁县长梁村将文明新风积分直接与集体经济挂钩，积分评优的家庭可以按一定比例折算成收益。通过此举，乡风民风改善的同时，带动全村 280 余户农户投入资金 40 余万元，发展种植水果 400 余亩，实现了精神文明和物质文明的共同提升。

五、广泛汇聚社会各方合力参与脱贫攻坚的做法、成效与经验启示

社会扶贫是指多元行动主体针对贫困人口和社会弱势群体所提供的各种救助、开发和社会服务活动。它与专项扶贫、行业扶贫一起构成了中国扶贫开发的大扶贫格局，是我国扶贫体系中不可缺少的一部分。

社会扶贫的必要性表现在：其一，在贫困治理的过程中联合起社会力量和社会资源，来满足多元化的需求；其二，建立了社会主体间共建共治共赢的发展方向及目标。其三，建立起多元主体合作协商、互惠共赢的治理机制，有利于加强贫困治理，提升扶贫的效率和效果。

（一）广元市社会扶贫的举措

广元市对社会扶贫高度重视，在深刻理解社会治理理论的核心精神与社会扶贫必要性的基础上，将社会扶贫作为大扶贫格局中的重点内容进行推广。近年来，广元市政府制订了多项政策，积极鼓励社会力量参与贫困治理，并利用东西部协作的平台为引擎，引入发达地区的外部资源带动区域内源发展。在社会扶贫的具体方式上，广元市政府结合市场组织、社会组织、民众等不同主体的特色，以群众实际需求为导向，因地制宜定制个性化的扶贫开发方略。在实行社会扶贫的过程中，广元市集思广益、多措并举、合理规划、精准落实、优化机制，贡献了许多有参考价值的实践经验，为其他地区开展社会扶贫、做好社会扶贫做出了良好的示范。

1. 东西部协作推动资源链接

广元市坚决贯彻习近平总书记在东西部扶贫协作座谈会上的重要指示和中共中央、国务院在《关于打赢脱贫攻坚战的决定》和《关于进一步加强东西部扶贫协作工作的指导意见》等文件中的指导精神，坚持广泛动员全社会力量合力推进脱贫攻坚，加大东西部扶贫协作力度，建立精准对接机制，依托东西部协作的平台引进东部地区成熟的资源和技术，在各县（区）强化以企业等社会力量为中心的全方位协作。同时，坚持中央提出的各项东西部协作原则，坚持党的领导，社会广泛参与；坚持精准聚焦，提高帮扶实效；坚持优势互补，鼓励改革创新；坚持群众主体，激发内生动力，通过产业合作、劳务协作、人才支援、资金支持、社会参与的方式链接两地资源，达到以外部资源刺激内部活力、双方优势互补、共同发展的扶贫效果。

在坚持党中央方针的基础上，广元市各级部门也结合本地特点，不断探索、改良，总结出了许多更加符合当地特色、适应当地原生经济与文化协调发展的东西部扶贫协作模式。

(1) 人才培养协作

按照国务院扶贫办要求，广元市将致富带头人的培育工作纳入国家东西部扶贫协作的重要内容。各受帮扶县区要积极对接帮扶县区，聚焦扶贫扶智，依托浙江乡村振兴人才培养平台，依靠乡镇结对和村村结对关系，借助"万企帮万村"的活动，采取两地培训、跟班学习、委托培养和组团式帮扶等方式，在农业科技、文化、企业等领域广泛开展致富带头人交流合作，引进浙江先进理念、人才优势、前沿信息和成功经验，促进观念互通、思路互动、技术互学、作风互鉴，培养一批适应新时代乡村发展要求的致富带头人，带动农村产业发展，带动贫困村脱贫摘帽和贫困人口脱贫致富，并通过东西部扶贫协作，每个受帮扶县建立至少1个致富带头人培育基地，带动整个村学习技术、更新理念、脱贫致富。

(2) 就业协作

广元市依托东西部扶贫协作和对口帮扶机制，深入推进浙广劳务合作，定期开展劳务协作洽谈、劳务协作招聘、定向培训等活动，并创新提出了"333"模式，加强东西部之间的劳务交流，促进就业。2019年以来，广元市始终坚持以习近平总书记关于扶贫工作重要论述和东西部扶贫协作重要论述为指导，根据创建东西部扶贫协作示范市目标，着力"三精准"，构建"三路径"，创新"三方式"，大力深化东西部扶贫劳务协作。

其中，"三精准"一是指精准需求，建立"一库三名单"即"贫困劳动者资源库、有转移就业意愿和能力未转移就业贫困劳动者名单、有转移到浙江企业就业意愿贫困劳动者名单、已在浙江就业贫困劳动者名单"，精准监测群众的就业意愿与就业情况。二是指精准对接，组织定向输送。按季与浙江方互通劳务信息，按季组织浙江企业来广开展县和重点乡镇招聘活动，实施现场对接。同时提供就业信息、交通方面的服务帮助群众尽快就业上岗。三是指精准服务，促进稳定就业。"三路径"一是分段式培训，提高技能培训水平；二是请进来培训，提高技能培训能力；三是定向式培训，提高技能培训层次。如苍溪创建了全省首个"东西部扶贫协作定向培训班"，每年定向招录50名初高中贫困毕业生，统一输送到浙江三门技师学院免费接受职业教育。"三方式"则一是指引进浙江能人来广创业；二是指引进浙江技术带动创业；三是指引导浙广合作共同创业，多维度建立新型合作关系。

（3）产业协作

广元市以东西部协作为依托，以各种特色资源为载体，大力发展本地特色优势产业，促进经济发展。以青川县和湖州市吴兴区结对帮扶的举措为例。青川县依托当地生态条件和农村产业发展布局重心，围绕茶叶、黑木耳、天麻、羊肚菌、竹荪等特色种植业和肉牛、黑山羊等特色养殖业整合优势资源，开展引导式技术培训，把有创业意愿的贫困群众往政府产业发展布局的重心上引领，提升创业成功率。同时，组建农林、科技等方面12人专家团队和3000余名擅长木工、泥工、焊工、刺绣等手艺的"土专家"团队，采取"1+1""1+N"结对帮带模式，定期开展"坐诊式"指导服务，在立足这些资源和产业基础上，激发浙江企业到青川县投资的积极性，培育一批带动贫困户发展产业的合作组织和龙头企业，引领一批能够提供更多就业岗位的劳动密集型企业、文化旅游企业等，促进产业发展带动脱贫。在吴兴区的大力帮扶下，青川县石坝乡组建了青川县茗崛茶叶有限公司，园区规划发展总面积1000亩，已栽植600余亩，其中核心区500亩，园区覆盖了全部扶贫户。在建设过程中，采取"科技开发、品种试验、新技术推广、标准化示范"的技术路径，以"土地变资本、农民变股民、股民变工人"的农企联结助推模式，按照"固土保本，茶旅融合，强农惠民，就业争收"的发展理念，发展特色产业的同时也带动了村民就业。

（4）教育协作

广元市不断纵深推进东西部教育扶贫协作。一是实施校校结对帮扶。2019年，东部浙江仙居县职业中学、浙江三门技师学院、浙江龙泉中职学校、台州市路桥区职业技术学校以及浙江省信息工程学校等56所学校与全市61所学校签订对口帮扶框架协议，着力在教学教研、师资交流、职教就业等方面进行深入协作帮扶。2019年4月朝天区教科局印发了《2019年东西部教育扶贫协作对口支援工作要点》，对学校结对帮扶计划内容提出建立"网络名师工作室"5个，组织50名名师参与网络教研，规定每个网络名师工作室每月在网络上开展教研活动一次以上。全区所有工作室成员都积极参加网上活动，在教育教学、学校管理、学校文化建设、学生之间"手拉手""我在四川有朋友"结对认亲、教育教学资源共享机制、捐资助学、捐书捐扬、心连心活动、支部共建等方面成效十分明显。二是开展中职教育合作。牵头抓好全市与浙江省职业教育合作发展的统筹指导、协调推进以及政策措施的编制等，完善浙广校企合作、产教融合机制，两地互建"就业实训基地"，开展订单式定向扶贫培养计划。目前，全市共组织153名学生去东部职业学校学习、实习，毕业后将留在东部就业。三是实施人才异地交流。认真落实省委组织部等5部门印发《关于聚焦打好精准脱贫攻坚战进一步加强和完善东西部扶贫协作挂职干部人才选派管理工作的通知》要求，加强两地挂职干部、支教教师学习和生活保障，落实好对外挂职干部的政策待遇。今年以来，两地教育主管部门开展互访、考察、调研等对接活动71人次，其中广元市赴浙江对接35人次、浙江赴广元市对接36人次。

（5）健康协作

医疗远程合作与人才交流是广元市在健康扶贫方面的亮点工程之一。剑阁县依托丽水市莲都区三甲医院的优质医疗资源，于2018年11月签订了《丽水市中心医院结对帮扶人民医院》协议书，以远程医疗帮扶实现就诊

"零距离"。通过专家下沉，为剑阁带去三甲医院的诊疗力量和诊疗技术。丽水市中心医院与剑阁县人民医院成立"医疗远程会诊中心"，组建远程医疗专家团队，并成功为一名颅内肿瘤贫困患者施行手术。截至目前，"医疗远程会诊中心"已先后对22名剑阁建档立卡贫困户患病扶贫对象组织开展远程会诊，实现了东西部协作对口帮扶医院远程医疗零距离的精准支援目标。

青川县则在2018年5月底与吴兴区举行了帮扶协议签订仪式，会上双方结对乡镇、村、学校、医院分别签订了帮扶协议，进一步强化新一轮东西部扶贫协作责任落实，深化扩大帮扶合作领域。吴兴区人民医院为青川县人民医院与湖州市第一人民医院设置专线，并依托吴兴区人民医院与湖州市第一人民医院的紧密型合作关系，充分利用医联体内优质医疗资源，形成三级网络，实现青川县人民医院与吴兴区人民医院、湖州市第一人民医院网络视频会诊。2019年2月26日，湖州—吴兴—青川三方远程会诊系统开通并成功完成首例远程会诊。

2. 定点扶贫深化扶贫格局

广元市发布了《创新扶贫开发社会参与机制实施方案》，积极向中央、省级机关（单位）汇报、衔接，继续加强市内定点扶贫工作，各参扶单位切实加强领导落实责任、健全制度，要按照相关要求动员本单位、本系统干部职工广泛参与定点扶贫，选派优秀中青年干部驻村帮扶，引导社会资源参与扶贫，多渠道筹措帮扶资源，创新帮扶形式，着力解决好帮扶村和贫困户基础建设、产业发展、公共服务、人居环境和村"两委"班子建设的突出问题。帮扶措施扎实有效，年度工作总结和计划报送及时。各单位主要负责人每年至少两次到受扶村开展扶贫调研，确保定点扶贫落实到位。

四川中行自2015年以来开始了对广元市剑阁县的定点帮扶。该行不断探索定点帮扶的创新性模式，帮助困难群众脱离贫困、帮助贫困地区的全方位发展。党委班子每年带头深入剑阁县及帮扶村开展帮扶慰问，每季专题开展研究扶贫工作，设立扶贫专岗，扶贫责任层层传导，让帮扶对象的问题能得到及时的反馈和彻底的解决。与此同时，全行形成分支机构联动、附属公司配合、客户单位助力、社会客户参与的扶贫合力，扶贫方式推陈出新——如在广元市剑阁县举办首个由银行搭台、与政府联合、企业客户参与的扶贫就业招聘会，邀请43家企业提供就业岗位1498个；创新"保险"扶贫，附属中银保险有限公司四川分公司向结对帮扶贫困户赠送保额10.5万元的中银意外险；帮扶钟岭村支委发展党员、培养致富带头人、送教上门；探索可持续助学扶贫，2015年以来向贫困小学捐赠260套书籍，资助逾130名贫困大学生解决上学难题，畅通剑阁贫困大学生就业通道，3名剑阁籍贫困大学生在中国银行实现"一人就业，全家脱贫"。此外，集中人力、物力、财力，实现扶贫工作"碎片化"到"系统化"的新转变。仅2018年，中行就帮助剑阁县的贫困村落实基础设施帮扶188万元；聚焦剑阁贫困户，落实"中行聚爱，倍感温暖"、产业扶持等帮扶20万元；选派7名中行优秀党员担任专职扶贫干部坚守、驻村，随时帮助群众解决实际问题。

3. 市场组织拓展创新发展机制

自启动"万企帮万村"精准扶贫行动以来，市工商联系统积极组织民营企业等社会力量发挥人才、资金、市场、管理等优势，切实投身精准扶贫事业。

朝天区积极引导各类企业广泛参与脱贫攻坚，有效推动了贫困村退出、贫困户脱贫，朝天区坚持因地制宜，以企业拓展市场、服务脱贫攻坚为突破口，与广元市海螺水泥有限责任公司探索共建"扶贫直营店"，构建了政府搭台、村企互动的"一站式"服务体系，极大地降低了基础设施建设中的物流成本。目前，13个"扶贫直营店"运营效果良好，为周边92个村（其中贫困村34个），贫困户2826户9348人提供便捷服务，惠及群众65000余人。其中，广元市海螺水泥有限责任公司在部分贫困村创新建立"海螺水泥扶贫直营店",切实增加了村级集体经济收入,为贫困村脱贫奔小康奠定了坚实基础。

4. 社会力量完善多元格局构建

此外,广元市民政局发布了《关于广泛引导和动员社会组织参与脱贫攻坚》的通知,引导和动员市内的社会组织积极参与脱贫攻坚,助推贫困地区和贫困群众脱贫致富。通知指出,参与脱贫攻坚是社会组织的重要责任,明确了社会组织在扶贫格局中的重要作用,应该在产业帮扶、教育帮扶、医疗帮扶、智力帮扶、捐赠帮扶、志愿帮扶等领域发挥自身优势,配合政府工作,在脱贫攻坚中发挥积极作用。民政局也明确了自身职责,坚持支持和引导社会组织参与脱贫攻坚,坚持政府引导、全民参与、多种形式、精准扶贫的原则,完善社会组织的介入机制与参与路径,促进社会组织资源动员规范化、资源配置精准化和资源使用专业化。各级部门要将社会组织扶贫纳入工作重点,全力配合社会扶贫,及时跟进相关工作,建立相应机制,提供有效的服务。广元市政府借助"中国社会扶贫网"平台,整合"扶贫日"系列活动,定点扶贫、驻村帮扶、电商扶贫、以购代帮、助医助学助残、万企帮万村等各类社会扶贫资源,统一到"中国社会扶贫网"平台,实现社会资源网络的链接与共享。

此外,广元市政府还深度挖掘群众自身的力量,积极构建致富带头人与贫困户紧密的利益联结机制。大力推行"订单生产+保底收购"自主经营模式、"保底分红+二次返利"股份合作模式、"产品分成+劳务收入"托管代养模式,切实把带动贫困群众进入产业、带动贫困群众就业、带动贫困群众提能、带动贫困群众增收"四个带动"落到实处。充分发挥致富带头人的作用,让带头人在贫困村领办创办产业项目,根据贫困户类型提供各类用工岗位,积极吸纳贫困人口稳定就业并建立密切的利益联结机制。同时通过开展技能培训、发展示范、务工实践等方式,服务到田间、到车间、到农场、到养殖场，提升贫困户发展能力。

以 2018 年四川省脱贫攻坚奋进奖的获得者罗洪为例。他在党中央"脱贫攻坚"号召鼓舞下，回乡投资兴业，帮助乡亲脱贫致富。2014 年 5 月他个人出资 700 多万元，带动当地干部群众捐款 100 多万元，历时两年在家乡新修了一条路基宽 8.5 米、长 15 千米的快速通道。特色产业带动方面，他成立了公司，探索"现代农业园区 + 红色旅游"的产业加文化旅游的模式，立足生态优势和红色资源，以生态农业发展为基础、以开发红色旅游和乡村旅游为重点，通过产业发展、景区打造，将黄猫垭镇建成红色经典旅游目的地和川北最大的桃花观赏基地、最大的生态农业体验基地，发展现代农业。罗洪在 2015 年成立了四川省黄猫垭农业生物科技发展有限公司，带动了 112 户贫困户发展猕猴桃、丑柑和丹参、桔梗等中药材种植园 1300 亩，培育产业致富带头人 17 名，帮助 11 户联建山羊养殖场。此外，他还就地建方水村鑫春蕾石材加工厂，实现 80 多人就业，其中贫困户 50 多人，人均年收入达 25000 元。并通过出让土地收取租金、在园区务工等方式增加收入，带动全乡 132 户贫困户 572 人实现年均增收 8000 元以上。

（二）广元市社会扶贫的成效

广元市认真落实习近平总书记"扶贫开发是全党全社会的共同责任，要动员和凝聚全社会力量广泛参与"的重要指示，巩固专项扶贫、行业扶贫、社会扶贫同向发力的大扶贫格局。

1. 促成扶贫与发展的双重效果

东西部协作方面，广元市深入创建东西部扶贫协作示范市。仅 2019 年，市级主要负责同志互访 6 次，实施帮扶项目 105 个，浙江到位财政帮扶资金 2.23 亿元，资金使用率 91.42%，带动贫困人口 4.2 万余人。470 万株"白叶一号"茶苗扎根青川。引进企业 69 家，投资 35.92 亿元，带动贫困人口

3364人。建好"6+1"工业产业园，入驻企业19家，投资4.3亿元。新建扶贫车间24个，吸纳就业721人。销售广元市农特产品7.58亿元，带动贫困人口4504人。举办培训班133期、培训3786人次，在浙江建立劳务协作工作站6个，转移就业贫困人口3911人。互派党政干部挂职47人、专技人才187人，组织干部培训7208人次、人才培训7425人次。县级主要负责同志互访20次，召开联席会议16次，开展协作100余次；浙江社会力量捐赠7799万元，开展创业致富带头人培训1198人次，创业成功136人，带动贫困人口1155人。

定点扶贫方面，定点扶贫政策得到进一步深化，1069个帮扶单位投入各类帮扶资金1.15亿元，实施帮扶项目1097个，带动6.49万贫困人口发展。帮助引进资金2.47亿元、引进项目511个。举办各类培训班3238期，开展培训79728人次，帮助贫困户实现劳务就业32269人次，购买贫困地区农产品1500.5万元，帮助销售贫困地区农产品4334.94万元。

2. 建立社会扶贫的良性运行机制

自脱贫攻坚战打响以来，广元市政府积极响应中央的决策与部署，大力推进社会扶贫工作，逐渐形成了多层级推动、多行业响应、多主体投入、全社会参与的社会扶贫体系，初步建立起人人皆愿为、人人皆可为、人人皆能为的社会扶贫机制。广元市提出了扶贫攻坚工作的八大要求，坚持建立社会广泛参与引导各方力量助力脱贫攻坚，构建专项扶贫、行业扶贫、社会扶贫互为补充的扶贫模式。通过大力促进东西部地区的扶贫协作、积极扩大社会力量的参与度，加大资源的优化配置和有效整合，构建起"聚焦攻坚合力，构建自我解困与社会扶贫共同发力新格局"的创新型社会扶贫机制。

3. 塑造社会力量主动参与扶贫的氛围

各种社会力量也在积极响应政府号召，通过各种市场、公益渠道，共同向贫困宣战。广泛开展"不忘党的恩·先富帮后富"活动，240个农业产业化龙头企业、800余家民营企业、1100个社会组织、10万余名爱心人士积极参与发展增收产业、提供就业岗位、助医助学助残、开展消费扶贫，精准扶贫以来共投入64亿元助力脱贫攻坚。社会合力的参与让广元市在有效消除绝对贫困、改变贫困地区面貌上取得明显成效。社会力量的充分汇聚和有机结合，加上政府政治动员、政策激励、资源吸附和乡情感召，各级党政机关、事业单位、驻广部队、学校医院全面深度参与。市场和社会主体也开始逐渐形成固定的扶贫模式，国有企业、民营企业积极参与、社会组织、个体工商户、公民个人主动贡献力量，多个主体间通过优势互补、互帮互助、利益互惠，初步形成了各方联动、全民参与、合力攻坚的强劲社会扶贫态势。

（三）广元市社会扶贫的经验启示

1. 推动社会扶贫发展需要政府的理念创新与政策支持

广元市政府高度重视社会力量在扶贫体系中的关键作用，将社会扶贫放在政策决策的重要位置，形成自上至下、由点及面的社会扶贫政策网络，有机地将政府与社会力量结合在一起。广元市在《脱贫攻坚工作精细化管理三十条规程》中，明确指示要广泛动员社会力量，大力推进定点扶贫、深入推进浙江扶贫协作，加强产业合作、劳务协作、干部挂职、人才交流等工作。推进各项荣誉激励活动，推行政府购买服务，支持民主党派、国有和民营企业、社会组织、公民个人参与精准扶贫。

为加强社会扶贫的保障，广元市积极转变政府职能、改进服务方式。一是建立服务机制。分县区建立贫困村退出需求、贫困户脱贫需求、社会力量帮扶意愿"三本台账"，推进社会扶贫资源、群众脱贫需求精准对接，支持社会力量承担政府购买服务、实施扶贫项目，为社会力量参与扶贫精准服务。二是建好活动平台。通过整合定点扶贫和其他帮扶资源，通过平台运作，有效平衡贫困村和非贫困村之间的扶贫资源，促进资源的精准投放。三是建优发展环境。总结、瞄准脱贫攻坚工作中存在的突出问题，为社会力量深度参与和创新创造提供良好的发展环境。四是建强公益品牌。注重社会扶贫的质量和品牌化运营，积极培育社会扶贫的品牌项目，增强社会扶贫的效果、影响力和公信力。

政府的重视与合理的政策规划为社会扶贫的有效推进搭建了良好的执行基础，也为社会扶贫的精准执行指明了方向。

在社会扶贫的实践中，广元市政府一方面积极探索社会扶贫的发展潜力与模式优化；另一方面也客观地评估当前社会扶贫的效益效能，总结本市社会扶贫政策落实过程中的成就，找出目前存在的各种问题和薄弱环节，对社会扶贫的重要性、规模、组织服务等提出了更精细化的要求。各部门有效客观地评估社会扶贫的效果，比对各项政策的落实情况和运作效能，找出扶贫环节中存在的不足并做出迅速、合适的调整。实践与反馈反思相结合的机制能避免在社会扶贫的探索上走错路与弯路，也有利于政府发现并总结出最有效、最适合本地情况的实践经验，在此基础上加以改进和推广，促进社会扶贫落实路径的优化创新。

2. 发展社会扶贫是完善贫困治理体系的必由之路

随着社会发展、市场化改革的深入和社会治理理念的创新，社会扶贫成为贫困治理中必不可少的组成部分。新时期的贫困现象与早前的普遍性贫困相比，呈现出新的时代特点：贫困分布的分散化、经济发展的不平衡化、致贫原因的复杂化、贫困人口需求的差异化等现状，对贫困治理提出了更加多样、精准的要求，亟须更多元社会力量的参与，进一步完善与优化社会治理体系。

从广元市社会扶贫的政策方针与实践中可以看出，社会扶贫在贫困治理中起到了重要作用，社会力量的参与有效分担了政府的职责，促进了政府职能的转型，还有力提升了社会资源的供给力与使用效率，避免了扶贫过程中资源不足、分配不均和浪费的问题。同时，市场运作与社会组织的介入让贫困治理有了更加科学的组织、管理机制，促进了政策管理与落实上的创新，也使得扶贫手段更加多元、精细。此外，社会扶贫与产业扶贫、就业扶贫、教育扶贫等其他扶贫方略的有机结合，有效促进了我国扶贫大格局的构建，为治理理念的完善和发展贡献了各种理论与实践的经验。

综合来看，社会扶贫的演进逻辑契合了贫困治理的理论内涵，蕴含了贫困治理范式的转变，不仅强调贫困治理内容的多维取向，也强调贫困治理中参与主体的多元化与协同化，契合了贫困治理范式的转变，是我国扶贫治理体系中必不可少的组成部分。

3.巩固社会扶贫要坚持政府主导、社会力量协同合作的运行机制

社会扶贫意味着贫困治理的主体已从单一的政府主体向多元主体转变，社会扶贫不再是政府单一主体的责任，其治理模式从政府包揽向多元主体合作治理转变，扩展了社会治理的新维度。其中，构建多元主体间的良性互动关系是社会扶贫治理有序推进的重要前提。必须要以保证政府主导，市场、社会力量协同共治的核心理念展开优势合作。

从广元市的实践可以看出，政府的政策引导是合作的前提与核心，政府作为政策制订者及最主要的资源供给者、分配者，以制度安排和行政手段来分配社会资源，通过制度建设、资源配给和推动实施等方式介入贫困治理，在社会扶贫的多元格局中处于主导地位，位于社会治理架构的中心位置。而市场主要通过带动产业、保障就业等方式积极践行"企业社会责任"，按照市场原则来优化资源配置，补充资源，提升资源的使用效率，同时，市场也服务于企业自身的利益，满足自身对成熟劳动力的需求，实现贫困治理目标和企业利益目标的平衡。社会力量在社会扶贫体系中主要践行公益使命，依据自身的组织目标和贫困治理目标，有限度地提供直接

服务或者承接政府服务。因此，在社会扶贫的实践中，必须在坚持以政府为主导的前提下，充分发挥社会力量的优势，政府与社会力量要不断更新治理理念，完成政府从包揽到主导、市场从被动到主动、社会从疏离到跟进的职能变化，构建贫困治理中的"协同共治"机制，将社会扶贫的效能最大化。

4. 推动社会扶贫要深化资源互通、因地制宜的发展模式

广元市通过东西部协作，有效链接东部沿海发达地区的资源，通过引进资金、学习技术、培养人才、输出劳动力等方式，在加强资源外部输入的同时，结合本地实际情况，发展特色产业，将外部动力转化为区域发展的内部动力。广元市的探索为东西部协作和社会扶贫的长效机制的构建提供了一定的参考。在贫困治理的过程中，要更有效地利用各类外部社会资源，尊重区域内的需求导向，在利益互惠的基础上将其有机内化为契合本地经济、文化特色的可持续发展机制。

六、抓党建促脱贫的做法、成效与经验启示

习近平总书记在2015年中央扶贫开发工作会议上指出"抓好党建促脱贫攻坚，是贫困地区脱贫致富的重要经验"。广元市坚持以习近平总书记关于扶贫工作重要论述为指导，认真贯彻党中央、国务院、四川省委省政府抓党建促脱贫攻坚部署要求，以紧扣高质量脱贫、巩固拓展脱贫攻坚成果的目标，主动衔接乡村振兴战略，充分发挥党的政治优势、组织优势和群众工作优势，突出问题导向、目标导向和结果导向，调动各方资源、力量向脱贫攻坚一线集聚，带领贫困群众全面致富奔小康、抓好疫情防控，为打赢脱贫攻坚决胜战、疫情防控阻击战提供坚强组织保证。

（一）广元市抓党建促脱贫的实践举措

1. 加强组织领导，配齐建强工作队伍

（1）加强党建扶贫组织部署。广元市高度重视党建扶贫工作，市领导带头一线推动，市党建扶贫（帮扶力量）协调小组研究部署、调研指导，定期召开党建扶贫专题会、调度会，并先后深入贫困地区实地调研，与第一书记开展视频连线，传递组织关怀、开展工作指导。每年精心制订《党建扶贫专项实施方案》，明确打好结对帮扶"精细战"、建强村党组织带头人队伍等九大方面重点任务，配套完成计划投入资金清单、计划实施项目清单等"四张清单"编制。围绕全省抓党建促决战决胜脱贫攻坚电视电话会议精神和广元市党建扶贫工作重点，制订责任落实清单，细化工作任务26项，配套制订落实措施40余条。

（2）壮大脱贫攻坚队伍力量。首先是围绕脱贫攻坚配班子选干部。制订《超常推进脱贫攻坚三十三条措施》，从第一书记、驻村工作队员、乡村干部、市县行业扶贫牵头部门、县区党政班子中，培养选拔真正与贫困作斗争，为贫困地区、贫困群众办实事、干好事，赢得群众充分赞许和认可的好干部。五年来累计提拔脱贫攻坚一线干部370余名、职级晋升760余名。围绕脱贫攻坚工作需要，调整充实县区党政领导班子成员73名，调整充实行业扶贫牵头部门班子成员42名。组建选调生特战队，统筹130余名选调生和优秀年轻干部到脱贫攻坚一线作战，切实为脱贫攻坚工作提供坚强的干部保障。持续开展贫困村第一书记众评活动，激发履职内生动力。

其次是围绕脱贫攻坚聚人才。出台鼓励引导人才向基层一线流动36条、返乡下乡创业22条、职称改革5条等系列政策措施，激励437名人才采取岗编分离方式服务脱贫攻坚一线，回引返乡创业成功人士4.66万人，

创办企业、专合社等经济实体4.19万户，带动就业14.37万人。通过"走出去"与"请进来"、"刚性引进"与"柔性使用"相结合方式，有效聚集省"千人计划"专家张文杰等1370余名硕博人才，柔性使用美国科学院院士邓兴旺等360余名专家服务脱贫攻坚一线。开展"千名专家下基层"活动，平均每年选派科技特派员120余名，涉农、涉医、涉教等专业技术人才1500余名到基层一线开展帮扶活动。以农村实用技术、产业发展技能培训为重点，大力实施"家庭能人"培养计划。深化"万名专家人才智力扶贫行动"，发挥好739个贫困村乡土人才超市作用，牵头组织各领域专业技术人才深入贫困村开展智力服务。持续发挥"成广合作""浙江—广元扶贫协作""市校合作"平台作用，加大脱贫攻坚一线干部人才挂职、农村致富带头人培训力度。推进"归巢创业行动"，回引一批大学生、退伍军人、在外务工经商本土人才返乡发展、创办领办企业。

最后是探索选派专职村支书。通过"岗编适度分离"机制，在利州区先行先试推行专职村支书，选派优秀年轻干部到村任职。从符合转聘条件的大学生村官、政策性安置的退伍军人中选派26名优秀年轻干部到村任职，其中担任村支书14人，该项做法被省委组织部《组工情况交流》刊载。

（3）提升干部攻坚决战能力。党的十九大以来，持续集中举办市委读书班（县级主要领导干部读书班）、乡镇党政正职示范班、科级领导干部任职培训班、机关党组织书记培训班等，对1300余名县级领导干部、4600余名乡科级主要领导干部、1900余名村党组织书记全覆盖培训。组织实施"一把手提能工程""专业化领导干部工程"和"年轻干部铸魂工程"三大工程。2018年、2019年两批次市县联动培训干部1000余人次。全市每年举办各类专题培训班40余期，培训专业干部2500余人次。积极开展"浙江—广元市"干部人才交流合作。实施"干部人才培训提能"计划，采取"走出去＋请进来"方式，市、县区组织各类党政干部、专业技术人才等分层分类举办培训班60余期,培训学员1.2万人次。

2. 集聚优势兵力,完善结对帮扶工作

(1)持续从严选派帮扶干部。坚决落实省委"派最能打仗的人"的部署要求,严格"三核""两审""一面谈"程序,优选没有基层经历的中层干部、递进培养计划学员、后备干部、选调生"四类对象"5637名,占选派全市驻村帮扶力量总人数的80.3%。严明驻村帮扶力量轮换调整程序,始终确保人选过硬、尽锐出战。累计选派3批次驻村帮扶力量12893人,明确4.5万余名帮扶责任人帮联10.7万户贫困户。截至目前,在村工作的驻村帮扶力量共7020人,其中贫困村2266人,非贫困村4754人。广元市从严选派驻村工作队经验先后在全省组织部长会议上交流发言,被省委组织部《四川组工动态》刊发推广。

(2)精细作战提升帮扶成效。严明"四个不摘"政治纪律,出台《保持帮扶力量队伍稳定八条措施》,完善脱贫后驻村帮扶选派管理政策,有效确保帮扶力量思想不散、阵型不乱。以县级联系领导、帮扶单位、第一书记、驻村工作队、驻村农技员、结对帮扶责任人"六个一"统领帮扶工作,着力精准战时任务、细化帮扶措施、优化帮扶方式、提升帮扶实效。对标脱贫攻坚收官战"总复习",分类制订"六个一"帮扶力量"百日攻坚战""巩固提升战"工作任务清单,细化61项履职刚性要求。组织5.4万余名帮扶力量直接采购贫困户1100余万元农特产品,推动解决各类脱贫攻坚问题700余个。各类帮扶力量充分发挥一线生力军、尖刀队作用,广元市帮扶工作成效考核始终位居全省市州前列,2019年获得全省帮扶工作考核第一名。

(3)严管厚爱加强帮扶队伍管理。首先是加强帮扶干部管理。以县、乡为单位,每年全覆盖开展一次帮扶力量履职情况分析研判,及时调整不担当、不作为人员。狠抓落实"六个一"帮扶力量管理制度,创新开展"三同"帮扶周活动，176个市级部门单位、6379名帮扶责任人相继参与。

其次是加强帮扶领域作风建设。持续开展扶贫领域腐败和作风问题专项治理，全面开展以"强认识提定力、强责任提作风、强素质提能力、强激情提状态"为主要内容的"四强四提"活动，查摆整改帮扶领域作风问题600余个，有效促进各级帮扶力量作风大转变。扎紧织密管理约束"制度笼子"，出台《严明第一书记及驻村帮扶力量纪律作风五条要求》等制度规定，以管促严、以管促干，以过硬作风助力脱贫攻坚连战连胜。

最后是加强脱贫攻坚干部激励关爱。研制出台《广元市贯彻落实〈切实关心爱护脱贫攻坚一线干部激发干事创业活力办法（试行）〉二十条措施》，严明脱贫攻坚一线干部特别是驻村帮扶力量激励导向。在全省率先创新开展帮扶力量"暖心行动"，分级建立困难问题台账900余册，帮助解决帮扶干部各类实际困难3200余件次，有效激励帮扶干部安心安身安业。近年来累计受省、市表扬的先进集体862个，优秀第一书记等先进个人1769人，提拔重用实绩突出的第一书记、驻村工作队队员180余名，对1名因公牺牲、7名因公负伤脱贫攻坚一线干部按政策兑现抚恤救助政策。在广元市电视台开设《第一书记》专栏，每周宣传两名第一书记先进事迹，展示第一书记队伍形象。

3. 筑牢战斗堡垒，加强基层党组织建设

（1）开展村党组织合建联建。广元市坚持因地制宜、积极稳妥、党群自愿的原则，采取相邻贫富村合建党组织、相邻产业趋同村合建党组织、相邻大小村合建党组织、相邻或跨地域村村结对联建党组织、辖区驻区单位联建党组织"五种方式"合建联建，健全班子选配、科学运行、统筹帮带、激励保障"四大机制"规范运行，聚焦发挥产业发展引领、为民服务统筹、基层治理共治"三个方面"作用，形成了农村党建强起来、农业经济活起来、农民群众富起来的整体效应。广元市合并新建村党支部906个、占行政村总数

37.4%，做法经验先后两次得到时任省委书记王东明肯定性批示，并被中组部《组工信息》《人民日报内参》《中国组织人事报》等媒体刊发推广。

（2）建强村党组织带头人队伍。广元市大力实施"乡村振兴精英培育计划"和"农村带头人整体优化提升行动"，坚持以"外引＋内育""治标＋治本""严管＋厚爱"为主要内容的"1+1"举措，着力锻造一支讲政治、能致富、会发展、善治理、口碑好的村党组织带头人队伍。深入实施优秀农民工回引培养工程，到2020年底，全市预计实现优秀农民工担任村党组织书记占比80%以上。健全第一书记长效选派制度，大力推行村党组织书记、村委会主任"一肩挑"，推动村党组织书记通过法定程序选举担任村委会主任比例达90%。全面推行村干部"基本报酬补助＋绩效补助＋集体经济创收激励"制度，加大"职业村官"选拔力度。

（3）提升基层党组织引领脱贫攻坚能力。抓实乡村组织振兴"六大体系"建设，扎实开展乡镇、村党组织"三分类三升级"活动，严抓后进村党组织整顿。构建乡村组织振兴"六大体系"被《组织人事报》刊载；乡村组织振兴调研课题入选四川省委、《求是》杂志社主编的《"乡村振兴与县级经济发展"研讨会论文选编》，并作为组织系统唯一市州代表参会交流。聚焦"六个基本"，加强农村基层党支部标准化建设，累计改扩建贫困村活动阵地739个。全覆盖开展村"两委"换届"回头看"，对涉黑涉恶村干部依纪依法严肃处理，净化基层政治生态和社会生态。抓实农民工党建工作，依托政府驻外联络机构、招商分局，建立驻外流动党员党委6个，直接覆盖21个省市。

4. 加强党建示范，推动党建引领经济发展

（1）大力实施党建扶贫示范行动。2016年，启动实施党建扶贫示范行动，在全市广泛开展党建扶贫示范户、示范村、示范园区、示范项目、示范企业（专合组织）、示范片（带）创建活动，达到"点亮一盏灯、照亮一

党员志愿者在园区开展茶树管护服务

大片"的效果。深化城乡党建结对共建活动,推动各类要素资源向农村集聚。结合开展"红色民宿""红色农家乐"等"党建扶贫示范行动"大比武活动,通过示范对象规划定位、创建质量和破解问题。2019年创建命名首批市级示范对象785个,通过发挥示范对象示范带动作用,着力推动形成全市农村基层党组织百花齐放、全力助推脱贫攻坚的生动局面。

(2)充分发挥党员带富示范作用。广元市以创业带富为切入点、以作用发挥为立足点、以引领脱贫奔小康为落脚点,抓实党员带富"三大载体"建设,探索贫困山区抓党建促脱贫攻坚新路径。围绕"政治素质强、产业发展强、协调服务强、群众公认度高"标准,选育党员中心户5000户,辐射带动5.5万余名群众致富奔小康。依托产业发展纽带,以村内所有党员中心户或部分邻近党员中心户为单元,建立党员创业之家1120个,带动近

3000户党员大户发展壮大产业。依托规模较大、覆盖片区在建产业项目或产业园区，以创业党员为主体，建立党员创业综合体300个，实现全市23个农业园区提质增效。大力开展"归巢创业行动"回引返乡创业人才4342名，遴选培养贫困村"领头羊""乡村振兴精英"5055人。

（3）强力推动村级集体经济发展。探索党建引领山区集体经济发展"643"模式。制订《发展壮大集体经济专项方案》，细化规范建立村级集体经济组织、强化集体经济人才支撑等六方面提升措施，探索"县乡总公司＋村分公司"运作模式，创新能人领办、利益联结、风险防控机制，健全村党组织领导、村级集体经济法人治理、村级集体经济经营运行、村级集体经济收益分配、村级集体经济监督管理"五大机制"。紧扣实施"集体经济攻坚示范行动"，大力实施"壮骨引领计划"，进一步深化扶持村级集体经济发展因地制宜、因村施策等"六大模式"，探索党建引领山区集体经济发展路径，形成制度成果，工作经验被省脱贫攻坚办专期刊发推广。大力开展村级集体经济"百村示范""保姆服务"等四大行动，抓好扶持村级集体经济精品项目、骨干项目建设。持续落实好组织、人才、资源三大保障，夯实村级集体经济发展基层基础。2019年全市首批次68个扶持村级集体经济经营性收入达到732.24万元，同比增长103%以上。

5. 注重内源发展，推动党建促进社会建设

（1）同步推进脱贫攻坚与疫情防控。把疫情防控作为帮扶力量首要任务，指导各类帮扶力量全力防疫、战疫。在启动应急响应的第一时间，下发《关于驻村第一书记到村到岗、全力参与做好新型冠状病毒感染肺炎疫情防控工作的通知》。全市2521名第一书记、4498名驻村工作队队员响应市委号令，全力投身疫情防控工作，有力彰显决战决胜脱贫攻坚战斗队、突击队作用。市税务局派驻朝天区白鹰村第一书记李大鹏，在大年初一就奔赴帮扶村抗疫战场，践行"决不让自己的防区失守"的誓言；朝天

区农业农村局派驻黄柏村第一书记许焘,上门协调企业帮助贫困户销售蔬菜2000余公斤,及时解决疫情期间帮扶村农产品"销售难"的问题。制订《第一书记、驻村工作队队员疫情防控工作指南》,细化监测摸排、群防群治等任务20项,全市2527个"帮扶队"迅速变成"防疫队",监测重点对象1.2万余名,组织设置防控卡口4000余个。开展宣传引导,撰写疫情防控相关新闻通讯、工作信息20余篇,《广元市以赶考的心态交出战疫答卷》《广元市驻村第一书记抗"疫"群像》等12篇被新华社、人民日报客户端等刊发。

(2)加强抓党建促乡村治理。完善村党组织领导村级治理体制机制,强化村党组织领导核心地位。创新设置农村基层党组织,加大在农业产业链上建党组织力度。健全完善村党组织全面领导的制度机制,研制村级各类组织职能定位清单。实施村综合服务设施补短板达标工程,指导盘活合并村阵地。积极培育发展农村"两新"组织。加强农村聚居点党组织覆盖和农村新型社区建设。坚持自治、法治、德治融合,发挥好村务监督委员会作用,落实"四议两公开"工作法。办好办实农民夜校,全面推行文明新风积分管理,大力推动村民议事会、道德评议会、红白理事会等建设。开展文明村镇创建,提升村级活动阵地标准化、规范化。深化抓党建促扫黑除恶专项斗争,落实村党组织书记县级备案管理制度和村干部选任县级联审机制制度,开展集中整顿软弱涣散村党组织"回头看",建立防范和整治"村霸"问题长效机制。

(3)多措并举激发贫困群众脱贫奔小康内生动力。创新开展"干部讲政策、专家讲技术、典型讲经验、群众讲党恩,做新型农民"的"四讲一做"活动。几年来,累计授课10.2万场次,参学农民365.2万人次,培训新型农民16.3万人次。大力开展"四好"村创建,深化脱贫奔小康"六化"行动,深入推进基层治理法治化。常态化开展"同吃同住同劳动"活动,建立贫困村党员干部志愿服务制度，落实"新媒体""串门"群众工作法，提升群众认同度、满意度。规范脱贫奔小康评星工作，开展"扶志、扶能、树新风"活动，加强积分制管理，构建常态教育思想激励、树立典型精神激励、道德积分物质激励、村规民约制度激励"四位一体"机制，发挥群众脱贫主体作用，持续治理懒人现象。

（二）广元市抓党建促脱贫的主要成效

几年来，抓党建促脱贫成果显著。全市帮扶工作始终位列全省第一方阵，全市 7 个县区群众满意度均处于全省县区前列。村党组织带头人培养相关经验被中组部《组工信息》刊发，抓党建促脱贫攻坚经验多次在全省会议进行交流发言。先后涌现出全国人大代表、全国脱贫攻坚创新奖获得者、苍溪县白驿镇岫云村党支部书记李君，省人大代表、剑阁县"贡米书记"邓小燕等一大批抓党建促脱贫攻坚的先进典型。

一是脱贫攻坚干部力量不断加强。几年来，广元市全市各级脱贫攻坚指挥部战斗队不断充实加强，干部队伍结构不断优化，实现乡镇领导班子平均年龄 39.4 岁，本科及以上学历占比达 71.8%。

二是帮扶力量尖兵作用不断发挥。广元市全市 5.4 万余名"六个一"帮扶力量优化贫困村帮扶规划 739 份、贫困户帮扶计划 4.2 万份，培训新型农民 16.3 万人次，指导储备农民工后备力量 4031 人、选育农民工村干部 3287 人，有效推动脱贫攻坚连战连胜。

三是基层党组织战斗堡垒不断夯实。近几年来，广元市全市转化提升村党组织 860 余个，细化整改措施 2937 条。全市涉改村"一肩挑"比例达 100%，培养选拔农民工村干部 2617 名，其中村党组织书记 661 人，储备农民工后备力量 4151 人。

四是党建扶贫示范效应不断彰显。2016 年以来，各县区创建命名六大类、3297个县级党建扶贫示范对象。涌现出苍溪县三会园区、昭化区临港现代农业园区、朝天区罗圈岩村、青川县板桥红旗现代农业园区等一批高质量示范点，工作经验被四川省委组织部常务副部长蒋天宝批示肯定。

五是村级集体经济发展不断壮大。探索党建引领山区集体经济发展路径，推行村级集体经济发展"六大模式"，工作经验被省脱贫攻坚办肯定、刊发。

六是帮扶力量纪律作风不断提升。通过推动作风建设，严肃问责处置帮扶作风不实问题600余个，对150余个帮扶单位通报约谈，处理相关责任人200余个，调整帮扶干部80余人。完善形成"3+9"帮扶力量管理制度体系，有力实现帮扶纪律更严明、作风更过硬。

（三）广元市抓党建促脱贫的经验启示

广元市把党建与脱贫攻坚工作有机结合，实现了脱贫攻坚与基层党建"双推进"，为确保打赢脱贫攻坚战提供坚强有力的组织保证。

1. 以农村党支部合建共建破局破题。树立开放化思维、系统化思维、区域化思维和精准化思维，发挥优质资源"外溢效应"，增强基层党组织的联动能力，引导和凝聚群众齐心协力共同致富，从根本上改变了过去村落之间各自为战局面，将党的组织优势有效转化为发展和治理优势，直接为全省推动村级建制调整改革提供了先行先试的实践经验，重塑了农村全域发展版图。

2. 以示范创建提升抓党建促脱贫效能。广元市通过运用抓点示范方法，善于发挥榜样力量、运用标杆激励办法，推动局部过硬向整体提升，始终把党建挺在脱贫攻坚最前沿，全域彰显组织功能、组织力量、组织作用。

3. 以精准施策丰富抓党建促脱贫实践方法。精准脱贫面宽点广，情况千差万别。解决问题需要从一个点、一个区域破题，由局部问题破解推动面上工作突破。广元市把党建促脱贫作为破解问题的试验田、改革创新的孵化器、脱贫攻坚的助推器,实现抓党建促脱贫精准施策、精准攻坚。

4.以激发动力深化抓党建促扶贫内在要求。脱贫攻坚主体参与的积极性,决定脱贫攻坚可持续性。广元市通过调动脱贫攻坚各方主体积极性,让脱贫攻坚战场变成比武场、练兵场,不断创新载体和平台,着力激发主体作用,形成联动攻坚的共同体,形成最大限度调动各类力量决胜脱贫攻坚的不竭动力。

七、广元市强化作风纪律促脱贫的做法、成效与经验启示

广元市坚定对标党中央、国务院、四川省委省政府部署要求,紧扣广元市整体连片贫困的实际情况,以"零容忍"态度持续用力、精准整治扶贫领域腐败和作风问题,用铁的纪律和作风为高质量打赢脱贫攻坚战保驾护航。广元市将强化作风纪律建设作为巩固脱贫攻坚成效的重要方式,制订出台作风建设"十强十少十不准"以及脱贫攻坚纪律八条要求,建立健全警示问责制度,创新探索"433"监督工作法,集中治理脱贫攻坚领域的形式主义,推动脱贫攻坚工作有序开展。

(一)广元市强化作风纪律促脱贫的实践举措

1.创新制订"十强十少十不准"

广元市持续以最坚决的态度、最严格的要求、最强劲的力度推动脱贫攻坚领域作风问题专项治理,创新制订"十强十少十不准"规定,确保脱贫攻坚工作务实、过程扎实、结果真实。一是强化脱贫标准把握,减少"搭车项目",不准吊高胃口、降低标准。二是强化整体协调推进,减少经典示

范,不准过度投入、制造盆景。三是强化干部精准帮扶,减少送钱送物,不准包办代替、惯养懒人。四是强化退出达标认定,减少考核评估,不准数字脱贫、虚假脱贫。五是强化政策项目公开,减少中间环节,不准暗箱操作、优亲厚友。六是强化数据共享共用,减少统计报表,不准农户填表、反复报数。七是强化档案精简规范,减少村户资料,不准增设类别、层层加码。八是强化督导调研统筹,减少检查频次,不准各自为战、多头检查。九是强化文件会议管控,减少数量规模,不准文会复制、照抄照搬。十是强化经验典型推广,减少展板画册,不准闭门造车、虚假总结。

2. 出台脱贫攻坚纪律八条要求

广元市脱贫攻坚已经进入啃硬骨头、攻坚拔寨的冲刺阶段,到了攻克堡垒的关键时期。从脱贫攻坚工作督查来看,一些地方仍然存在脱贫攻坚政策落实不到位、扶贫资金管理使用不规范、帮扶工作不落实、干部作风不务实等问题,严重影响了脱贫攻坚的质效。为确保脱贫攻坚决策部署落到实处,坚决打赢脱贫攻坚战,广元市出台了脱贫攻坚工作纪律八条要求。一是必须压实主体责任,严禁失职失责。二是必须保持政令畅通,严禁阳奉阴违。三是必须强化项目监管,严禁盲目决策。四是必须公开政策信息,严禁暗箱操作。五是必须严格执行政策,严禁以权谋私。六是必须坚持实事求是,严禁弄虚作假。七是必须做实帮扶工作,严禁擅离职守。八是必须严惩违纪行为,严禁有案不查。

广元市要求各级各部门要高度统一思想,提高政治站位,切实担负起脱贫攻坚的主体责任,力戒官僚主义、形式主义,敢于担当、勇于担责,以更坚定的信念、更有力的措施、更有效的行动、更务实的作风、更严明的纪律,全力以赴打赢脱贫攻坚战。同时,各级纪检监察机关要切实加强脱贫攻坚领域问题线索的排查收集,拓展信访举报渠道,坚决快查严处。对违反作风纪律要求和履责不到位、工作不认真的干部,一律严肃处理,坚决依法依规严格追责问责。

3.强化问责严查和问题整改制度

广元市通过建立脱贫攻坚问责严查制度，严肃追究责任对象，严格处理违规行为。一是线索摸排全面化。广元市健全《脱贫攻坚问题线索快查严处制度》，精准查找扶贫领域作风问题线索。对2016年以来扶贫领域问题线索"大起底"，对未办结或办理不到位的，重新进行处置，对查否的问题线索进行抽查，一旦查实严肃问责。二是问题处置高效化。广元市健全落实扶贫领域作风突出问题线索快速处置机制，问题线索原则上3个工作日转交、30个工作日内办结，逾期未结的发函督办，做到核查时限、人员、进度、要求、回复"五明确"。三是责任追究顶格化。广元市实行扶贫领域作风问题优先查处、快查严处机制，对不落实不作为的，实行"三个一律"严肃问责处理。坚持"一案双查"，对作风问题频发的，不仅追究直接责任人责任，还追究党委主体责任和纪委监督责任。对涉及违法犯罪的对象依法严肃处理，对于在2016年1月1日后发生的违纪违法行为，一律进行点名通报。

广元市建立了完善的问题整改制度，不断加大问题整改力度，提高问题整改效率。一是靶向治疗分类改。广元市对发现的作风问题实行"发票式开清单""一对一发点球"，建立"重大问题挂号改、共性问题集中改、个性问题分头改"机制，督促各级各有关部门限期整改落实。对"四个意识"、政策落实、责任落实等重大问题，实行市、县区领导挂号整改；对干部能力、资金监管、督查调研等共性问题，市级牵头部门和县区研究管用措施集中整改；对精准识别、精准帮扶、精准退出等个性问题，实行市级主管部门和县区分头整改。二是举一反三全面改。广元市坚持发现一起、通报一起，建立"扶贫领域作风问题典型案例即时通报"机制，将突出问题印发典型案例全市通报，警示各级各部门举一反三，及时抓好类似问题整改工作。三是全程跟踪督促改。广元市以用好扶贫信息管理系统为基本抓手,建立扶贫领域作风突出问题大数据平台,督促各级各部门建立突出问题整改台账,对整改情况实行挂账督办、定期对账、办结销号,落实专人负责跟踪问效,适时开展回访复核,确保问题整改落地见效。

4. "433"工作法强化监督机制

广元市紧扣"精准"二字,在"六个精准"基础上,创新建立一套精准监督体系,让监督人员、监督内容、监督方式、线索处置、执纪审查、结果运用更加精准明晰,实现精准监督网格化、全覆盖,并制订了"433"(四级网络+三张清单+三项机制)精准监督法,进一步加强脱贫攻坚精准监督工作,推动全市脱贫攻坚各项工作有效落实。

一是构建脱贫攻坚市、县、乡、村精准监督"四级网络",实现精准监督全覆盖。"四级网络"是指成立了市、县区脱贫攻坚精准监督工作领导小组,构建脱贫攻坚市、县、乡、村四级精准监督机制,组建以纪检监察干部、村廉勤委员、新闻媒体记者、群众代表为成员的四级监督员队伍,形成专职监督与兼职监督相结合,纪检监督、媒体监督与群众监督相结合的精准监督网络。"四级网络"明确了各级监督员的职责,划分了清晰的责任界限。各级监督员队伍重点是对各级部门落实脱贫攻坚"六个精准"情况进行监督;对各级行业扶贫主管部门在政策执行、项目安排实施、资金管理使用、信息公开等方面的情况进行监督;及时发现、收集问题,分类建立问题台账,并督促整改存在的问题。

二是开列监督任务、问题、程序"三张清单",凸现精准监督针对性。为使四级监督员明确监督责任、厘清监督内容、规范监督程序,市纪委开列"三张"清单,使监督更具针对性和精准性。其一,精准监督任务清单。开列市、县、乡、村四级监督员工作任务清单,明确工作责任。按照分级负责原则,重点对各级各部门落实脱贫攻坚"六个精准"情况进行监督,及时发现、上报并督促整改存在的问题,明确监督责任。其二,精准监督问题清单。针对脱贫攻坚"六个精准"落实中容易出现的扶贫对象不精准、项目安排实施不精准、资金管理使用不精准、措施到户不精准、帮扶工作不精准、脱贫成效不精准等方面的问题,列出精准监督问题清单,明确精准监督的内容。其三,精准监督程序清单。根据各级监督员工作职责,梳理精准监督程序清单,绘制精准监督流程,规范精准监督行为,明确监督要求。持续实行月报告、季分析、半年通报制度。对精准监督中发现的问题,由市、县区脱贫攻坚精准监督领导小组办公室梳理汇总,及时进行处理,属于纠正和整改的问题,及时反馈给责任单位和责任人,限期完成整改。

三是建立"三项机制",找准精准监督突破口。其一,建立脱贫攻坚领域问题线索快速处置机制。以开展纪委书记大接访、开通"廉洁广元市"微信公众号、在贫困村建立网络举报系统,广泛收集问题线索;充分发挥村廉勤监督委员会作用,及时发现问题线索;针对扶贫领域群众反映强烈的问题,开展专项整治,从中筛查问题线索;与执法部门联动,相互移交问题线索。其二,建立脱贫攻坚领域违纪问题三级联查机制。建立市纪委包案督办、县区纪委直查快办、乡镇纪委协同联办三级联查机制,对重点问题线索,市纪委提级直办,挂牌督办;对问题复杂、久办不结的案件,实行县区异地交叉承办。对疑难案件,积极发挥群众监督作用。其三,建立脱贫攻坚领域问题通报曝光机制。坚持把通报曝光作为警示教育、营造氛围、形成震慑的重要手段,对脱贫攻坚领域违纪案件、典型问题采取多种方式及时在一定范围内进行通报,积极回应干群关注,充分发挥案件查办的警示、震慑和教育作用。

5. 集中治理扶贫领域痕迹主义

广元市坚持科学管理,正确引导,优化督查考核方式,强力整治"重痕不重绩、留迹不留心"等痕迹主义问题，把干部从一些无谓事务中解脱出来，腾出更多时间抓工作落实。

一是严格清理整顿，解决工作部署中的痕迹主义。广元市制订了《广元市脱贫攻坚作风建设"十强十少十不准"》，实行会议年度申报审批制，涉及脱贫攻坚的重大事项各级各部门年初向市委、市政府事先申报，对工作部署会议优先采取电视电话形式或统筹多项工作合并召开。出台《脱贫攻坚监督执纪问责"三项制度"》，对扶贫领域问题实行"捆绑查责"，同步追究行业主管部门责任，防止单方面压力"甩锅"给基层。

二是抓实过程监管，解决督查指导中的痕迹主义。广元市严格实行督查同级审批、上级报备制度，行业扶贫部门需要开展督查工作，提前1个月申报督查事项，市脱贫办汇总统筹审批，整合事项人员时间适时开展，坚决避免以调研指导等名义开展变相督查。制订《广元市脱贫攻坚督查巡查工作实施方案》，全面规范督查标准和方式，以暗访暗查为主要形式，重点走访边远山区、主干道以外，不打招呼、不搞陪同、不听汇报、不看试点，原则上不看软件资料，对需要查看的点对点核实，全面压缩主观印象、自由裁量空间，杜绝以点带面、督查走偏，确保面上工作真实。从严规范督查工作，严明纪律，组织纪检部门对督查人员开展跟踪检查，公布信箱、微信、电话等多种举报途径，对督查中违规违纪行为严肃查处。

三是坚持实绩为重，解决验收考核中的痕迹主义。广元市对扶贫考核切实减轻基层工作负担制订了全面规范，优化4大类16项指标考评细则，取消软件资料分值，考核验收以日常管理、现场成效和群众评价为主。建立"每月战报"制度，对16项重点项目推进情况分县区、分行业按月评分排位。每季度实行"挂红旗亮黄牌贴蓝签"，对其结果计入年度考核。

四是强化规范管理，解决帮扶工作中的痕迹主义。广元市举办"全市驻村帮扶工作队培训班"，组织优秀驻村工作队员在全市开展巡回宣讲，指导培训帮扶干部1万余人。不断优化驻村帮扶工作考核办法，规定不得硬性在QQ、微信群、网站上晒工作痕迹，实行驻村帮扶成效考核与贫困户脱贫、贫困村退出情况直接挂钩，行业扶贫考核在全省排名后10%的，对一把手进行诫勉谈话，退出验收考核未达标的，给予免职处理。全面清理到户资料，统一编印《档案资料清单》，将3类12项到户资料缩减为3项，减量75%。依托"一体化政务服务平台"建立信息数据互联互通、共享共用机制，对需要新增数据全市统一安排集中采集，严禁随意入户，杜绝群众重复填表、基层多头报送。

五是精准措施对策，解决调查研究中的痕迹主义。广元市在全市全面开展提高脱贫质量"大学习、大讨论、大调研"活动，制订《广元市全面提高脱贫质量蹲点调研工作方案》，坚持"大课题+小切口"，围绕高质量完成脱贫目标、实现精准脱贫等6个方面和健全村级返贫监测阻击机制、提高群众住房质量等34项具体任务，细化时间节点，明确调研责任单位，组织26个市级行业部门深入扶贫一线摸问题、找对策，印发推广有价值的调研结果，推动各级各部门调研方式大转变。

（二）广元市强化作风纪律促脱贫的主要成效

1. 构建完善的监督网格体系

一是织密"监督网"，不漏一村一户。广元市组建了由市、县、乡纪委班子成员和村务监督委员会主任任组长，纪检干部、媒体记者、群众代表为成员的共4300余人的四级监督员队伍，实现了对739个贫困村和1802个插花贫困村网格化监督全覆盖。

二是建立"廉心卡"，畅达民声民意。广元市在所有农户家门口贴上"廉心卡"，只要通过手机扫描卡上的二维码，就可查看联系该户的四级监督员姓名、职务、联系方式及职责任务，就可知晓如何进行举报、向谁举报、谁来解决问题等。这项制度实施以来，各级监督员通过"廉心卡"解答7851次政策咨询，接受2367件群众信访，解决1498个具体问题，收到既"廉洁干部"又"连接民心"的良好效果。

三是实行"三问两督"，倒逼责任落实。"三问"：开办5场"阳光问政"脱贫攻坚专场会，曝光22个问题，问责33人；开展"百姓问廉"，把问廉舞台搬到群众家门口，现场质询204名党员干部；推行"查评问短"，查找扶贫领域最不满意的40个单位、128名个人。"两督"：由市、县纪委监委班子成员带队，开展蹲点调研督导，实行带案下访，深挖264件问题线索；组建9个巡回暗访督查队，按县区每月、部门每季度随机暗访、巡回监督，督促整改477个问题。

2. 严肃惩治扶贫问题以正风气

广元市对扶贫领域的腐败和作风问题，始终保持"露头就打"的高压态势，有风必纠、有案必查、有腐必惩、有贪必肃。

在线索处置上，坚持"两个优先"。广元市优先研判处置巡察监督、专项审计、监督检查等工作中发现的问题线索，优先立案调查扶贫领域涉嫌违法犯罪问题，实行台账式管理，严格核查时限、人员、进度、要求、回复"五精准"。2018年，广元市受理并处置扶贫领域517件问题线索，按期处置率为100%。

在审查调查上，实行"三级联查"。对重点问题线索，由市纪委提级直办，一竿子插到底；对问题复杂、久办不结的案件，实行县区交叉互办；对疑难案件，实行乡镇协作联办。2018年，广元市立案303人，党纪政务处分200人。

在通报曝光上，坚持"四向拓展"。广元市对查结的案件从四个方面点名道姓通报曝光：告知家属，引起警醒；通报单位，剖析反思；上网上刊上电视，震慑警示；直面群众，现场通报。通过"村村响""坝坝会"、农民夜校等公开干部问题，现场集中清退收缴300多万元扶贫领域违纪款。

3. 强化纪律作风推进治理现代化

整治扶贫领域腐败和作风问题是一项系统工程，广元市重点在"四治"上下足功夫。

一是治作风顽疾，把责任压力传导到位。广元市将扶贫领域作风问题纳入全市作风纪律深化年"六个专项整治"，重点整治责任不落实、政策打折扣、作风不扎实三个方面54项突出问题，实施会议、文件、表册、检查"四项瘦身行动"，坚决刹住形式主义、官僚主义作风。针对慢作为、假作为问题，建立"每月战报"制度，实行"挂红旗"表扬、"亮黄牌"提醒、"贴蓝签"警示，2018年上半年对8个单位"亮黄牌"，集中约谈19名"一把手"，调整268名贫困村第一书记。

二是治蝇贪顽症，把"微权力"关进笼子。广元市聚焦扶贫项目审批、实施和资金管理使用各个环节，重点整治优亲厚友、吃拿卡要、滥用职权、以权谋私等问题，发现并纠正493个问题。启动涉及脱贫攻坚12个市级部门的扶贫领域专项巡察，发现7件问题线索。针对发现的问题，建立健全扶贫资金监管、扶贫项目公告公示等12项制度，从源头上堵塞漏洞、规范行权。

三是治"一卡通"乱象，让政策真正惠民。广元市采取发敦促令限时说、组织干部全面清、清理结果群众督、典型问题从严查、违纪资金现场退等方式，集中开展"一卡通"管理问题专项整治，查处639个问题，党纪政务处分113人，组织处理570人，有2188人主动上缴违纪款699万余元。研究制订"一卡通"管理办法，将名目繁多的各类卡统一到社保卡上，变"多卡"为"一卡"、变"糊涂卡"为"明白卡"，让"一卡通"真正成为农民群众的"幸福卡"。

四是治村霸恶势力，让群众有安全感。广元市坚持把整治扶贫领域突出问题与扫黑除恶专项斗争结合起来，双向开展、同步严惩，坚决查处村霸、宗族恶势力把持村级组织、强拿强要强占扶贫资金和项目问题，2018年立案查处4件4人。出台村（社区）"两委"成员选拔不宜提名人选"负面清单"及多部门联审制度，明确规定涉黑、涉恶、涉黄、涉赌、涉毒的，一律不得列入提名人选。全面推进农村自治、德治、法治"三治"建设，树新风扬正气，[①]提高群众安全感和幸福感。

（三）广元市强化作风纪律促脱贫的经验启示

1. 推进制度建设是保障作风纪律的根本基石

制度建设是保障作风纪律的重要基础。广元市高度强调脱贫攻坚工作纪律的重要性，制订了《脱贫攻坚重点监督检查问题清单制度》《脱贫攻坚日常监督检查工作制度》《脱贫攻坚问题线索快查严处制度》三项制度，有效促进工作作风转变，纠正工作中不严不实的问题，确保高水平、高质量打赢脱贫攻坚战。制度建设为处理脱贫攻坚作风纪律问题提供了行动指南和规范程序，通过拓展问题线索来源、高效处置问题线索、从严及时问效问责、严格工作纪律、推行公开通报等环节逐层落实，能够增强脱贫攻坚监督检查的针对性、实效性，提高脱贫攻坚中作风问题的处置效率。广元市通过日常监督检查、定期监督检查、专项监督检查等多种制度化形式进行督查，及时发现作风纪律问题，快查严处脱贫攻坚领域的违规违纪案件。

2. 构建监督网络是强化作风纪律的重要支撑

加强监督是保持优良作风的重要手段。广元市通过构建起市、县、乡、村四级监督网络，明晰监督重点内容，划分各级监督权限，提高作风监督效率。在四级监督网络中，每一个行为主体既是监督者，又是被监督者，能够确保监督主体正确履行监督职责、行使监督权利，真正让监督成为一种行

---

① 隆斌：《用铁的纪律和作风坚定护航脱贫攻坚》，《四川党的建设》2018年第19期。

动准则和价值认同。广元市通过构建起制度化、结构化、系统化、科学化的监督体系，充分动员各级监督主体，将监督触角延伸到村级层面，不留监督死角，把监督的权利网铺开，建设良好的监督氛围和监督环境，营造"人人参与"的监督文化，提高党员干部的廉洁水平。在监督过程中，应因地制宜创新监督模式，创建"专责监督、社会监督、媒体监督"互为补充的监督模式，拓宽监督渠道，提升监督的公共参与度。

3. 畅通信息渠道是获取问题线索的基本要求

畅通信息反馈渠道是"听民声、晓民意、解民难"的重要方式。在基层扶贫场域中，群众监督是不可或缺的一环，而往往群众的意见难以反馈给上级监管部门和决策部门。广元市充分利用新技术手段，创新设立"廉心卡"，打通群众信息反馈的渠道，方便群众通过手机端反馈纪律作风问题，促进群众积极参与干部作风纪律监督、问题发现和意见表达，推动促进脱贫攻坚作风纪律问题的及时、高效解决。广元市将畅通信息反馈渠道作为提高群众参与度和积极性的重要方式，督促各级部门高度重视事关群众切身利益的纪律问题，多渠道收集问题线索，积极回应群众关切，切实解决困扰群众的"急难愁盼"问题，也有利于简化问题反映程序，优化问题处理方式。同时，广元市通过建设脱贫攻坚问题举报专区，公布监督举报、涉农政策咨询电话，畅通举报监督渠道，共同推进脱贫攻坚作风纪律建设，打造一支风清气正的脱贫攻坚工作队伍，提高脱贫攻坚的工作效率。

4. 强化违纪处理是破解作风失范的必要举措

强化违纪处理是一种有效的震慑方式和警示手段。广元市严肃查处脱贫攻坚过程中的腐败和作风问题，对违纪违规行为严格彻查，依法追究当事人责任。为了充分发挥典型案例的警示、劝诫效用，广元市开展了"典型问题案例通报"活动，实行"电视、广播、坝坝会、民主生活会"四种曝光方式，在报纸、电视开设"曝光台"，将查处的脱贫攻坚领域腐败和作风问题及时公开曝光；利用全覆盖的"村村通"广播，公开点名曝光违纪事实和处理结果；在违纪人员所在村（社区）组织召开"坝坝会"，现场听取群众对专项治理的意见建议；在案发地召开专题民主生活会，由涉案人员进行检讨，剖析违纪原因。在问题多发地要及时开展专题警示教育，以身边事教育身边人，要让党员干部有强烈的敬畏意识和守纪意识，不敢触碰法律红线和规则底线，对于那些踩"红线"、越"底线"、闯"雷区"的干部，进行严肃追责问责，依法依规处理。

5. 建立常态机制是整治作风问题的关键保障

建立常态化的巡查督促机制是保障作风纪律的主要工作方式。广元市通过开展作风问题集中整治行动，采取随机暗访、巡回监督等方式主动出击，开展问题表现大排查行动、突出问题大整治行动、整治情况大督查行动、问效问责大警示行动、整治实效大提升行动，全面梳理各类暗访、专项督查、重点巡查等摸排情况，及时形成问题清单，明确责任限时整改。建立完善的问题整改督查督办机制，开展作风问题整治行动，进行机动式巡审、回访式复核，做到常态化"回头看""回头查"，进行全程全域跟踪整改情况，确保各类问题整改彻底到位，真正以脱贫攻坚工作为契机，抓好落实作风纪律建设，为广元市经济社会发展建设提供优秀的干部队伍保障。

第四篇

广元市脱贫攻坚典型案例选

广元红星公园

一、广元市农业产业扶贫典型案例
——农村集体产权制度改革为乡村振兴装上"新引擎":利州区农村集体产权制度改革案例

广元市利州区深入贯彻中央全面深化改革重大决策,全面落实中共中央、国务院《深化农村改革综合性实施方案》《关于稳步推进农村集体产权制度改革的意见》的部署,以习近平新时代中国特色社会主义思想为引领,农村集体产权制度改革走出了"定人清资、股份改造、统筹经营、融合发展"的改革路径。

1. 主要做法

（1）抓实三大环节，夯实农村集体产权制度改革基础

一是摸清农村集体家底。摸清集体家底的前提是明确农村中各类财产的权属归属，针对此问题利州区本着推进高效、节约成本的原则，对农村土地承包经营权、农村集体土地所有权、农村集体建设用地使用权（宅基地使用权）、农村房屋所有权、农村小型水利工程所有权、农村集体资产所有权、集体林权等各类产权开展"七权同确"，分别确权到村、到组、到户，厘清农村各类产权归属。对归属农村集体部分的资产资源，按照"编制方案—调查核实—估算价值—张榜公示—建立台账"五步工作流程，进行分

类清理并建立台账。资产清理登记时,账内的货币资金、固定资产、债权债务等资产,以账面价值为准;未纳入账内核算的资产,经实地调查核实后,依据《广元市征地地上附着物补偿标准及住房拆迁安置办法》的相关标准,以估算的资产价值为准。资源性资产清理登记时,以确权数据为准,未确权登记的以核实后习惯面积数据为准。同时按照"应清尽清、不留空白,核精核准、不留隐患"的思路进行清理。二是科学界定集体经济组织成员范围。原有集体经济组织成员和与原集体经济组织有财产关系的农户原则上都应确认为集体经济组织成员(如人员户籍迁出,则函询户籍所在地,避免人员原集体经济组织和迁入地集体经济组织"两边确认"现象),因此成员确认的重点和难点主要在原集体经济组织成员家庭在改革以后新增人口和特殊人群是否认定为集体经济组织成员。利州区适时出台《利州区农村集体经济组织成员确认的指导意见》《农村集体产权制度改革工作有关具体问题处理指导意见》,通过户申报、户籍校对、村民代表大会审议、张榜公示、建立台账"五步确认法"进行成员身份认定,明确成员资格确认的最终截止时间原则为2017年7月31日24时〔最终截止时间也可由集体经济组织成员(代表)大会决定〕,在此最终截止时间之前的合法婚姻婚育新增人口、合法收养人口、合法政策性移民都应确认为成员。针对户籍未迁出且新居住地未取得农村土地承包经营权的外嫁女、因上学户口迁出毕业后无固定工作的学生、农转非人员(失地农民)、原籍在本集体经济组织的现役士兵、历史遗留的"轮换工""土地工"等特殊群体,原则上都应确认为成员。针对投亲靠友、"空挂户"等人员可按"出资购股"方式确认为成员,其他特殊情况由集体经济组织成员(代表)大会讨论决定。同时按照"依据法律、尊重历史、兼顾现实,程序合规、群众认可"的原则进行成员确认。三是统一股权量化标准。牢牢抓住公平合理把集体资源资产量化给集体成员的关键,指导制订统一量化标准。以科学合理量化资产为前提,坚持"只设个人股、不设集体股"和"生不增、死不减、可继承、可内部转让"的股权静态管理原则，让集体经济组织成员民主选择"确权确股确值"或"确权确股不确值"方式，将集体资金、资产和资源"一个标准"均等量化到成员，实现"一把尺子"量到底。同时按照"资产以股量化、资源以份量化"的原则进行股权量化。

（2）把握三大关键，构建新型农村集体经济组织

在完成成员确认、清产核资等基础性改革后，如何建立管理完善、运行高效的新型农村集体经济组织成为改革的最终落脚点。利州区聚焦建设"产权清晰、权责明确、政经分离、治理有效"的新型农村集体经济组织制度，牢牢把住"如何领导、如何运行、如何管理"三大关键，加快构建新型农村集体经济组织。一是始终坚持"政经分离"。采取一套人马两块牌子，以村"两委"班子成员为基础，吸纳产业致富能人、返乡创业大学生、优秀农民工，建立集体经济组织管理班子，区分村民自治组织的公共服务管理职能和新型农村集体经济组织的集体资产经营管理职能，经济上单独设户，独立核算，最终形成各司其职、各行其是、分置运行的格局。二是始终坚持"民主治理"。明确成员大会是集体经济组织的最高权力机构，民主选举产生新型农村集体经济组织的成员代表、理事会、监事会等，按照法定程序制订章程，通过建立议事、财务、分配等制度，形成有效维护集体经济组织成员权利的治理体系，增强新型农村集体经济组织发展活力。三是始终坚持党建引领。推行村支书通过法定程序兼任村级集体经济组织理事长，让农村集体经济组织在农村基层党组的坚强领导下开展工作，进一步提升基层战斗力。

（3）创新发展路径，壮大农村新型集体经济

利州区从实际出发，将农村集体经济发展方式与市场经济要求相结合，探索出"四种经营模式+五种经营业态"的发展路径。四种经营模式：

一是招商引资，对集体经济组织自身难以开发经营的资产分类打包，通过在农村产权交易平台发布，由招引的业主进行管理盘活，实现村集体资产保值增值；二是自主经营，在具备相应资质、条件的情况下，村级集体经济组织自己开发经营资源资产，发展集体经济；三是入股经营，村级集体经济组织以"三资"折资入股方式与工商企业、龙头企业、农民专业合作社等新型经营主体合作，形成"保本＋股息＋分红"股份制创收增收模式；四是合作经营，村级集体经济组织将资产与村民经营的零散资源通过合作，实现共同开发、联合经营、按比分成。五种经营业态：一是特色种养，重点发展高山露地蔬菜、道地中药材、稻田养鱼、剑门关土鸡、生态肉牛羊等；二是资产运营，通过市场运作，将村集体闲置资源、资金以出租、入股、投资等方式盘活；三是项目带动，集体经济组织通过自主实施工程项目取得工程收益；四是服务创收，村级集体经济组织通过组建技术劳务工作队，为现代农业园区、企业、农民专业合作社、种养大户等提供社会化服务取得收入；五是乡村旅游，依托人文自然景观，深挖民俗文化、农耕文化、康养文化，配套发展民宿酒店、餐饮娱乐设施，使集体经济组织吃上"旅游饭"。

（4）健全政策机制，促进集体经济持续健康发展

针对建立的集体经济组织管理发展的问题，利州区从改革成果巩固发展、集体成员权益维护入手，进一步规范集体经济组织运行，确保长久发展。一是规范集体经济组织财务管理。制订《广元市利州区农村集体经济组织财务管理办法（试行）》，明确集体经济组织财务独立核算，严格社账乡代管，有条件的集体经济组织可委托中介机构代理记账、核算，明确费用单笔为500元以下的由合作社理事长、监事长两支笔审批，500元以上（含500元）1000元以下的由理事会、监事会讨论决定；1000元以上（含1000元）的重大经济事项要经过合作社全体成员大会或成员代表大会讨论通过

后经审批程序签审（审批程序按照各乡镇、街道制订的村级财务审批程序执行）。二是完善集体经济收入分配。出台《广元市利州区农村集体经济组织收益分配指导意见》，明确分配方案须经村民（代表）大会通过，并报乡镇人民政府（街道办事处）审核同意后执行，严禁将农户承包土地补偿费和地面附着物补偿费用等作为集体经济组织经营性收入进行分配，集体经济组织未承包到户资源（土地）的征占补偿收入，可作为本集体经济组织发展集体经济和公益事业开支，原则上不得纳入年终收益分配。同时，管理人员报酬必须在集体收入为正收益的前提下领取，严禁举债发放。三是畅通农村产权流转。依托区公共资源交易中心，整合相关职能部门职能，搭建涵盖区、乡（镇）、村（社区）三级的农村产权流转交易服务平台，配套出台《农村产权流转交易管理办法（试行）》《农村土地经营权（集体林权）抵押》等系列规范性文件，赋予集体产权租赁、入股、托管、抵押、转让等权能。

2. 主要成效

2017年，利州区成功入选全国第二批100个农村集体产权制度改革试点县区，初步构建起现代农村产权制度，工作取得阶段性成效。

（1）农村现代产权制度基本确立

一是摸清了全区农村集体家底。全区共清理资源30.34万亩、资产总额18.89亿元（含经营性资产1.52亿元），量化资产13.15亿元、资源18.49万份。二是进一步确认了农村集体经济组织的法人地位。推动了农村集体经济组织自由参与市场竞争，对全区村级集体经济组织进行了登记赋码颁证，颁证率达97%以上。三是农村集体经济组织成员得以确定（全区共确认成员184912人）。从源头上解决了因集体成员范围不明引起的各类经济纠纷，如土地赔偿、集体分红等问题，进一步促进了农村社会的秩序稳定。

（2）农村闲置资源得到进一步盘活

通过对农村各类资产资源进行确权，厘清了国家、集体、个人资产资源的归属，根本上解决了农村各类资源财产的归属纠纷问题。依托搭建的农村产权交易平台，农村各类产权流通变动更为顺畅，进一步促进了资源变资产、资金变股金、农民变股东。利州区累计实现了1352万元的农村集体产权权能收益。2020年，利州区集体经济组织实现了1030.7万元的经营性收入，人均达56.1元。

（3）乡村治理进一步优化

通过政经分离，建立集体经济组织，厘清了自治管理和经济发展的关系，同时通过推行村级集体经济组织理事长由村支书兼任，进一步巩固了党在农村基层组织中的领导地位，推动党领导下的农村组织议事制度的形成，促进乡村治理进一步优化。全区共组建了176个村级集体经济组织、1051个集体经济组织，吸纳和预备了一大批返乡农民工、优秀大学生、产业致富能人进入管理班子。村级集体经济由村支书担任理事长达85%以上。

3. 经验启示

利州区"产权扶贫"经验得到国务院扶贫办、省委领导肯定性批示，探索总结的"三统两分5×5"农村集体产权改革利州模式得到省农业厅和省社科院领导的充分肯定，《资源确了权年终就分钱》被《人民日报》等多家媒体刊登。《利州区"2345"组合拳推进农村集体产权制度改革见成效》和《三确模式破难题 三创机制增活力》分别被《广元市改革要情》第71期、第96期刊载。2019年利州区被农业农村部确定为"全国农村集体产权制度改革试点典型单位"（全国共20个），被省委、省政府办公厅评为"2019年度全省农村改革工作先进县"。取得这些工作成效和经验，是因为做到了以下三点。

（1）坚持"七权同确"，统筹推进

利州区坚持农村土地承包经营权、农村集体土地所有权、农村集体建设用地（含宅基地）使用权、农村房屋所有权、农村小型水利工程所有权、农村集体资产所有权、集体林权等，作为农村集体产权制度改革的突破口。

（2）坚持"多方并举"，化解难题

在改革中，采取多种有效措施，妥善处理农村各类产权界限不明，外嫁女、"空挂户"等特殊群体集体成员身份确认，新型集体经济组织如何运行等难点问题。

（3）创新发展模式，实现增收

创新集体经济发展模式，配套政策制度盘活农村资产资源，使农村产权经营成为集体经济发展和脱贫攻坚、乡村振兴的重要推动力，有效带动包含贫困户在内的集体经济成员实现增收致富。

二、广元市工业产业扶贫典型案例

——创新农企利益联结，推行产业脱贫攻坚：四川米仓山茶业集团有限公司产业扶贫案例

四川米仓山茶业集团有限公司是集茶叶种植、科研、加工、销售、茶文化传播和生态旅游于一体的省级重点龙头企业。公司充分发挥龙头带动作用，在平等互利基础上，创新企业与农民的利益联结机制，采用"公司＋基地＋专合社＋农户"的经营模式，大力发展茶叶产业，带动贫困户创业增收。

1. 主要做法

（1）加强龙头企业与产茶乡（镇）村社茶叶资源衔接

采取"公司＋基地＋专合社＋农户"和"合作组织＋农户"等多种产业化经营模式，把旺苍县23个产茶乡（镇）村社基地建设和发挥企业的辐射

旺苍发展茶产业扶贫项目助农增收

带动作用结合起来,培育产茶(镇)村社的茶产业规模化发展,逐步形成茶农通过种植茶叶增收致富的新途径。

(2)做好企业和茶农服务对接

制订产业化发展规划和具体实施方案,建立茶产业助农增收花名册,结成企业、茶叶种植基地农户利益共同体。通过与茶农签订收购合同,制订贫困茶农茶鲜叶收购保护价,免费提供茶叶栽植、管护、茶鲜叶采摘等技术培训和现场技术指导,努力做到企业发展带动贫困茶农稳定增收,形成持久发展茶产业的利益取向。

(3)建立稳固的利益联结机制

实行"股权量化+保底收益+按股分红"的利益联结机制。由旺苍县政府牵头,整合资金在农建乡农建村建设黄茶示范园2000余亩,把财政投入的专项扶贫、产业发展和生产性基础建设等项目资金864万元,按1000

元一股实施股权量化,统一由四川米仓山茶业集团有限公司管理使用,其中扶贫专项资金 212 万元的股份全部赠送给占用承包土地的贫困户,剩余 652 万元按照 1∶2∶7 配置分红股份给村社集体经济和承包土地农户(包括贫困户)。同时,为保障农户的持续收益,在茶园投产前按照不低于银行同期 1 年存款利息实行每年末保底分红给受益者。

(4)开展"村企结对"帮扶

实施"村企结对"精准扶贫行动,组织人员调研贫困户基本情况,帮助贫困户制订脱贫方案和具体实施措施。在旺苍县三江镇、木门镇、高阳镇、农建乡、化龙乡五个乡镇茶叶基地,优先安排贫困户 30 人进入基地务工,发展茶叶种植基地 1000 亩、养殖黄羊 200 头。

2. 主要成效

公司通过合同承包租赁、流转农户土地等多种形式,投资 8200 万元,建设三江黑山址茶园、大耳山茶园、农建雨台梁茶园、化龙亭子茶园、高阳大茅坡茶园和虎址茶园等共计 5000 余亩。通过独资与合同订单等形式开发建设有机茶园 3000 余亩、"广元市黄茶"示范基地 4000 余亩、全国绿色食品可追溯原料(茶叶)标准化生产基地 10 万余亩,带动旺苍县 23 个乡镇、38 个贫困村发展茶叶 1.1 万亩,带动贫困户 715 户 1780 人户均增收 8650 元,使茶产业成为旺苍县贫困户持续增收脱贫致富的特色产业。

3. 经验启示

(1)加强龙头企业与特色资源的衔接

要结合市场需求和贫困村农户资源优势,按照产业化发展方向,采取"公司+基地+专合社+农户""合作组织+农户"等方式,把原料基地建设和发挥龙头企业的带动作用结合起来,相互促进、相互支持、共同发展,逐步培育贫困村的支柱产业并使之成为贫困户增收的主要渠道。

（2）加强龙头企业与贫困农户的对接

龙头企业与原料基地农户之间要结成利益共同体，通过合同收购、利润返还、保护价收购原料、提供优质服务等方式，维护好贫困户的利益，处理好与贫困户的利益关系，努力做到企业发展与贫困户互利双赢，才能共同持久发展。

三、广元市贫困家庭技能培训和就业促进扶贫典型案例

——"353"模式全面整合就业培训资源：广元市昭化区就业培训案例

为增强贫困劳动者的多维就业技能，广元市人力资源和社会保障局根据市脱贫攻坚领导小组下发的《超常推进脱贫攻坚三十三条措施》要求，下发了《关于进一步做好贯彻落实〈超常推进脱贫攻坚三十三条措施〉工作的通知》，要求以县区为主体，结合实际进行整合，并在昭化区指导开展了涉农培训资源整合，探索出"353"培训整合新模式，初步实现了培训资源的集约共享，切实解决了多头培训、重复培训、低效培训的问题，充分发挥就业扶贫培训在脱贫攻坚中的作用。

1. 实践举措

一是实施"三个一"举措，保障整合落地。第一，一套整合方案。由昭化区委常委、常务副区长牵头，组织人社部门提出涉农培训资源整合方案，对全区涉农部门培训工作的实施情况进行了综合研判。广元市昭化区脱贫攻坚指挥部（领导小组）办公室印发《关于下达2017年贫困家庭技能脱贫及职业培训工作任务的通知》（昭脱贫指办发〔2017〕1号）（以下简称《通知》），《通知》规划了涉农培训的整合方式、资金安排、组织管理，明确了整合培训的目标任务、实现路径和达到效果，统筹指导全区涉农培

训整合工作的开展。第二,一支管理队伍。按照"一个中心牵头、一套方案统筹、一批部门承办、多家机构培训"的总体要求,由区人社局负总责,各区级涉农培训单位共同参与,组建昭化区涉农培训中心。培训中心负责牵头培训工作的组织领导、计划下达、过程监管,重点围绕全区特色农业、现代服务业、生态康养业、乡村旅游业、建筑业等行业发展实际,组织开展特色农业种养殖、劳务品牌、建筑工匠、家政服务、涉旅服务、电子商务等产业技能和创业培训,为涉农培训工作的深入开展提供了强有力的组织保障。第三,一套考核制度。区培训中心结合涉农培训的工作具体要求,研究制订了《广元市昭化区涉农培训目标管理考核细则》,从培训前的开班申报、师资配备、教学设施,到培训期间的学员出勤、教学计划、专业备课,到培训后的考查测验、调查回访、资料审核等9个方面进行全方位评估考核,着力实现涉农培训的规范化运作。

二是创建"五统一"机制,推进整合实施。第一,统一意愿调查。为切实提升全区涉农培训工作的精准性和实效性,区培训中心联合各涉农培训单位、乡镇保障中心负责人、村级劳动保障协理员和各村社干部组成调查工作组,进村入户,对农村劳动力培训意愿进行摸底调查,建立实名制培训台账。各区级涉农培训单位根据摸排情况,结合年度培训工作目标任务及本单位工作实际,拟定本行业系统培训工作计划上报区培训中心。第二,统一机构认定。为充分发挥培训资源的整体效能,区人社局会同各涉农培训单位,统一认定了8家优质培训机构实施全年培训任务。认定过程严格按照《广元市定点职业培训机构管理办法(试行)》要求,结合以往培训经验成效和各机构师资配备、教学质量、回访参训人员满意度,严格审查筛选。在认定的基础上,将各机构师资力量进行了有效整合,建成了涵盖各行业"土专家""田秀才"的涉农培训师资库,现有165名专业教师。第三,统一下达计划。区培训中心根据各乡镇、区级涉农培训单位摸底调查上报情况、培训工作年度计划及培训资金预算到位情况,按照"因需培训、科学实用、精简效能"的原则,拟定了《昭化区2017年整合涉农培训项目任务分解表》,将培训任务细化分解下达到29个乡镇和3个驻外劳务工作站,明确了培训科目、培训课时、培训时间、培训地点、培训人数,由认定的培训机构负责组织开展具体的培训工作,涉农培训单位协助。第四,统一培训监管。区培训中心协同各涉农培训单位成立培训考核督查组,严格按照《广元市昭化区涉农培训目标管理考核细则》,对培训工作的事前、事中、事后进行全方位的督导检查。培训前对培训机构的开班申请资料进行严格审核,仔细核对学员人数、课时安排、培训内容、师资配备等信息。培训期间通过实地查看、走访座谈、电话抽查、问卷调查等多种形式对培训效果进行检查确认,系统掌握各定点培训机构工作开展情况。培训后对学员进行满意度回访调查,检验培训工作实效。对检查中存在问题的培训机构发放整改通知,督促其整改落实,对整改不到位的不予划拨培训补贴资金且取消定点培训机构资格。第五,统一资金管理。按照"渠道不乱、用途不变、统筹安排、区级整合"的原则,对培训资金实行专户储存、专户管理、封闭运行,培训补贴的划拨实行部门联合审签,按培训效果一期一划拨,最大化发挥培训资金的保障能力,提高资金使用效益。

三是着力三个精准培训,突出整合质效。第一,精准就地就近培训。按照"政府下单、群众点菜、机构主厨"的原则,将培训课堂搬到老百姓家门口。在培训方式上,采取"集中授课+知识测试+实训操作"的模式,农闲时集中培训,农忙时组织技术人员分散指导,把培训延伸到村庄庭院、田间地头、棚场圈舍,就地解决农民生产中的实际问题,提高实践操作能力,做到培训的对象、内容和效果"三精准",使培训工作接地气、服水土、见成效。第二,精准转移输出培训。以脱贫技能培训为抓手,重点组织贫困户实行"三包两免"的培训模式，即包培训、包鉴定、包就业、免学费、免食宿，并签订就业双选协议，确保培训即就业。将之前的"定向、定岗"培训升级为"定向、定岗、定企"精准对接培训，按照企业用工要求和劳动者上岗需求精准开展对接培训，在人数、技能、时间上与企业契合，打通了就业培训最后一个关键环节。到务工地延伸培训，积极拓展培训服务，通过昭化驻浙江、广州、新疆商会和劳务工作站延伸对昭化籍外出农民工能力提升培训。第三，精准创业培训。实施"创业培训＋特色产业技能培训"模式。根据乡镇（村社）发展规划，结合当地实际，在旅游业发达的乡镇开展家庭农场、农家乐管理等涉旅创业培训，在产业发达的乡镇开展养殖场、蔬菜大棚的管理与养猪、香菇种植、中药材种植技术等种养殖业创业培训。

2. 主要成效

一是促进就业资源高效整合，推动政策落地。昭化区通过将分散的就业资源进行有机整合，提高了资源的使用效率，避免了重复培训等资源浪费的问题出现，极大推进了就业培训工作按计划开展，实现就业培训工作规范化运作、科学化管理和精细化实施，也推进了就业政策的落地实施，为贫困群众就业创业提供必要的政策支持和制度保障。

二是保障就业培训统一规划，强化规范管理。昭化区通过对调查贫困群众培训意愿、培训机构资格认证、下达培训计划、培训监管、资金管理等方面统一规划、精准实施，提高培训工作的规范程度，实现对培训机构的科学管理和精准考核，保证了就业培训的效果。

三是实现贫困群众精准培训，增强就业技能。昭化区通过开展多种类型的就业培训，使贫困群众掌握了基础性的工作技能，增强他们在就业市场中的竞争力，提高与就业岗位的匹配度，促进贫困群众稳定就业，从而获得可持续的收入来源。

3. 经验启示

一是创新就业资源整合方式，统筹配置就业资源。就业资源是开展就业培训的基础性要素和必要性保障。通过不断创新就业资源整合方式，将就业资源精准化、科学化、系统化地投入使用，提高就业资源的整合效率，发挥良好的培训效果。

二是推动就业培训工作统一实施，保障就业培训成效。就业培训工作统一安排实施，能够促进对培训机构的有效监管，实现对贫困群众参与就业培训的动态化管理，及时调整和优化培训策略，创新培训方式，将就业培训落到实处，推进就业培训工作有序开展。

三是结合群众需求精准培训，提供精细化服务。针对贫困群众的需求和意愿开展多样性、特色化的技能培训，做好外出务工的岗位对接和服务保障工作，积极宣传创新创业政策，鼓励贫困群众就近就地就业，实现贫困群众精准脱贫、长期增收。

四、广元市生态建设与林业产业扶贫典型案例

——发挥传统优势，深化核桃产业：朝天区生态扶贫案例

广元市朝天区地处秦巴山脉南麓，是国家级贫困县区、秦巴山区连片扶贫开发重点县区。朝天区幅员面积1613平方公里，辖12个乡镇124个村，总人口21万，有64个贫困村、7421户贫困户、25518名贫困人口。朝天区有着悠久的核桃种植历史和文化传统。自精准扶贫战略实施以来，朝天区围绕"一亩良田稳温饱，十亩林地奔小康"的思路，抓住国家实施退耕还林的政策机遇，做出了"突破性发展核桃产业"的决定，通过扩基地、强科技、树品牌、畅销路，探索出了核桃产业助推脱贫攻坚的"朝天经验"。

1. 实践举措

一是以机制为基,为产业持续发展增加原动力。朝天区出台《关于突破性发展核桃产业的意见》,区财政每年安排 500 万元核桃产业发展基金用于核桃基地建设、综合管护、品种改良等。每年整合林业、水利、新村建设等涉农项目资金 1500 万元以上,鼓励贫困村建设区级核桃标准化示范基地,每达标一个给予 20 万~40 万元产业周转金。目前,全区 64 个贫困村已建成 63 个标准化核桃示范基地。

针对核桃市场价格波动较大现状、受灾减产等具体情况,朝天在全省率先推行经济林(核桃)特色保险试点,将贫困村 60% 以上贫困户的核桃产业纳入核桃产业自然灾害和价格指数"双保险",为核桃产业保收、增收奠定了金融基础。同时,朝天还推行"公司+合作社+贫困户+基地"模式,实行"下有兜底,上不封顶"以保护价收购核桃政策,农户直接将核桃销售给核桃专合社或核桃加工企业,当收购价低于保护价时,由政府协调合作社、企业进行收购价格补差,防止损害贫困户利益。

在扶持激励贫困村贫困户发展的同时,朝天区还加大了对核桃丰产管理、重大技术创新、品牌推广等环节的激励。近三年,累计发放核桃产业发展补助 1300 余万元。

二是以科技为本,为产业优质发展增强驱动力。围绕"科技兴产",朝天成立了核桃科研所,依托本地职教资源,创办了核桃产业研究院。出台《引进高层次和紧缺人才暂行办法》,按需下单,引进 6 名核桃专业技术人才、7 个专家服务团队、28 名核桃产业领军人才。每年投入 50 万元科研经费加强核桃良种选育、病虫害防治等关键课题攻关。在实践中探索出的方块模型芽接技术和大树改良技术获国家专利,选育出"硕星""夏早""广丰"等 4 个省级核桃优良品种,探索出以"本地核桃实生苗造林做砧木+本地良种嫁接改良"为核心的核桃良种繁育技术体系,使得核桃嫁接成活率达90%以上。

为确保新技术、新成果推广,朝天构建起"区有研究所、乡有服务站、村有技术员、户有明白人"的技术服务网络,制订规范实用、易于掌握的核桃产业发展技术规程,开通"朝天核桃技术服务"微信公众平台,通过农民夜校等多种途径普及核桃栽培技术。在核桃栽植的关键季节,林业部门实行"三包两定"责任制,采取"1+1""1+N"的方式,组织核桃专家、技术骨干深入田间地头进行技术服务。

三是以市场为先,为产业高效发展提升竞争力。朝天核桃搭乘互联网发展"东风",抓住"互联网+林业"发展战略和"宽带乡村工程",按照"核桃园区建到哪里,宽带乡村就实施到哪里,电商培训、运营就做到哪里"思路,建成天府商品交易所朝天核桃交易中心,年产值超过3亿元的广元市棒仁、越龄食品、月桂食品等6家核桃精深加工企业,100多家核桃经营个体户加入淘宝、阿里巴巴、四川商情等电商平台,形成区、乡、村三位一体电商服务体系,年销售核桃产品3000余万元。通过推行"企业+基地+农户"发展模式,引导企业、电商大户与贫困村、贫困农户建立利益联结机制,供应企业生产的核桃标准化基地达3.5万余亩,涉及30余个贫困村,惠及贫困人口2800余人。

四是以文化为魂,为产业融合发展注入生命力。围绕做强朝天核桃文化,朝天区从园区、节会、品牌文化三方面着手,大力挖掘核桃的历史文化、美食文化等资源,建成核桃文化观光园区,配套核桃种植示范园、核桃加工销售园、核桃科研所,形成集欣赏核桃文化、观摩产品加工、品尝特色产品于一体的核桃文化休闲游集中区,被认定为第八批国家核桃栽培综合标准化示范区。同时朝天现代林业示范区朝天核桃文化博览馆也在积极建设中。

按照"节会搭台、经济唱戏"的思路,每两年举办一届核桃文化旅游节，以核桃为媒，征集核桃艺术作品，交流核桃产业发展经验，推介核桃产业项目，不断丰富核桃产业发展内涵，实现三产联动发展，提升核桃产业综合效益。2012年以来，共举办四届核桃文化旅游节，签约项目60余个，项目投资总额超过140亿元，接待游客50多万人次。

在品牌文化塑造方面，依靠科技创新，朝天选育出"硕星""夏早""广丰"等4个省级核桃优良品种。"朝天核桃"先后获得国家地理标志产品认证、国家地理标志产品证明商标和"中国驰名商标"称号，并上榜第三批中国特色农产品优势区。先后在西博会、中国核桃大会、西部国际农产品交易会上获得"金奖""最畅销产品奖"和"深受群众喜爱展品奖"，"朝天核桃"已成为朝天名片和全省、全国地标产业领域新标杆。

2. 主要成效

一是增加了农民收入。截至2019年底，朝天区核桃种植规模达到50万亩，人均拥有2.1亩核桃，农民人均核桃产业收入达6000元以上，占农民人均纯收入的40%以上，在助推脱贫奔小康中发挥着不可或缺的作用。

二是壮大了县域经济。2019年，朝天区核桃产量再创新高，达到4.7万吨，实现综合产值18亿元；依托核桃产业发展生态旅游，实现收入约1.53亿元；朝天区发展以经营核桃产品为主的个体经营户38家，增加税收2700余万元，核桃产业对县域经济的贡献率高达12.63%。

三是改善了生态环境。依托核桃产业发展，朝天区实现坡改梯6.3万亩，绿化荒山荒坡17.8万亩，治理水土流失55.1平方公里，区域生态环境明显改善。朝天区在2012年和2017年两度被省政府表彰为"四川省建设长江上游生态屏障先进集体"。

3. 经验启示

一是发挥比较优势是产业发展的立足之本。朝天区山高坡陡、土壤贫瘠，农业基础极为薄弱，但朝天区委、区政府坚持"靠山吃山"的发展思路,放大立地、气候条件适宜发展核桃产业的比较优势,咬定青山不放松,持之以恒抓落实,为贫困群众找到了一条长久增收的新路径。

二是鲜明政策导向是产业发展的不竭动力。为有效推动产业发展,朝天区在政策上做足了文章,出台并落实了一系列富有成效的激励政策,全方位引导、激励基地建设、科技创新、品牌培育,有力地促进了产业的发展。

三是尊重群众意愿是产业发展的根本保证。群众是产业发展的直接参与者和最终受益者。朝天区将种植历史悠久、群众基础好的核桃产业作为脱贫奔小康的主导产业,符合群众的意愿,群众乐于参与其中,为产业持续发展奠定了坚实基础。

四是强化科技创新是产业发展的强力支撑。科技是第一生产力。朝天区从成立科研机构,落实科研经费,招引培养科技人才入手,不断强化科技支撑,选育出适合本地栽植的品种,探索出实用的丰产管理技术,不断优化产品质量,提升产业效益,让产业永葆生命力。

五、广元市消费(商务)扶贫典型案例

——消费扶贫破解贫困群众增收难题:青川县消费(商务)扶贫案例

广元市青川县大力提升扶贫产品质量、建立科学带贫机制、拓展稳定销售渠道、巩固健康服务体系,从源头上解决产品销售难题,打消了群众生产发展顾虑,为群众积极发展优势特色产业激发了动力、增添了活力。

1. 主要做法

(1)建物流基础"高速路"

一是构建网络服务体系。大力实施"宽带乡村"项目,全面改善县内宽带网络基础设施条件,建成4G基站210多个,268个行政村全部实现通宽带。二是构建仓储物流体系。对县内10家主要物流快递企业进行整合,

在双创空间建成2300平方米的仓储物流配送中心，设立县、乡、村物流专线4条，覆盖36个乡镇。在乡镇设立快递服务站，在村设立快递配送服务点，全面开展县、乡、村物流配送业务。三是构建金融服务体系。县内入驻银行企业7家，开办网点59个，建成农村金融综合服务示范站49个、农村互助金融组织1家，有力保障农村小微电商发展。

（2）搭网络营销"大平台"

一是开展线上推广活动。以黑木耳、竹荪等地标产品为主打产品，依托阿里巴巴、村淘、云集等知名电商平台，成功举办中国电视扶贫行动四川青川专场、东西部扶贫协作农产品网络促销系列活动、"小聚寻农之青川黑木耳"大型网销活动，3天实现木耳销售额300余万元。二是开展线下营销活动。举办四川青川首届蜜蜂文化节，唐家河蜂蜜知名度得到大幅提升。开展民俗节目表演、美食品尝、现场采摘、文化体验等线下体验活动，通过网络红人、电商达人进行现场直播，活动期间销售农产品100余万元。三是开展旅游促销活动。以全域旅游示范县创建为契机，建成旅游电商综合服务站10个，青溪古城·唐家河漂流音乐节活动期间，2天销售农特产品达20余万元。举办四川省第十届乡村文化旅游节，开展扶贫产品展览、美食品鉴、漂流体验等活动。

（3）织长期稳定"销售网"

一是积极推进"四川扶贫"公益品牌标志使用。组织县内农业产业化龙头企业、电商、专业合作组织等市场合法经营主体申报"四川扶贫"公益品牌标志，19家企业264个产品获批使用，全县用标企业2019年产品销售累计近5亿元。二是扎实开展"以购代扶"工作。通过扶贫产品"进商超、进学校、进车站、进景区"等活动，全年累计销售扶贫产品3219.8万元；通过东西部扶贫协作，企业采购扶贫产品1576万元，以购代捐采购356.235万元。三是充分对接各类销售平台。8家企业、72个扶贫产品成功入驻消费扶贫系统；积极组织海伶山珍、智宸电商、富乐蜂业等电商企业参加"海伶直达""环球捕手""吴晓波频道""1688购销平台"等扶贫产品网络销售活动，全年累计网络销售扶贫产品1100余万元；推进青川县扶贫产品入驻中国农业银行网上扶贫商城，燕巢农业开发有限公司、富乐蜂业等5家企业入驻；川珍实业、翊瑞农产品开发有限公司两家企业30余种产品入驻成都铁路公司采购网。

2.主要成效

（1）实现了市场精准

按照"政府主导、企业主体、专业支撑、示范带动、共同发展"原则，通过"运营公司＋龙头企业＋协会＋基地＋农户"模式，充分发挥电商企业、个体网商在农特产品网络营销体系中的重要作用，引导其参与"电商扶贫专项行动"，鼓励其与贫困户开展结对帮扶。通过在贫困村建立专业合作组织（协会）、建设产业基地等方式，有效解决了市场供需问题，促进了贫困村群众抱团发展。

（2）实现了产业精准

以发展农村电子商务为抓手，立足生态特色产业开展精准扶贫，紧紧依托农特产品资源和得天独厚的生态旅游资源，促进了生态特色产业、农产品初加工、现代服务业和康养旅游业三产业融合发展，推动了农特产品实现"线上线下"同步销售。

（3）实现了信息精准

整合利用供销社、邮政、移动、"万村千乡"等服务站点资源，新（改）建100个农村电商综合服务站点，为贫困户提供农产品收购、网络购物、农副产品销售等信息服务，有效解决了生产者与消费者之间信息不对称的问题。

3. 经验启示

（1）科学规划电商项目

青川县依托商务部和供销总社电子商务进农村"两大项目"，规划制订了建设1个电商公共服务中心、发展2个特色产业、打造3个园区、达到4个目标、构建5大体系的"12345"电子商务发展战略，率先建成县级电子商务综合运营中心（双创空间）、乡村级电商服务站，夯实电商扶贫基础。

（2）强化电商扶持政策

青川县强化政策扶持机制，先后出台《加快推进电子商务发展的实施意见》《关于支持生态产业加快发展的实施意见》等文件，制订了农村电商创业、人才引进、金融扶持等政策，鼓励引导大学生、小微企业、建卡贫困户、下岗职工发展电子商务。县财政每年预算6000万元生态产业发展资金，支持生态农业、电子商务等发展；每年落实100万元电商发展奖励资金，对农村电商发展先进集体、个人予以表扬。

（3）完善电商服务体系

青川县构建起人才培育体系、仓储物流体系、产品溯源体系、网络服务体系、金融服务体系。不断壮大电商从业人员队伍，打通"工业品下乡、农产品进城"双向通道，彻底打破制约物流快递服务向乡村级延伸瓶颈，建立了农产品溯源体系，实现对产业基地直接视频监测，优化升级宽带网络，全面开展电子支付、众筹融资等互联网金融服务，为电商企业、个体创客等提供便利高效的金融服务。

六、广元市交通建设扶贫典型案例
——全力打造"四好农村路":苍溪县交通扶贫案例

广元市苍溪县深入贯彻习近平总书记"既要把农村公路建好,更要管好、护好、运营好,为广大农民致富奔小康、为加快推进农业农村现代化提供更好保障"等重要指示精神,把"交通先行"作为决战脱贫攻坚、推动乡村振兴的突破口,抢抓四川省"脱贫奔小康三年交通大会战"机遇,以创建"四好农村路"示范县为抓手,举全县之力重抓交通建设。2018年创建成为全省第二批"四好农村路"示范县,2019年创建成为"四好农村路"全国示范县,为实现高质量脱贫摘帽、高质量发展县域经济提供交通保障。

1. 实践举措

(1)坚持四个"合"字,凸显交通基础先导作用

一是着重与脱贫奔小康结合,建好通村畅乡"幸福路"。秉持"修好一条路,带动一方富"理念,下好脱贫攻坚交通"先手棋",全力打通群众脱贫奔小康"最后一公里"。按照规划优先编制、项目优先实施、资金优先到位、力量优先保障"四个优先"原则,推动农村公路建设向边远乡镇、贫困村倾斜,近三年硬化村组道路2480公里,县、乡、村道硬化率实现"三个100%";科学规划布局县域农村客运线路站点,建成二级客运站1个、农村客运站(招呼站)384个,开通农村班线154条,构建起以县城为中心、乡镇为节点、行政村为触须的通达通畅农村公路交通网络,60余万农村群众实现"村村通公路,抬脚上客车";全县农村公路吸纳贫困人口参与建设管理,提供道路公益性岗位1720个,兑付补贴416万元,带动全县214个贫困村2.7万贫困户年人均增收2000元以上。

二是注重与发展现代农业耦合,建畅联园串户"小康路"。以道路干线

第四篇
广元市脱贫攻坚典型案例选

兰渝铁路（右）与广南高速公路（左）纵贯苍溪全境

为骨架，沿县域苍剑线、苍巴线等四大主轴，统筹规划红心猕猴桃、中药材、健康养殖"三个百亿产业"，布局特色优势产业带10条，建成标准化产业基地51万亩；累计投入3亿元建设园区道路180公里，建成万亩亿元现代农业园区18个、千亩现代农业园区69个，以联园串户路为纽带，带动贫困户建成3~5亩产业庭园3.8万个，推动形成"大园区＋小庭园"融合发展新格局；以便利的交通带动特色农业产业化经营，引进和培育猕猴桃产业龙头企业7家、专合社124家，贫困户新建家庭农场56家。建成加工园区3个，年加工猕猴桃3万余吨，产值超8亿元。高质量建成九龙山气田应急抢险道路、元坝大桥等道路，有力地保障了中石油、中石化天然气勘探开发大会战。

三是注重与发展乡村旅游聚合，建美亲山近水"风景路"。坚持将交通建设作为乡村旅游发展的基础性重点工程，依托便捷路网体系大力推动山水生态资源开发，着力把交通优势转化为经济增长指数；大力实施农村道路美化、彩化等"六化"行动,持续改善农村人居环境,引导农户建成三星级以上农家乐(乡村酒店)21家、"微田园"休闲观光农家乐1187家,助力幸福美丽新村和"四好村"建设;依托三溪口国家森林公园、黄猫垭战斗遗址、文昌宫苏维埃遗址等丰富的红色资源,投资6.6亿元规划实施黄猫垭·三溪口红色文化旅游交通建设项目,整合教育、旅游、宣传等资金沿红军渡、文昌宫等县内红四方面军战斗遗址打造红色文化教育旅游环线3条。

四是坚持与党建扶贫融合,建起干群相亲的"连心路"。立足县域发展不平衡不充分、北部山区发展滞后实际,投资5.92亿元对喻(喻家嘴)—太(太阳湾)路、文(昌)—石(石马)路等4条近150公里群众急难愁盼的破损路进行改造提升,解决近30万名群众"出行难"问题,得到群众一致拥护;切实把党的旗帜插到农村公路一线,探索推行乡镇交管站与村党组织结对、示范创建活动,组建由农村打石匠、砖瓦匠等"土专家"组成的农村道路管护党小组,分片分段开展道路日常养护、汛期监管、应急保畅,每年评选命名一批示范党组织、示范路、示范岗,有效提升基层党组织凝聚力和向心力;坚持把农村公路征地拆迁、管线迁改等"硬骨头"作为党员干部历练淬火的"演武场",同步将农村公路建设、管护纳入"三会一课""农民夜校"学习内容,着力提升党员群众参与农村道路建设养护的能力。

(2)把握四道"关口",推动建管养运协调发展

一是精准把握"质量关"。坚持分类分级高规格、高品质建设标准,严格把握国省干线线性标准,县乡干道全部采用沥青铺筑,村组硬化道路不低于四级公路标准;建立"政府监督、专业抽检、群众参与、施工自检"四级质量监管体系,对原材料购进、浇筑施工等每个细节严控质量,重要施工环节实行旁站监督;全面公开质量监督热线,广泛接受社会群众监督,切

实把好路基验收、施工队伍资质、日常监控、检测验收"四道关口";提升形象品质,制订《农村公路建设指南》《关于实施农村公路安全生命防护工程的通知》等10多个制度规范,投资2500余万元完善安防设施,健全完善养护公示栏、宣传标语、道口警示柱、标志标牌等附属设施,有力提升农村道路整体风貌和形象品质。

二是创新把握"管理关"。坚持三级联管,健全"县为主体、乡镇主管、部门协同"的乡村道路运输安全监管机制,建立"县有路政员、乡有监管员、村有护路员"路政管理体系,做到全县上下联动、横向到边、纵向到底、无缝监管,强化依法严管。按照"政府负责、部门执法、群众参与、综合治理"的网格化管理要求,全面推行1条公路+1名乡镇领导、1名技术顾问、1个村民监督队的"1+3"巡查监管模式,联合公安、交警、运管等执法力量常态开展"安全生产整治""打非治违"等行动,创新智慧监管。整合"天网"、雪亮工程、客运视频监控等资源构建道路运输监管中心"天眼",对"两客一危"、货运企业等车辆进行全天候可视化监控,开通群众网络举报平台,精准打击超限超载"两超"违法行为。

三是超前把握"养护关"。建立农村公路养护技术规范体系,每年定期举办养护、检测培训。投资2300万元建设县级公路养护和应急保通中心、交通运输应急指挥中心,加强对塌方滑坡、汛期洪涝等重点区域、重要时段开展抢修保畅;落实分级负责定期保安。按照"县有所、乡有站、村有队"标准,构建县、乡、村三级管理养护体系,实行县道县管、乡道乡管、村道村管,通过政府购买社会服务、计量支付、合同约定等方式定期开展道路安全隐患排查整治;坚持公路岁修常态保养。每年利用冬夏农闲时节,组织群众对农村公路实行镇干部包村、村干部包组、组干部包段开展清杂去乱、清沟疏渠等日常养护,全县农村公路列养率达100%。

四是统筹把握"运营关"。大力推进多式联运,开工建设火车站综合体长途汽车客运站,开通公交专线,推动农村客运、公交线网与铁路、港口、高速无缝对接;大力推进运邮融合,利用乡镇、行政村客运站点引导"三通一达"等63家物流企业建立物流配送网点实现寄递全覆盖,全面贯通农产品"进城"和工业品"下乡"渠道;大力推进便民降本,健全以县城为核心的公交运营服务网络;推行以中心乡镇为中心的农村客运响应式服务,统筹片区小客车针对节假日、赶场天、个人临时出行等出行需求开展定制式、预约式服务,年均节约运营成本2000多万元。

(3)破解四个"难"题,强化长效高质发展保障

一是系统推进破解"建设难"问题。坚持视项目为最强力引擎,以项目引领"四好农村路"发展。紧盯政策超前谋划,超常措施强力推进。主动围绕脱贫攻坚、乡村振兴等政策机遇,策划包装了百利大桥渡改桥项目、省道205线苍溪县白桥至云峰公路改建项目等51个项目,总投资98亿元;坚持以专班子、专资金、专方案、专考评"四专机制"强力推进项目建设;保障要素优化环境,健全协调服务机制,逐个项目制订工作计划,逐一细化工作责任,统筹交通、发改、国土、住建、环保等力量协力做好项目技术指导、资金保障、流程监管,全力做好要素保障。

二是拓展渠道破解"找钱难"问题。坚持视找钱为最紧要任务,整合政府、群众、社会多方力量,统筹交通建设、农业园区建设、易地扶贫搬迁等项目资金,多渠道筹集资金;积极对接政策向上争资,利用苍溪作为革命老区、国定贫困县以及各类试点示范创建等方面政策倾斜,精心谋划脱贫攻坚、红色旅游、渡改桥等政策性项目;加强与政策性银行沟通对接,为推进县乡村公路建设提供资金支持;撬动社会力量添资,积极发挥返乡创业人士、园区业主积极性,吸引社会捐资和群众以劳折资4700多万元。

三是刚柔并举破解"聚才难"问题。拓宽渠道引才,让优秀人才为我所有。加强专业人才队伍建设,依托人才引进项目积极开展"引才名校行"

等活动,大力招引专业人才。利用县校合作、脱贫帮扶等契机加强与上级部门对接联系,扩大与高校院所、大型企业合作,先后争取两名省交通运输厅干部挂职,聘请同济大学、省公路规划勘察设计研究院专家为农村公路项目规划、策划包装、建设决策提供服务;认真落实引进人才安家补助、岗位津贴、住房保障等政策,解决人才后顾之忧;大力推行"以老带新"、轮岗练兵、一线锻炼等方式,着力释放人才活力,培养了一批交通专业骨干力量。

四是健全机制破解"激励难"问题。围绕农村公路年度工作任务梳理全年工作责任清单,以"清单制+责任制"形式将任务细化到月、落实到人;将农村公路工作纳入全县重点工作督查范围,组建重大项目督导组实行"随机暗访、定期通报",督查结果汇总排名后以通报形式印发全县,并与乡镇次年交通项目安排挂钩,形成奖勤罚懒、奖优罚劣的激励机制;将公路岁修工作纳入乡镇年度绩效考评范围,每年设立200万元岁修养护专项资金池,对乡镇干道、村组道路维护好的,分别按1700元/公里、1000元/村标准给予以奖代补,有效激发农村公路群管群养积极性。

2. 主要成效

自脱贫攻坚工作开展以来,苍溪县坚持以群众利益为出发点,始终把交通扶贫摆在脱贫攻坚工作的重要位置,为促进乡村振兴和广大农民群众致富奔小康提供了强力交通保障,打通群众脱贫致富的"最后一公里"。"以路兴产、以产拓路、路产融合",苍溪县坚持以路为轴布局产业"大棋盘",为群众增收致富奠定坚实基础,架构起一条条通村畅乡、联园串户的"幸福小康路"。近几年,苍溪县交通扶贫工作稳步推进,取得了显著成效,先后获得了"农民工服务交通出行先进单位""先进帮扶单位"等荣誉,成功创建了"四好农村路"省级示范县、"四好农村路"全国示范县,得到了各级各部门的充分肯定。

3. 经验启示

（1）强化组织领导，落实决策部署

苍溪县委、县政府始终坚持以习近平新时代中国特色社会主义思想为指导，深入贯彻党的十九大精神，认真落实各项脱贫攻坚政策，把脱贫攻坚作为最大的政治责任、最大的民生工程来抓，抢抓机遇，细化责任，精准实施脱贫攻坚项目，达到村村通硬化路和客运车辆的标准，全面提升了群众满意度和获得感。

（2）坚持立足实际，注重科学规划

为切实加快农村公路发展，苍溪县委、县政府立足当前，谋划长远，以"尊重群众意愿，体现时代特征，引领未来发展"为原则，科学开展项目规划工作。分期分阶段研究制订全县交通发展规划和实施计划，明确全县交通建设的目标任务、基本思路和保障措施，同时加强县域交通发展规划与全省路网建设总体规划相适应，促进农村公路与干线公路的联网配套。注重县域交通发展规划与县域经济发展规划的配套，发挥交通建设在促进全县经济建设中的支撑和带动作用。

（3）深化机制改革，创新发展体制

要加快交通建设发展，创新体制、完善机制是要义。苍溪县创新建立政府主导、行业牵头、社会参与的联动机制，形成推动交通建设的巨大合力，统筹建立部门相互配合、乡镇相互衔接的沟通机制，形成协调一致的工作格局，同时建立以县、乡、村为责任主体的农村公路管理养护体制，实现农村公路管理养护的规范化，从根本上解决农村公路重建轻管、建养失调的问题。

七、广元市水利建设扶贫典型案例

——水利扶贫引来富民水：青川县水利扶贫典型案例

广元市青川县受地形条件和自然灾害影响，水源地变化频繁，饮水安全不稳定、易反复，供水工程分布广、数量多、规模小，运营成本高，缺乏专业管理。脱贫摘帽前，青川县属国家级贫困县，受地形条件和自然灾害影响，水利基础设施相对薄弱，因水成灾、因水受困、因水致贫现象较为突出。近年来，青川县坚持"以水强农、以水兴产、以水富民、以水美村"的贫困山区水利建设新路径，大力实施"兴水富民、脱贫攻坚"战略，按照"产水配套、以水兴产"的思路，将水利建设与产业发展、库区发展和全域生态康养旅游有机结合。

1. 实践举措

（1）坚持水利助脱贫，探索以水富民新路径

按照"脱贫奔小康、治水先行"理念，建水源、配水网、治水污、保水绿，实现贫困村生活水、生产水全覆盖。一是多元投入破瓶颈。充分利用中央预算、水利发展及县级整合资金新建各类小型蓄水工程，保障了农村居民生产、生活用水问题。二是飞地借水拔穷根。探索开展"飞地借水扶贫"模式，通过扶贫产业项目建设，吸收项目区覆盖范围外的贫困群众"飞"到项目区，通过土地入股、资金入股等方式项目扶贫红利，促进群众共同增收致富。三是股权量化助脱贫。将利用国家补助建成的小型农田水利工程，以股权形式量化到村组集体和农户，转变为老百姓的财产性收入，确保贫困群众能快速致富，致富之后能平稳退出。

（2）坚持节水兴产业，构建以水强农新格局

青川县共有79个贫困村，由于区域水资源时空分布不均，水利基础设

施缺乏，群众饮水困难，产水需求矛盾突出。按照脱贫攻坚工作要求，编制完成了《水利扶贫专项规划》，明确了水利扶贫目标任务，着力破解"因水致贫"难题。依托水源建园区，建设以板桥乡红旗坝、蒿溪乡仙雾茶厂、乐安寺乡向阳茶厂为主的八大高效节水灌溉现代农业示范园区，建成以名优绿茶、绿色山珍、木本油料等为主导产业的农业产业化示范基地22.8万亩。采用喷灌、微灌、滴灌等先进技术，实施高效节水灌溉，保障了贫困村的茶叶、木耳、油橄榄、羊肚菌等特色产业发展的用水需求，进一步提升了产业园区产出效益。

（3）坚持水利强基础，建立以水美村新机制

围绕"水绿村美、人水和谐"目标，全域建设"小规模、组团式、微田园、生态化"幸福美丽新村。一是建立污染防控机制保障水安全。县域所有流域水质达Ⅱ类以上，农村集中供水率达90%以上。二是建立生态补偿机制保护水生态。探索实践小流域水生态补偿机制，建立村民自治的小流域管理机制，设立小流域水生态补偿基金。三是建设典型国家水利风景区、国家河湖公园。以建设青竹江国家水利风景区、国家河湖公园为契机，切实助推乡村振兴，改造绿水青山，再造金山银山，使水更清、岸更绿、村更美。

（4）坚持以水养水，持续巩固脱贫成果

为保障水利工程持续发挥效益，更好地服务于生产、生活，青川县水利局积极督促各乡镇落实地方人民政府主体责任、水行政主管部门行业监管责任、供水管理单位运行管理责任"三个责任"，指导乡镇、村逐步建立健全农村饮水工程运行管理机构、农村饮水工程运行管理办法和农村饮水工程运行管理经费"三项制度"。与此同时，青川县还成立了8个专业技术指导小组对全县各乡镇水利工程建设、管理进行跟踪指导，加快推进集中供水工程水价核定和水费收缴工作，逐步实现"以水养水"。此外，青川县

全力推广"协会+用水户"模式,弱化政府部门在工程运营维护的优先级,逐步实现供水工程的村民自治,聘请90名水利巡管员对县内供水工程及相关水利设施进行管护,有效解决了不同区域、不同类型、不同规模水利工程管护难问题,进一步解决了部分贫困人口就业问题。

2. 主要成效

青川县水利脱贫攻坚以提高供水保障能力、农业生产能力、防汛减灾能力为核心,以科学谋划、合理布局为抓手,下足水利扶贫"绣花"功夫,助力决战决胜脱贫攻坚。2016年以来,青川县水利扶贫累计投入资金5.44亿元,其中涉农整合资金1.49亿元、行业专项资金2.15亿元、银行贷款1.8亿元。通过骨干水源、农村饮水安全、产水配套、生态治理四大类项目的实施,为全县打赢脱贫攻坚战奠定了坚实的基础。

(1)抓好农村饮水安全巩固提升,解决群众"吃水难"问题。在县内落实项目150余处,新建各类饮水工程2400余处,铺设管网960余公里,使7.6万名农村居民饮水安全问题得到了有效解决。

(2)推进农田基础设施建设,保障农业持续稳定发展。大力发展高效节水灌溉,把保障农田灌溉、改善贫困地区农业生产条件作为工作的重中之重,累计实施96个项目点,发展高效节水灌溉9397.15亩,有效改善灌区内农业生产条件,减少地下水开采,提高水资源利用率,保障农田灌溉需求。

(3)开展贫困地区生态治理,改善生存条件和生态环境。频繁发生的洪水灾害,给沿岸人民带来了巨大的经济损失,近年来,青川县大兴河道治理工程,新建、修复堤防35.67公里,提高县内各个河段的防洪、泄洪能力,改造城乡水生态环境,有效保护了沿岸人民群众的生命财产,促进了经济社会的发展。

(4)加快推进骨干水源工程,提高农业灌溉能力。一是加快骨干水源工程曲河水库项目的建设进度,枢纽部分已基本完工,渠系部分即将开工。

二是计划投入 1.58 亿元的河湖水系连通项目已于 2017 年 8 月开工建设。

3. 经验启示

水利建设一头连着基本民生,另一头连着未来发展。加强农田水利建设既是补齐农业发展短板,也是解决民生难题、促进经济发展的重要课题。青川县按照"以水强农、以水富民"思路,着力把优质生态水变成群众"致富泉"。

(1)保护水环境得收益。青川县创新设立小流域水生态补偿基金,推行下游补偿上游的水生态"反哺"机制,让贫困群众在保护水环境的同时获得相应经济收入。县财政、流域下游企业(个体户、合作社)和下游村集体按 3∶5∶2 的比例共同组建小流域水生态补偿基金,由相关乡镇人民政府、村民代表以及流域出资代表共同组成水生态补偿基金管理委员会,对基金收取、使用情况进行全程监管。环保部门在流域交界处设置检测站,进行常态化水质检测。

(2)利用水资源得收益。青川县充分挖掘水资源潜力,探索推行水资源有偿转让、作价入股等增收模式,立足水资源优势开展招商引资,着力将沉睡资源变成流动资本。

(3)发展水产业得收益。青川县准确把握发展与保护的关系,始终坚持保护环境就是保护生产力、改善环境就是发展生产力理念,努力实现发展与保护共赢。

八、广元市电力建设扶贫典型案例

——"筑巢引凤"产生"电磁场"效应:苍溪县电力扶贫典型案例

发展产业是实现脱贫的根本之策。近年来,广元市苍溪县大力实施产业扶贫,重点引进一批辐射性强的农产品加工龙头企业带动村级发展。产

旺苍县英萃镇学堂村农网改造

业扶贫，电先行。苍溪县供电公司充分发挥国有企业"六个力量"作用，针对集中连片特困地区，强电网，优服务，推出园区供电服务站、电力精算师等特色产业服务套餐，使该县的投资环境产生了"电磁场"效益。

1. 实践举措

（1）筑巢引凤，强电网助力园区产业聚变

距离苍溪县城4公里的紫云工业园，是苍溪县工业集中发展区、扶贫产品加工营销中心所在地。园区建设，对电力的依赖性很高。苍溪供电公司先后在园区投入电网建设资金2100万元，对园区35千伏变电站及配电线路进行改造，园区产业发展用电得到有力保障。伴随着强劲的电能，紫云工业园投资3.05亿元的二期扩建工程建设紧锣密鼓。紫云工业园二期项目建设过程中，规划范围内有一条长3.5公里的10千伏线路，80多基电杆，成了园区建设的"拦路虎"。苍溪县供电公司了解情况后，重新规划架设10千伏线路4.3公里，组立电杆50余基，为工程建设如期进行提供了便利。目前，苍溪电网已形成以220千伏为电源支撑点，110千伏、35千伏各级电网协调发展的供电格局。如今医药中间体、猕猴桃酵素等一大批重点企业相继落成。产业发展成为推动脱贫攻坚的根本出路和贫困群众持续稳定的增收门路。

（2）凤栖巢暖，供电服务站"零距离"服务企业用电

受到政府招商引资政策的吸引，当地出现返乡创业助力脱贫攻坚大潮。为了解决外地企业"水土不服"，营造良好的营商环境，苍溪县对电力服务进行了提升。2017年，苍溪供电公司根据园区建设发展需要，将园区供电服务站设在苍溪县扶贫产业营销加工中心，集抢修、业务办理、线上办理、共产党员服务队等功能于一体，相当于一个微型营业厅，主要为园区37户企业和周边居民业务咨询、业务办理、故障抢修等提供"零距离"服务，让客户省时、省力、省心。2019年已办理各类用电业务120多笔，为园区客户处理故障30多起，促进供电服务品质和工作效率提升。

2020年8月，随着国网广元市苍溪供电公司紫云工业园区无人供电服务点首笔补卡业务的顺利完成，标志着广元市地区第一家无人供电服务点正式开始上岗营业。紫云工业园区无人供电服务点充分运用人工智能、移动应用等新技术，通过引进全业务智慧柜员机（VTM）、电力宣传智能互动屏以及便民手机充电站等客户自助体验设备，代替传统的人工业务服务窗口，担负园区60余户企业以及周边2000余户电力用户的业扩报装、电卡补换、电子发票打印、收费等业务，可实现24小时全自助办理用电业务。

另外，为优化电力营商环境，促进扶贫产业发展，国网广元市供电公司严格落实国务院降电价政策，一般工商业电价连续两年降价。价格从2018年初的0.815元/千瓦·时下调到2019年的0.6475元/千瓦·时，降幅达21.7%，为供区内6.8万户一般工商业用户减少电费支出9200万元，让贫困地区群众享受改革红利。

(3)助凤腾飞，精算师"一对一"为企业节能省成本

电力精算师是广元市电力组建的一个集客户能效与个性化服务于一体的专业服务团队，遍布四县三区，专治客户在力调电费、基本电费等方面存在的"疑难杂症"，通过用电采集系统、在线监测系统等大数据平台查看分析企业用电情况，随时对企业用电负荷、功率因素等数据进行动态监测。针对均价较高的客户进行精准画像，一旦发现客户电费过高，及时赶到现场核实，并开出分析诊断报告，指导企业降低用电成本，现场开展变更业务办理，让客户用电"省时、省力、省钱"，实现"服务用心、企业省心、政府放心"。

2019年广元市电力精算师开出"一企一策"节能方案300余个，共计帮助276户客户降低电费成本支出457万元，涉及苍溪县67户客户减少电费成本支出133万元。另外，苍溪县是全市一般工商业电价执行力度最大的县之一，通过2018年和2019年电价五连降，为苍溪县紫云工业园区的一般工商业客户降低38万元的电费成本。这一举措，为企业扩大生产、形成经济增长注入了强劲动能，同时也为苍溪县实现脱贫摘帽提供有力支撑。

2. 主要成效

为保障企业顺利入驻和投产，助力地方脱贫攻坚和产业发展，国网广元市供电公司在全市省级以上工业园区均设立了供电服务站，根据各大工业园区发展建设需要，延伸服务内容。针对园区项目建设规模和实际需求，为企业"一对一"提供"一站式"供电服务，实现了企业"足不出园区"便捷办电。苍溪紫云工业园供电服务站的设立，仅仅是国网广元市供电公司服务地方产业发展的工作内容之一。另外，苍溪县紫云工业园区供电服务站不仅提供了优质的供电服务，更有助于优化电力营商环境，降低扶贫企业用能成本，从而促进扶贫产业发展，让贫困地区群众享受到改革红利。

3. 经验启示

脱贫不是一朝一夕，致富更不可能一步到位。攻坚阶段更需要"慢功"，一针一线加精心制作才能出"细活"。在助力产业扶贫的探索中，苍溪县通过电网先行强基础、精准服务优环境、创新办法添动力，有效解决了产业发展用电的难题，走出了一条富有电网企业特色的扶贫开发之路。电力扶贫不仅是一项民生工程，更是一项经济工程，必须站在改善民生、稳定增长的高度抓好落实。因此，需要科学树立电力保障要素先行理念，针对产业规划完善、发展目标明确、生活及生产用电负荷预期增长较快的地区，做好预计预测，提前计划、组织电力项目"先行一步"建设，做脱贫奔小康"先行军"。

九、广元市信息通信建设扶贫典型案例

——信息公路助脱贫：朝天区通信建设扶贫案例

在信息技术高度发达的今天，"信息公路"是否便捷畅通是贫困地区能否快速脱贫、能否快速实现致富、能否与时代列车同步发展的重要因素。中国移动朝天分公司、中国电信朝天分公司是朝天区信息通信建设扶贫领域的重要参与者，在基础设施建设、信息化应用以及聚焦精准扶贫方面发挥了重要作用，高速宽带服务已惠及广大农村地区，进一步消除了城乡数字鸿沟，在为偏远贫困农村经济社会转型发展不断提供新动力的同时，也探索出了一条信息精准扶贫的新模式。

1. 具体做法

（1）光纤入户连接"信息路"

用光纤宽带上网、看高清视频对于不少偏远贫困地区的居民来说，曾是遥不可及的梦想，如今，随着电信网络普遍服务升级和宽带网络质量不

断改善，他们的梦想变为现实。首先，普遍服务投入力度大，近年来，在信息通信网络建设投资紧张状况下，朝天区积极争取国家普遍服务项目资金，扎实推进基础设施建设；其次，光纤入户覆盖广，从技术和优惠政策等方面给予保障，让贫困户用得上、用得起宽带。中国移动朝天分公司积极实行一系列融合优惠资费政策，采用项目规定最低资费标准，推行光猫赠送、宽带高清电视以及话费业务融合套餐等优惠政策，让贫困户用得起宽带。

王洪涛是朝天区宣河镇竹坝村四组村民，因为地处偏远，不通网络，他家以前了解国际国内时事的主要途径就是电视，但在当时的体验并不好。中国移动广元市分公司投入9.28万元，在竹坝村新建光缆4千米，建设FTTH端口64线，覆盖村民82户，改变了竹坝村不通光纤宽带的历史。自从王洪涛家里接入了中国移动光纤宽带，收视效果发生了质的改变，获取信息的途径也变得多样化。王洪涛所在的朝天区宣河镇竹坝村位于宣河镇东北部，是典型的高山贫困村，同时也是广元市确定的普服项目建设村。朝天区宣河镇竹坝村支书王兴乾说："我们这个村不通网络的时候，有事通知要到农户家去通知，牛羊农副产品（由于）信息闭塞，卖不到好价格。现在网络通了，老百姓没事就上会抖音，耍会微信，经常和外出的亲人视频通话，牛羊卖出的价格提升了30%以上，蔬菜通过网络电商平台往外卖。因信息通畅，与外界交流增多，产业有了较大的发展，增加了老百姓的收入。因为有了网络，安装雪亮工程、视频监控能够时刻看到村里的情况，治安得到了改善，老百姓法治意识得到了提升。村上在微信建立了村民干部群、党员群、贫困户群，增强了干部沟通及政策宣传、村务公开，提升了办事效率。"

（2）智慧乡村搭建"服务台"

罗圈岩村易地扶贫搬迁安置点位于蒲家乡罗圈岩村二组，因其山高、云低、景美，被当地人称为"云顶人家"。该安置点占地面积40亩，共搬迁40户126人，其中建卡贫困户28户92人，2017年3月底开工建设，8

月底全面建成，9月搬迁入住。在满足易地扶贫搬迁群众对公共服务的需求基础上，中国电信朝天分公司发挥行业优势，通过"互联网+"的推广与普及，培育了罗圈岩村"互联网"综合信息平台，有效解决了为异地搬迁群众提供快捷便利服务"最后一公里"难题。

罗圈岩村"互联网"综合信息平台的建立，极大地改变了老百姓的生活。67岁的村民杨洪顺现在用上了智能手机，学会了上网，他展示着自己的手机桌面，视频、聊天App应有尽有。杨洪顺打开微信说："我孙子平时都会教我玩，我有时间也跟他视频聊天。"通过互联网技术，不仅可以给村民提供更便利的服务，也有助于村务管理和乡村文化建设。

2. 成效

自脱贫攻坚以来至2019年底，朝天区辖区基站总数已达717座（2G、3G、4G），较2014年底315座增长了227%；实现了214个行政村4G信号全覆盖，行政村通宽带普及率达到100%，较2014年底119个村增长了79.8%；实现了贫困户住所所在地300米范围内通手机信号均超出了国家、省验收标准。截至2019年11月底，移动新增光纤宽带端口10655个，光端口达到4.3万个，光端口利用率达到58%。宽带用户达到2万户以上，家庭宽带普及率达到85%。全区共有64个贫困村纳入电信普遍服务试点项目，完成208个行政村宽带网络升级改造，1470个村组实现光纤到户，宽带接入能力达到100Mbs，累计全区项目投资0.75亿元；实现了普遍服务试点范围项目100%贫困村和100%行政村驻地村委会、中小学、卫生所光纤全覆盖，工程建设完全符合国家及通信行业有关技术标准规范。

在信息通信扶贫领域，扎实的基础设施建设保障了村民能够享受到优质的宽带网络服务，构筑了各方信息沟通交流的平台，切实提升了群众的生活质量，解决了群众日常生活中的难题。

一是通过促进电商平台建设助推惠民服务的成效提升。扎实的信息通信基础设施建设为电商平台的搭建提供了前提条件,通过电商渠道,为村里的鸡蛋、蕨根粉、花生、木耳等特色农产品拓宽了销路,村民们的腰包鼓了起来,产业扶贫等成效也得以进一步显现。

二是推出便民服务项目以方便群众的生产生活。为群众代缴话费、水电费、电视费、保险费等缴费项目,让普通农户不出村、新型农业经营主体不出户即可办理相关业务,享受到便捷高效的服务。

三是利用网络信息平台拓展边界使群众的生活得到质的提升。比如,与群众生活息息相关的医疗领域,通过远程诊疗服务平台,村民足不出户就能享受到城里大医院的专家服务。何道富长期患有慢性阻塞性肺气病,经常咳嗽、胸闷,严重时正常呼吸都困难。但住在大山里,道路不通,何道富只能步行半天走到蒲家乡,再乘车去朝天区看病。"一去就是一天,再加上看病、回家,往往得两三天时间。""通过该平台,可以得到广元市朝天区人民医院、广元市第一人民医院的远程诊疗服务。遇到大病或者疑难杂症,还能连线四川大学华西医院,甚至能找到北京医院的专家。"

3.经验启示

夯实通信基础设施建设是基础。朝天区落实广元市《关于加快"宽带乡村"工程建设的通知》,扎实完成通信基础设施建设,真抓实干提升通信基础设施建设水平。信息通信建设扶贫工作的关键,就是要让尽可能多的贫困人口,更加便捷地用上信息通信网络,享受信息通信技术成果。

十、广元市农村土地整治扶贫典型案例

——广元市利州区做好农村撂荒土地复耕复产助力脱贫攻坚

近年来,广元市利州区坚持把农村撂荒土地复耕复产作为决战脱贫攻坚、促进乡村振兴的重大战略性任务来抓,精准分析土地撂荒原因,分别

制订复耕复产措施，充分调动各方参与土地复耕复产的积极性，确保应耕尽耕、应种尽种，进一步减少了撂荒面积、优化了产业布局、提高了利用效率，不断培育农业增产新基点、农民增收新渠道、农村发展新引擎。

1. 取得成效

利州区采取多种形式对全区1.9万亩撂荒土地进行了有效复耕复产，共发展水稻、小麦等粮食作物13518亩，实现产值3380万元，带动12600农户户均增收2680元，其中3583户贫困户户均增收2800元，发展果蔬、中药材等经济作物2088亩，实现产值10440万元，带动5100农户户均增收2000元，其中1530户贫困户户均增收2200元；发展特色经济林木、退耕还林694亩，带动300农户户均增收1500元，其中120户贫困户户均增收1000元。

2. 具体做法

一是面积排查"精准"。制订《广元市利州区撂荒土地复耕行动工作方案》，乡镇包村干部、村社干部、驻村帮扶干部组成工作队深入村、组、农户和田间地头，对土地弃耕承包人、地块名称、面积、四至边界、流转或撂荒年限等基本情况，逐一进行调查摸底、登记造册、建立台账，实行建档落图管理。

二是原因研判"准确"。深入分析撂荒土地的成因，针对劳动力外出务工、群众不愿意耕种、耕种条件缺失等不同原因，实行"一户一策""一地一策"，制订联农带农复耕复产方案，找准土地复耕、农业增产、群众增收的联结点。

三是项目编制"对路"。对全区撂荒地按区域、地类、气候条件进行分类，全面改造中、低产田，整治闲散地和废弃地，改善农业生产条件和生态环境。按照区域农业产业规划和因地制宜的原则，编制各类到村、到户农业产业项目实施方案，加快复耕农业产业发展。

四是农户自主经营复耕。对因缺乏劳动力、生产环境恶劣撂荒的土地，采取统筹使用劳动力、农业机械等资源，鼓励农户积极申请农机购置补贴，鼓励农民采用机械播种、收割，开展病虫害防治。对农户有意愿种植、但无力种植的撂荒土地，采取结对帮户方式进行复耕复种。

五是经营主体认领复耕。对农户搬迁进城、整户外出务工、不愿种植的撂荒土地，鼓励农户将撂荒土地互换并地，实现撂荒地小块变大块、多块变一块、分散变集中。通过集中连片流转土地，吸引更多龙头企业、农民专业合作社、种养大户、家庭农场、返乡农民工等新型农业经营主体参与复耕发展产业，增加群众财产性收入，带动群众就近就地务工增收。

六是集体收回处置复耕。对多次告知无行动、自愿放弃经营权的撂荒土地，由发包方依法依规对撂荒农户发放《复耕通知书》，落实复耕期限，限期复耕复产。限期整改不到位的，由发包方依据相关法律法规和政策，由集体经济组织统一进行管理复耕，取得收益由集体经济组织成员共享。

七是代耕代种委托复耕。对既不愿放弃土地承包经营权、又无力耕种导致土地撂荒的农户，由农业社会化服务组织在保留农户承包关系不变的前提下，选择"农户委托代耕代种代收""业主代耕代种代收""合作代耕代种代收"等撂荒地委托代耕代种代收模式，进行复耕复产。

3. 经验启示

利州区复耕复产农村撂荒土地，助力脱贫攻坚取得成功，有以下经验启示。

一是加强组织引导。成立区（县）级农村撂荒土地复耕行动工作领导小组，明确农村撂荒土地整治工作时间表、路线图、工作规范，构建区、乡、村、组四级联动，农民主体参与的工作格局。多形式加强宣传引导，确保政策家喻户晓。

二是确保资金到位。建立产业扶持基金和扶持集体经济发展资金，用于贫困户、村级集体经济组织发展产业，建立乡村振兴农业产业发展贷款风险补偿金，用与银行开展合作，保障复耕产业发展资金。

三是强化技术支持。依托驻村农技员、区（县）级农业专家服务团、农技巡回小组等，全天候、全覆盖开展农作物田间"问诊"、田间实用技术培训等服务，保障复耕作物种得出、管得好、收得回。

四是保障销路畅通。鼓励农户与龙头企业等各类农业新型经营主体签订合同发展订单农业，实现产销对接。推进线下、线上销售，多渠道带货卖货，保障复耕产业产品卖得出、不愁销。

十一、广元市安居扶贫典型案例

——五大措施助力安居圆梦：昭化区安居扶贫案例

广元市昭化区把群众"住上好房子"作为打赢脱贫攻坚战的重中之重，始终聚焦"改造、新建、拆旧、奖补、宜居"五大措施，全面改善农村居住条件。累计新建和改造农房3.3万余户（其中，贫困户新建住房2560户、改造住房847户），拆除危旧土坯房2万余户，发放各类奖补资金6.7亿元，全区贫困户8738户28913人全部实现住房安全有保障。累计建成聚居点218个，挂牌保护和修缮传统村落21个（其中国家级12个、省级9个），成功评选四川最美古村落2个、最美小镇1个。昭化区作为全省唯一一个县区接受国务院农村危房改造督查激励，受到了高度肯定和表扬。

1. 实践举措

（1）聚焦"改造"，注重三个坚持。一是对分散户坚持"宜改则改"。在室内，围绕"六改"合理规划功能区域。在室外，突出"踢脚线、白墙面、脊座白、瓦灰色、门窗柱头显本色"的川北民居风貌，围绕"六建"统一整治周边环境。二是对传统村落坚持"连片保护"。争取中央、省专项资金

850万元，对柏林沟镇向阳村和昭化镇城关村国家级传统村落实施整体修缮，对全区21个传统村落，全面落实乡镇、村属地保护责任，全部进行挂牌保护。三是对贫困户坚持"按需补短"。对厨房、厕所未设置在套内或缺门窗的贫困户，按照因户施策的原则，给予每户不高于1万元的资金补齐配套短板。

（2）聚焦"新建"，抓牢三个关键。一是抓牢建房标准。按贫困户新建人均不超过25平方米、户均不超过125平方米，非贫困户人均不超过30平方米、户均不超过240平方米的标准进行建设，聚居点内建辅房或生产用房的，实行联排联建。二是抓牢建房方式。劳动力充足的，可自行参与并聘请有资质的工匠押证施工，降低成本。对无劳动力或外出务工的，可由村委会聘请施工队按标准委托代建。三是抓牢质量监管。分5个片区派驻监理人员蹲点督导农房建设，形成了"村建员+监理员+建筑工匠+农户"的质量安全监督格局，实现农房建设质量、安全、进度、标准四同步。

（3）聚焦"拆旧"，传导三个压力。一是压实联席部门责任。建立区政府领导牵头，住建、发改委、扶贫等部门为成员的农房联席会议制度，形成部门联挂合力，统筹解决农房建设问题。二是压实乡镇村社责任。区委区政府与各镇村、区级各联挂部门签订建新拆旧军令状，锁定"危旧土坯房全面拆除、贫困户住房全面建成"目标，强力推进拆旧。三是压实党员干部责任。区委、区政府主要领导督导县级领导，分管领导督导科级领导，部门、镇村主要领导督导本单位党员干部，实现"一级做给一级看，一级带着一级干"，党员干部带头拆除土坯房2154户。

（4）聚焦"奖补"，创新三项政策。一是新建奖补高。新建农房的，易地搬迁贫困户按省市统一标准2.5万元/人执行补助政策；同时，区本级筹集资金，对非易地搬迁贫困户按照2万元/人、非贫困户按照2万元/户进行奖补。二是改造奖补活。改造结构安全土坯房的，按照非贫困户2万元/

广元市昭化区石井铺镇长岭村改造一新的土坯房

户、贫困户 2 万元/户 + 1 万元 × N 人给予改造补助。三是拆旧惠及广。率先推行非农业户拆除土坯房奖补细则，每户拆旧给予 2 万元奖补。农业户拆除土坯房，保留宅基地暂不新建的，每户奖励 1 万元。全区累计发放各类建房奖补资金 6.7 亿元，撬动农户投入建房资金 20 亿元。

（5）聚焦"宜居"，实施三大工程。一是实施垃圾分类收集转运工程。建成"社村镇分类收集—区转运—市处理"的城乡垃圾收集处理体系，所有镇均建立了垃圾中转站，每个村社均落实了一名保洁员，确保垃圾有序转移至市级集中处理。二是实施污水治理工程。在重点集镇和中心镇建成污水处理厂 16 个，大型聚居点、人口集中区域设置污水处理站点 37 个，保证了乡村污水治理长期稳定可持续运行。三是实施厕所革命工程。全域开展农村卫生厕所建设和改造，同步实施粪污治理，加快实现农村无害化卫生厕所全覆盖。累计改造提升乡村公厕 48 个，分批新建和提升 A 级景区旅游厕所19个，累计改造农村旱厕2.9万余户。

2.主要成效

（1）分类施策精准改造。昭化区推行分类补助政策，针对新建住房、改造住房，按建档立卡贫困户和非建档立卡贫困户发放不同的补助金额。昭化区已累计筹措本级财政农村危房改造资金4.25亿元，仅2018年就拨付25209.35万元，用于支持农村危房建设，让农户住房安全有保障。

（2）住房质量安全提升。为确保农房建设质量安全，广元市昭化区分5个片区派驻监理人员蹲点督导农房建设，形成"村建员＋监理员＋建筑工匠＋农户"的质量安全监督格局；印发《广元市昭化区农房建设指导图集》等图集资料2万余册，提升农房改造专业化、规范化水平。先后发动区镇村三级力量，对照农村住房安全鉴定技术导则标准，对全区8738户建卡户全部开展了质量安全全覆盖核查，重点对房屋主体结构安全进行了检查，同步明确房屋安全等级，全区房屋主体质量全部达标。

（3）居住环境改善明显。在建设过程中，对分散户坚持"宜改则改"：在室内突出"六改"（水、电、卧室、厨、厕、圈）合理规划功能区域；在室外突出"踢脚线、白墙面、脊座白、瓦灰色、门窗柱头显本色"的川北民居风貌；在周边突出"六建"（微田园、入户路、沼气池、阴阳沟、垃圾箱、院坝）打造居住环境。

3.经验启示

（1）强化返贫致贫监测阻击力度。常态化、全天候开展边缘户和脱贫收入不稳定户以及地质灾害、洪灾易发季节后的住房安全状况监测，对发现的住房安全隐患及时会商、及时处置，确保农村住房长期安全达标。

（2）强化危房改造问题整改。按照国家考核验收时间节点安排及相关考核要求，充分准备人力、物力配合考核验收组考核验收，对考核中发现的问题及时佐证说明和立查立改，对考核验收反馈结果及时全面整改到位。

（3）切实做好宣传报道。加强农村危房改造经验总结提炼，收集典型案例讲好农村危房改造故事，持续配合相关部门开展好宣传工作，重点突出农村危房改造主题。持续通过结对帮扶、会议、广播等多形式、多渠道主动向群众宣传农村危房改造政策和成效典型，营造良好的舆论氛围，做好群众感恩教育，提升群众满意度。

（4）持续开展土坯房改造。对长期无人居住的闲置废弃危旧土坯房，且有其他居住保障的农户，引导鼓励其自愿拆除旧房，已拆旧或拆旧不彻底的要全部拆除，全部拆除的要及时复耕复垦。同时，注重保留历史遗存和建筑风貌，对有一定价值的特色名居、历史乡土建筑等土坯房有针对性地修缮保护，保留历史文脉和乡土记忆。①

十二、广元市教育扶贫典型案例

——发挥企业优势，助添扶贫动力：国机集团助力朝天区教育扶贫

中国机械工业集团有限公司（简称国机集团）自2015年定点帮扶四川省广元市朝天区以来，坚持精准扶贫精准脱贫基本方略，切实履行央企社会责任，与朝天区广大干部群众携手并进，为教育扶贫助力。

1. 主要做法

朝天区坚持以脱贫攻坚统揽全局，聚焦聚力教育扶贫，全力推进各类教育协调发展，积极拓宽教育扶贫渠道，抓住国机集团帮扶朝天机遇，探索出"国机+朝天"五部曲，为朝天蹚出一条贫困地区教育发展新路子。

（1）设立国机扶贫基金，助贫困师生幸福前行

"多亏国机集团的资助，让我圆了大学梦。"这是现就读于中国地质大

---

① 资料来源：《昭化区安居扶贫典型案例》。

学的贫困家庭学生向淇云同学常说起的话。在朝天区，像向淇云这样得到"国机教育扶贫奖励基金"资助的学生共有515名。

在朝天区设立国机扶贫基金，是国机集团帮扶朝天教育的一项重要内容。此项奖励基金，每年投入50万元滚动使用，对朝天区建档立卡贫困户子女且在朝天中学就读的应届高中毕业生考取一本、二本的，分别按照10000元、5000元的标准一次性给予奖励；资助朝天区建档立卡贫困户子女且在朝天中学就读的品学兼优高一、高二学生，按每人3000元的标准奖励60名学生；资助区内初中学校毕业且进入朝天中学就读的中考前50名贫困生，每人奖励人民币2000元；资助爱岗敬业、为贫困学生学习生活给予关照和帮助的朝天区在职优秀教职工，按每人5000元的标准奖励10名教师，并由区委区政府授予"教育扶贫爱心园丁"荣誉称号。四年来，国机集团累计发放扶贫基金达174.5万元。

（2）免费师资培训，提升教师队伍素质

举办师资专题培训班是提升教师素质的重要渠道。国机集团针对朝天区教育现状，委托北京师范大学继续教育与教师培训学院，对全区中小学优秀教师和学校管理干部专业能力进行为期四年的培训提升，每年开设四个班。

"培训教师是为教育注入源头活水，我区将选派800余名教师赴北师大集中培训，100名优秀教师跟岗学习，给教师们集中加油、充电、吸氧、补钙，让名优特优教师引领山区教育。通过回去后的再学习、再培训，实现全区教师培训全覆盖，从而推动朝天区教育质量大提升。"说起师资培训，区委教育工委书记，教科局党组书记、局长杨治国谈起自己的想法。三年来，国机集团已投入培训费用200余万元。

"作为贫困地区乡村教师，有幸在教师培训的最高学府学习，我们做梦都想不到。"青林小学教师徐秀蓉如此感言。北师大培训效果好，深受教师欢迎。

(3)打造"幸福国机小学",助小微学校华丽蜕变

国机集团坚持"建好一所优质学校、培养一批优秀教师"目标,全面实行"鱼洞乡幸福国机小学"打造计划。先后共投资300余万元,对鱼洞乡小学两栋旧楼进行风貌改造、硬化操场、校门外公路,修建校门,进行了绿化、美化、文化建设,以及交互式录播教室和校园电视台的打造。如今,鱼洞小学不仅有干净整洁的寝室、宽敞洁净的食堂、温馨精致的宿舍,还有全新的塑胶操场,美丽清新的校园成了孩子们的快乐小天地。

"因为听说鱼洞小学在国机集团的帮扶下变化很大,在教育教学方面都还不错,我们就临时决定放弃送孩子去天立上学。"2018年秋季把孩子从杭州转回到鱼洞小学上学的家长张润说,"刚开始我们也不清楚,是听别人介绍的。去天立费用也确实很高,我们家就在这附近,能就近入学,又能得到这么好的教育,当然是最好啦。"

昔日校园旧貌换新颜,如今青山映照,绿水环绕,学校办学条件大幅改善,办学品牌日益彰显,办学特色充分凸显,教育教学水平跨越发展,学生生源逆向回流。"幸福国机小学"已成为朝天小规模学校一张亮丽的名片。

"我觉得乡村学校和城市里的学校比起也没有多大的区别,2018年我儿子就在鱼洞小学毕业了,全区1274名学生,我儿子考了第一名,作为妈妈的我感到很骄傲,也很欣慰。"鱼洞乡小学俞杭涛的妈妈说起儿子的毕业成绩很激动。

(4)免费职业教育,学子受教"三个零"

为阻断贫困代际传递,让贫困家庭的孩子有一门生活技能,国机集团坚持为朝天区建档立卡贫困学生提供免费的职业教育。

"觉得自己非常幸运,我虽没有考上名牌大学,但还是能和其他同学一样接受高等学校教育,这一切,都得益于国机集团提供免费职业教育的好政策。"这是德阳安装技师学院学生马祝凯的心声。

像马祝凯这样接受免费职业教育的人还有 240 余名。国机集团所属德阳安装技师学院,为全区建档立卡贫困户中的应届高中毕业生和 30 周岁以下的往届初中、高中毕业生提供了接受教育的新平台。

国机集团下派干部、朝天区委常委、副区长王斌介绍,凡被德阳安装技师学院录取的朝天籍贫困学生,除免费教育外,在读期间,国机集团向每名学生每年发放助学金 3000 元,每人每月补助生活费 800 元。毕业后,德阳安装技师学院负责安置就业,国机集团所属企业优先录用,使每位建档立卡的贫困户学生实现免费职业教育覆盖"零遗漏"、在校就读"零负担"、就业"零失业"的"三个零"目标。

(5)免费技能培训,搭建就业脱贫平台

国机集团依托所属德阳安装技师学院资源,坚持"培养一个学生,掌握一门技能,脱贫一户家庭"的帮扶目标,大规模为贫困户开展免费创业技能培训。

"半年后,我将从一名普通工人变成一名中级技工,月收入也将翻一番。"站在老家修建的新房前,朝天区大滩镇小伙子罗勇对未来生活充满无限遐想。

令罗勇没想到的是,初中毕业 21 年后,还有机会重新回到学校,不仅在校期间费用"零负担",培训后还能确保"好就业"。

"德阳安装技师学院为全区建档立卡贫困户年龄 18 至 45 周岁、具备劳动能力、有技能培训或技能提升需求的人员提供机械设备装配与自动控制、电气自动化设备安装与维修、建筑造价、酒店管理、计算机等 30 多个工种。"朝天区副区长孙玉娟介绍,"经过 15 天至 6 个月的免费技能培训,对成绩合格者颁发国家职业资格证书,并择优推荐就业。"

2. 主要成效

国机集团围绕"扶志、扶智、扶产业、扶民生"的定点扶贫工作思路,探索形成了具有国机特色的"教育为根、产业为本、农机为枝、民生为脉"四翼并举的扶贫模式。帮扶过程突出问题导向，下足"绣花"功夫，深化精准帮扶，累计投入帮扶资金3500多万元，引进帮扶金3000余万元，选派教师500人次赴北大学习，实施扶贫项目近80个，创造了"国机+朝天"教育扶贫模式等，高质量完成了各项定点扶贫任务，帮助建档立卡贫困学生完成了求学逐梦之路，有效阻断贫困代际传递，实现"培养一人、就业一人、致富一户、带动一片"的目标。

3. 经验启示

（1）充分发挥集团优势

国机集团充分发挥集团特色，通过资源供给、技能培训、平台搭建等方式，运用专业精准的扶贫手段，通过市场化模式与先进的教育理念，构建起基础设施建设、师资培育、技能培训、吸纳就业等方式相结合的教育扶贫体系，有力激发了当地的内生动力，促进了区域教育水平的提升。

（2）精准制订扶贫方略

国机集团结合广元市基本情况，制订了符合当地需要与教育发展情况的教育扶贫计划，包括设立扶贫基金、建设优质乡村学校、培养乡村教师、搭建就业平台等，真正做到了教育扶贫的精准滴灌、靶向施策，有效提升了教育扶贫的质量与效果。

十三、广元市易地扶贫搬迁典型案例

——扶产业促就业：剑阁县柏垭乡井泉村易地扶贫搬迁案例

柏垭乡井泉村位于广元市剑阁县东南部，幅员面积5.6平方公里，是距离乡场镇最远的一个贫困村，于2017年底脱贫退出。全村辖6个村民小组171户426人，共有建档立卡贫困人口55户133人，其中易地搬迁48户

108人。2017年全村新建易地扶贫搬迁安置点3个，最大的一个安置点安置群众53户145人，其中贫困户30户75人。安置点立足川北贫困山区特征，坚持"小规模、组团式、微田园、生态化"的理念，2017年9月实现全部搬迁入住。全村在完成"搬得出"过程之后，聚焦"稳得住""能致富"，不断开辟持续增收新渠道，促进从脱贫退出到乡村振兴。2017年以来，高质量筹备了全国易地扶贫搬迁现场会，时任四川省长尹力亲临井泉村视察，央视七套、《人民日报》等分别报道了该村脱贫成效。

1. 实践举措

（1）搬迁+产业园区。以园区为载体，以业主为主体，培育剑门关土鸡、高端肉牛、果药套种、生态草鱼种养循环四个特色产业。养殖剑门关土鸡4万羽、肉牛300头，发展脆红李+沙参果药套种产业700亩，栽植核桃1200亩。通过土地流转、吸纳务工、代养寄养、饲草供应、入股分红等方式，带动安置点群众增收。

（2）搬迁+就业服务。与县人社局、总工会、园区管委会、本地在外成功人士等建立就业务工信息互通渠道，定期组织劳务培训，向群众发布县内外招聘信息，组织群众参加周边招聘会，安置点群众在北上广深等省市就业务工53人，年人均就业务工收入达到22000元。建立外出务工就业人员微信群，通报家乡发展变化、亲人生活状况，鼓励返乡创业，提供法律咨询。

（3）搬迁+公益岗位。对有一定劳动能力的残疾人家庭、老年人、低保户等群体，积极向上争取公益性岗位，共通过公益性岗位安置贫困户5人，在安置点开展清洁卫生、安全巡护等工作，年人均收入3600元。

（4）搬迁+资产收益。村集体在该安置点通过建设肉牛养殖场、鱼塘等村级资产租赁给企业，每年实行保底分红；将农业机械、村闲置房出租，盘活资产获得收益；将集体土地种植药材获得收益，通过多种渠道，村集体经济不断巩固壮大。

2.主要成效

（1）技术人才培养成效明显。通过技工培训、产业技术培训、工匠培训，提升了安置点群众的劳动技能，增强了产业就业的潜力。近年来，依托机构培训技工，组织群众参加周边招聘会；围绕本村水果、药材、土鸡产业组织专家展开培训，让不能外出务工的群众至少掌握一门实用技术，如安置点贫困户王某用一年时间掌握了果树修剪、施肥、防虫治病等技术，还主动给周围农户免费指导技术；通过工匠培训，有11名贫困群众掌握了实用技能，如安置点贫困户张某，学会了砖工技术，自己还拉起贫困户队伍承包建房砖工，每年可获得10000元以上收入。

（2）产业就业增收效果明显。通过剑门关土鸡、肉牛养殖、果药等产业发展以及扶贫车间等带动搬迁户增收。养殖业方面，按照"公司＋合作社＋农户"以及合作社"两保六统零风险"的运行模式发展剑门关土鸡养殖，51户农户通过分红增收1200元以上；成立南剑农业有限公司，发展形成"牧草喂牛，牛粪还地"的种养循环产业和"短期肉牛增收，长期核桃增收"的长短结合产业，同时带动20多户贫困户在园区务工，户均年增收6000元以上。种植业方面，具体发展脆红李套种沙参，采取"支部＋协会＋农户"的模式，农户通过分红可实现人均收入增加2000元。

（3）集体经济建设较有成效。村集体建设肉牛养殖场5000平方米、鱼塘30亩，养殖场租赁给南剑农业有限公司，年保底分红4.5万元；集体在鱼塘养殖生态草鱼、鲢鱼1万尾，集体年收入2万余元；农业机械、村闲置房出租，村集体年收益5000元，村集体种植药材沙参100亩，年收入1.3万元，全年集体经济收入8.3万元。2018年，农村产权制度改革后在全市率先实现分红。

3.经验启示

（1）规划是基础。围绕"小规模、组团式、微田园、生态化"的理念，坚持依山就势、错落有致、川北民居风格、融入现代元素，全乡规划建设了12个易地扶贫搬迁安置点，具有代表性的如井泉安置点、共同安置点。产业方面，围绕"1123"发展布局，即"一园两场三区"，形成"树间有药材、林下有鸡牛、圈中有生猪、塘中莲藕鱼"的循环产业体系。

（2）统筹是关键。坚持工作任务清单制。根据上级安排、施工程序、时令季节等要求和自然规律，适时统筹制订工作任务清单，明确项目内容、目标要求、时间节点，照单作业倒排工期，打桩定位责任到人，确保各项工作齐头并进，有效推进。坚持例会制。一天一会，督导落实，一步一个脚印，一项工作铆一颗钉地向前推进。领导每天巡查，敢较真、敢碰硬、敢逗硬，务求项目进度和质量。

（3）群众是裁判。坚持贫困村与非贫困村、贫困户与非贫困户统筹发展思路，水、电、路、天然气、产业等同步推进，让群众共享改革发展成果。工作中突出群众主体作用，与群众共同规划、共同建设、共同监督、共同治理，充分调动群众积极性。①

十四、广元市健康扶贫典型案例

（一）治好"病根"，拔掉"穷根"：昭化区健康扶贫"4334"模式

落后的就医理念、被动的就医习惯、薄弱的基层医疗卫生服务能力和就医政策保障体系，是造成群众"小病扛、大病拖"、"看病贵、看病难"、

---

① 资料来源：《剑阁县木马镇脱贫攻坚部分资料汇编》（2020年7月）。

因重大疾病致贫返贫的"恶性循环"现象的重要原因。广元市昭化区聚焦贫困人口"基本医疗有保障"目标，坚持问题导向，紧紧围绕贫困群众"有病方便看、有病能看好、看病少负担、报账不跑路、无病早预防"的工作目标，在健康扶贫工作中探索出"4334"工作法，有效破解了贫困患者"看不上病、看不好病、看不起病、报账难"等健康扶贫重大难题，充分发挥健康扶贫在脱贫攻坚中的支柱作用，切实解决因病致贫、因病返贫问题，走出了一条健康扶贫、脱贫奔小康的好路子，成为全国健康扶贫可复制、可借鉴的经典案例。

1. 实践举措

（1）创新实施"四大工程"，着力解决群众"有地方看病、看得起病、看得好病"问题。一是实施家门口诊疗工程。以医疗硬件大提升、医务人员能力大提升、知名专家下基层"三大行动"为抓手，强势推动基层医疗机构达标建设，实施医务人员全员培训计划，邀请知名专家到区、乡两级医疗机构常年坐诊和义诊，贫困患者就近有效就医率达95%以上。二是实施医疗政策兜底工程。统筹建立昭化区健康扶贫资金，专项用于贫困患者区内住院及慢性病门诊维持治疗自付10%以内救助，推进贫困患者看得起病问题得到切实解决。三是实施劳动力恢复工程。把有望恢复劳动能力的髋关节置换等6个病种作为劳动力恢复的专项救助项目，通过定点限额兜底救治，实现劳动力恢复贫困患者专项救治"零支付"，已有900多名贫困患者通过该工程恢复了劳动能力。四是实施结对帮扶工程。坚持"亲情帮扶、回乡扶贫"的工作理念，实行"1+N"结对帮扶，确保每名贫困群众均有医务人员结对帮扶。落实"3+2"服务团队210个，分病种按层级分别落实区、乡、村三级医疗机构进行归口管理，提供全程全域跟踪的个性化服务。

（2）创新推行"三集中、三个一站式"模式，着力解决资金筹集难、报账难问题。一是集中资金,严格执行"行业整合+社会捐助+财政兜底"资金整合模式。2017年以来,整合各类资金集中划拨到医保部门,开设健康扶贫资金专户,由医保部门统一管理、统筹使用,保障贫困患者"医有所保""贫有所扶"。二是集中办公,专门建立了健康扶贫"一站式"服务大厅,抽调相关部门工作人员统一进驻大厅集中办公,实现了"只进一扇门"、在"一张桌子上""一次"就能审批完结。三是集中监管,建立"监察、审计、财政责任监管""卫计、民政部门行业监管""医保、健康扶贫办专业监管"机制,提高资金监管效率和监管质量,确保各类救助资金监管零死角。四是住院费用"一站式结算"。贫困患者在区内住院实行"零押金和零预付"制度,只须在医院结清10%以内自付费用即可出院;区外住院在"一站式"服务大厅即可依次办理医保报销、大病保险、民政救助及卫生扶贫基金救助等全部政策,2017年以来累计1.6万余人次通过"一站式结算"受益。五是门诊慢性病费用"一站式结算"。结合下基层巡回医疗活动,在群众"家门口"免费办理门诊慢性病鉴定手续,门诊慢性病发生的费用由乡镇卫生院代为审核和兑付救助,实现"一站式结算"。六是医疗机构垫支费用"一站式结算"。将定点医疗机构为贫困患者垫支的基本医保、民政救助、财政兜底等费用在健康扶贫"一站式"服务大厅统一结算,贫困群众救助和医院垫支结算由过去3~5个月分别缩短到2个小时和20天以内。

(3)创新推进"四个全域覆盖",做实健康家庭、健康村创建,着力解决令群众不生病、少生病、晚生病问题。通过"四个全域覆盖"引导群众养成健康生活好习惯,形成理性就医好风气,实现健康扶贫由治标向治本转变。一是健康阵地全域覆盖。在村卫生室设置不少于15平方米的健康教育服务区,统一配置宣传资料、影音播放设备,在村民聚居区建设健康文化长廊,在群众房屋墙面设置健康宣传漫画,确保群众随处都能了解到健康知识。二是健康明白人全域覆盖。对乡镇卫生院培训2~3名健康教育师,村培训3~5名健康指导员，负责群众的健康管理。对家庭培养1名健康明白人，主要对家庭成员提供健康知识普及、慢性病患者用药服务。累计共培养乡级健康教育师120余名，村级健康指导员240名，健康明白人1万余名。三是健康习惯养成全域覆盖。大力开展村容村貌大整治活动和全民减盐、减油、减糖"三减"和健康口腔、健康体重、健康骨骼"三健"活动，全域开展爱国卫生运动，降低疾病发生风险。四是健康信息化全域覆盖。为村卫生室配置家庭随访一体机和掌上"卫计E通"，实现各类健康数据同步上传到省级基层医疗卫生服务平台，把每个群众的健康信息和健康指导同步以短信形式全面推送。同时，积极构建区、乡、村三级远程诊疗体系，实现三级医疗资源互联互通。

2. 主要成效

2014年来，昭化区通过强力推动"4334"工作法，深入推进健康扶贫，取得了显著成效。一是健康扶贫政策体系不断完善。10000多名群众（2.2万余人次）得到有效救治，3500余名（6000人次）慢性病维持治疗费用得到有效解决；重特大疾病特殊门诊病种覆盖面及保障水平实现了"双提升"；昭化区根本死因为高血压病例呈逐年下降态势，2019年较2015年下降63.64%。非贫困患者11种大病列入政府专项救助，为探索建立遏制因病致贫返贫的长效机制提供了新路径。二是劳动能力恢复工程实现个人"造血功能"重塑。950多个贫困患者劳动能力得到有效恢复，解决了贫困患者因劳动能力甚至行动能力缺失无法参加生产劳动以及就业的问题，提高了贫困患者的发展能力。三是完善推动分级诊疗体系和科学就医理念形成。"小病治疗在乡村、大病治疗到区上、保健康复回社区"与急慢分治的分级诊疗新格局初步形成，医务人员的整体作用得到有效发挥，基层医疗机构服务能力和水平得到有效提升。四是提升费用办理效率。通过"一站式结算"有效缩短兑付时限90%以上，人均办理成本降低60%以上。五是降低因病致贫发生率。健康村健康家庭创建有序推进，实现防治因病致贫返贫由治标向治本转变，因病致贫返贫发生率下降90.5%。

3. 经验与启示

昭化区紧紧围绕"基本医疗有保障"和解决"因病致贫返贫"问题，确定服务对象，制订工作措施，考核扶贫成果，增强健康扶贫的针对性和有效性，把提高脱贫质量放在首位，贯穿到健康扶贫各环节、全过程。"四大工程"重点把握健康扶贫关键环节，以彻底解决贫困人口看病就医的问题，推动健康扶贫重点工作和协作体系平稳转型，促进健康扶贫与深化医药卫生体制改革和健康广元市行动计划深度融合；"三集中"和"三个一站式服务"聚焦健康扶贫资金类别多、涉及部门多、监管漏洞多等问题，解决医疗救助资金规范管理难的问题，从根源上解决人民群众"看病报账难"的问题，有效推动"放、管、服"落地落实，整合了部门的资源、资金，推动"多头"为"一头"，简化了办事程序；四个全域覆盖提升贫困源头治理能力。把健康家庭、健康村建设与新农村建设、城乡环境综合治理、产业发展、医疗卫生服务一并统筹规划，着眼于群众小病拖、大病扛、病急乱投医、预防保健知识缺乏等严重影响健康的关键环节，从源头解决因病致贫问题，引导群众养成健康生活好习惯，形成理性就医好风气，实现健康扶贫由治标向治本转变，为探索建立遏制因病致贫返贫的长效机制提供了新路径。

（二）预防为先，标本兼治——苍溪县"七个一"推进健康细胞建设

在脱贫攻坚中，既要扶贫实现脱贫，更要防贫力图治根，努力防止贫困户因病返贫或非贫困户因病致贫。苍溪县坚持源头治理，实施系统性的健康管理，坚持标本兼治，把健康细胞建设作为健康防病的重要手段，大力开展健康家庭、健康村、健康乡镇等健康细胞建设，从根源上化解因病

致贫、因病返贫风险。

1. 实践举措

苍溪着眼让群众少生病，秉持"防胜于治"的理念，采取"七个一"措施，整合资源，大力开展健康家庭和健康村建设，积极探索防病治贫助力健康扶贫的新路子，全力阻击因病致贫、因病返贫代际相传。

（1）高度重视，一个主体抓统筹。明确县卫健部门牵头，建立了县、乡（镇）、村（社区）和家庭"四级共建、以乡镇为主"的创建机制，把健康家庭和健康村建设与新农村建设、城乡环境综合治理、产业发展、医疗卫生服务一并统筹规划，加强资金整合和投入保障。将创建责任分解到各乡镇及相关责任单位，纳入年度目标考核。

（2）明确任务，一个标准为指南。苍溪研究制订了健康家庭和健康村的建设标准。健康明白人评价标准为习惯好、身体好、环境好、家风好；健康家庭评价标准为有健康明白人、有签约医生服务、有应急小药箱、有健康劳动力、有无公害种养殖业；健康村的标准为"六好"，即健康教育开展好、医疗卫生服务好、健康家庭创建好、环境卫生整治好、绿色产业发展好、村风民俗形成好。同时围绕创建标准制订考评细则，实行百分制考核，考评达标经公示无异议后，由县健康家庭和健康村创建领导小组统一命名授牌，实行动态管理。

（3）摸清现状，一次调查明家底。由各乡镇卫计办和卫生院组织人员进村入户，采取问卷调查和走访座谈等形式进行基础调查。调查内容主要包括：国家医保政策、公共卫生常识、疾病防治知识的知晓率，家庭卫生状况、健康管理、家庭成员生活习惯及患病情况等。通过基线调查得到两项数据（居民健康知识知晓率和健康行为形成率），实现三个目的（基本掌握家庭健康状况，初步判断家庭健康水平，为制订健康家庭创建规划找准重点）。

（4）注重培训，一个讲堂强意识。在健康细胞建设中，针对农村群众健康意识普遍较低的问题，开办了健康知识大讲堂，努力为每个家庭培养一名"健康明白人"。组建了以乡村干部和卫生防病、卫生监督与医疗服务专家为主的师资队伍，依托"农民夜校"，采取乡村干部讲政策、医疗专家讲常识等方式，对村民进行健康知识大宣讲。

（5）送医上门，一支团队优服务。以基本公共卫生为重点，做好做实家庭医生签约服务，变坐等患者上门为主动上门服务，组建了"1+4"健康服务团队。乡村医生对居家治疗或康复的贫困患者实行每日巡诊、送药上门，乡镇卫生院由医生、公卫和护理人员组成服务团队，对居家治疗或康复的贫困患者每周或每个治疗周期巡诊一次；县级医院签约服务医生对居家治疗或康复的重特大疾病贫困患者每月或每个治疗周期上门诊疗一次。

（6）协同推进，一批活动促创建。结合新农村建设实际，开展"四改一建"和"环境治理"行动，大力治理农村"五乱"。每个村建立垃圾处理站，每个组建立垃圾收集点，农业园区、旅游景区等公共场所均设有垃圾桶。县、乡两级医疗机构组织医护骨干，深入村组开展免费义诊活动，为村民送医送药、免费测量血压血糖。开展"农民健身"行动，在行政村人群集中地建立健身场所，配备健身器材。

（7）巩固提升，一套机制促长效。建立重点帮扶机制，对尚未达标的家庭，由乡镇卫生院落实责任人进行联挂帮扶，定期到帮扶对象家中走访，给予指导帮扶。建立定期复评机制，对经过创建已经达标授牌的家庭实行动态管理。建立医疗救助机制，对农村已经脱贫和非贫困家庭因患重特大疾病个人医疗支出达到一定额度或占家庭上年度纯收入一定比例后纳入救助范畴，通过县财政统一购买商业医疗保险、多途径筹资建立医疗救助基金、积极实行民政救助、县财政兜底等。

四川大学华西医院到苍溪县三会村开展贫困群众义诊活动

2. 主要成效

截至 2018 年底,苍溪全县已创建"健康村"44 个,健康家庭 8294 户。健康细胞建设在全市推开以后,广元市共创建健康村 494 个、健康家庭 68872 户,培养健康明白人 14.4 万人。苍溪以健康细胞建设为契机,绿色健康产业得到规模化、品牌化发展,人居环境得到明显改善,群众健康意识不断增强。有力推动了卫生健康知识入脑入心,引导广大群众摒弃陈旧生活理念,塑造健康生活理念,有效提升群众的健康意识,改善群众不良习惯,调动群众人人参与的积极性,促进群众健康行为自主自律。农村群众发病率明显降低,健康基础设施建设不断完善,健康素养普遍提升,健康扶贫工作取得显著成效。

3. 经验与启示

苍溪县注重群众健康意识培育和健康行为习惯养成，通过"健康细胞建设"增强群众的身体素质，从根源上化解因病致贫、因病返贫风险。坚持预防为先的理念，强化源头治理效能，健全疾病防控长效机制。通过重点推进健康家庭、健康村建设，大力培养健康明白人，增强贫困群众健康知识，提升贫困群众健康素养，为健康扶贫奠定基础。同时创新健康扶贫工作路径，发挥健康扶贫示范效应。通过深化改革的力量推进健康扶贫工程，针对推进过程中的重点难点问题，制订与当地健康扶贫工作相适宜的扶贫形式及途径，率先试点建设并推广有效经验。提高了健康扶贫配套资金、人才、技术等的使用效率并形成合力，充分提高健康扶贫的实际效果。

十五、广元市文化旅游扶贫典型案例

——全域布局＋产业拉动：剑阁县旅游扶贫助力脱贫奔小康

近年来，广元市剑阁县坚持以文旅惠民和富民为根本出发点，以全域旅游规划为方向，以生态康养旅游为引领，助推全县脱贫攻坚工作，创成全省首批天府旅游名县。

1. 主要做法

一是全域布局，惠及民生。紧紧围绕"三大主战场"，坚持多规合一，统筹推进"一极两带三区"的全域旅游产业布局，全力开展全国全域旅游示范区创建。同时，聚焦民生，全面推进文化广电体育基础和服务设施建设，积极开展公益性电影播放、送文化下乡等活动，大幅提升了群众的文明素质。

二是配套要素，提升服务。新建和改造广下快通、剑门关大道等旅游公路，增设小剑门关、东山垭旅游服务区，改善了旅游交通条件。开发十大系列300多种旅游商品，引资建设了剑门关国际温泉、剑门逸等一批休闲度假酒店和精品民宿，旅游饭店达600家。

三是融合产业，丰富产品。大力发展特色水果、土鸡养殖、蔬菜种植、采摘体验、农业观光等，开发徒步健康游、山地越野赛、攀岩等，发展食疗、药疗、温泉理疗、美容康体等，举办蜀道文化旅游节、剑门关豆腐文化节等，不断丰富"食养""天养""动养""康养""文养"产品。

在带贫减贫方面，剑阁县首先通过核心景区带动，优先招收被征地农户和贫困户常年在景区从事保洁、保安、巡山护林、讲解员等工种177人，年人均收入2.3万元。优先吸纳被征地农户及贫困户在景区规划区域内摆摊设点经营旅游商品96户180人，年销售总额1050万元，户均达到11万元，人均收入增加5.8万元。其次，通过旅游线路拉动。开发升钟库区游、化林红色文化游、五指山生态游、现代农业园区休闲游等6条特色乡村旅游线路，引导当地贫困户大力发展特色水果和蔬菜种植、土鸡养殖、农家宴、采摘体验、农业观光等产业。围绕6条特色乡村旅游线路，建成5个省级旅游扶贫示范乡镇、12个省级旅游扶贫示范村，创建国家3A级旅游景区3个，当地贫困户通过收取土地租金、就地务工、出售农家土特产品等实现增收。围绕旅游线路，引导支持乡村旅游发展，指导建设农家乐300多家、民宿旅游达标户59家。再次，发展豆腐产业驱动。始终把剑门豆腐作为旅游发展的重要支撑产业来培育，开发菜品400余道，常规菜品60道，每年举办豆腐美食节，开展名店名厨名菜评选活动，不断提升剑门豆腐品质。扶持16户个体经营者开发剑门豆腐干等旅游特色商品，年销售收入近3500万元。组织群众在旅游"黄金周"等节假日参与本地餐饮店、购物店、住宿等临时用工1600人次，工资收入达450万元。通过豆腐产业发展，带动近6000人就业增收。最后，充分运用能人示范作用。采取"自身投放＋政府扶持＋贫困户参与"的方式，吸引60余位返乡创业人士依托景区，发展餐饮住宿、休闲娱乐、生态康养等乡村旅游服务业，采取"企业+专合组织+农户"的方式，建立蔬菜、水果、干果等专业合作组织，搭建起共建、共生、共享的就业增收新局面。

2.主要成效

组织和动员被征地农户入股剑门关景区公司，入股700万元，年分红93万元，年户均纯收入3000元；通过核心景区带动周边4个乡镇、25个村、1117户、贫困人口2800人，通过种植、养殖、直接参与经营及务工不同程度受益；通过旅游线路开发，带动剑门蜀道沿线91个贫困村及非贫困村7735户2.1万人致富增收；同时，通过能人带动800余名贫困人口就业。引导返乡创业青年发展农村电商，开办旅游脱贫示范店，培育电商主体12家，实现了特色农副产品和旅游商品网络直销，年销售收入1700万元。

3.经验启示

（1）构建全域旅游格局

以大蜀道保护开发和脱贫攻坚为抓手，着力强化项目支撑引领，不断创新扶贫模式，多元化发展全域旅游，探索出"核心景区引入、旅游线路拓展、多种产业融合、社会实体参与"的文旅扶贫路子，构建起"一核多点"的旅游产业链，大力发展旅游相关配套产业，促进产业整合，让吃、住、行、游、购、娱等形成一体式的产业结构。

（2）充分发展特色产业

剑阁县充分挖掘本地的自然和文化资源，合理有效地利用本地自然人文资源发展配套产业，形成如豆腐产业、乡村旅游、蜀道文化节等一批具有本地特色的品牌和产品。同时，坚持生态优先、绿色发展的理念，大力发展生态康养旅游，构建起"种养结合农旅融合"等旅游扶贫新模式。

十六、广元市社会保障扶贫典型案例
——兜底扶贫助推脱贫攻坚：青川县社会保障扶贫案例

广元市青川县认真贯彻习近平总书记关于民生工作"坚守底线，突出重点，完善制度，引导预期"要求，始终坚持"民政为民，民政爱民"工作理念，切实履行社会保障扶贫牵头部门职责。2014年至2019年青川县计划投入社会保障扶贫专项资金1.502亿元，实际到位资金1.715亿元，社会保障工作成效明显，有力推动全县脱贫攻坚再上新台阶。

1. 实践举措

（1）抓农村低保，兜住民生底线

一是加强低保保障力度。2014年至2019年农村居民最低生活保障人员累计保障830673人次，累计支出低保资金12582万元，农村低保制度覆盖面达100%。二是推进农村低保制度与扶贫开发政策有效衔接。始终坚持以脱贫攻坚农村低保兜底保障为关键点，扎实推进社会保障扶贫专项工作。

（2）全面保障，维护残疾人权益

制订残疾人事业发展规划和年度计划，完善残联、民政局审核程序和标准等内控制度，将残疾人事业经费列入财政预算，抓残疾人两项补贴政策落实，保障残疾人权益。

2. 主要成效

（1）兜底保障精准度大幅提升

全县建档立卡贫困户2517户4507人纳入农村低保，占全县建档立卡贫困人口的15.9%，占农村低保人口的49%。按照城乡居保政策对一级、二级重度残疾人，独生子女伤残死亡家庭等特殊人群，做好政府代缴工作，为其代缴每人每年100元的最低标准保险费。2018年共代缴1094人

10.94万元，2019年共代缴1074人10.74万元。青川县坚决围绕脱贫攻坚大局，全力推进了农村最低生活保障制度与扶贫开发政策的深度衔接，充分发挥了社会保障扶贫在决胜脱贫攻坚中的兜底保障作用，筑牢脱贫攻坚"最后一道屏障"。

（2）弱势群体保障力度有效提升

全县2016年至2019年累计发放困难残疾人生活补助104300人次，发放资金782.06万元。困难残疾人生活补贴和重度残疾人护理补贴项目的实施，进一步提高和改善了贫困残疾人的生活质量，残疾人生活得到一定程度的改善。60周岁及以上符合待遇领取条件的"三类"贫困人员养老待遇应发尽发。落实好建档立卡贫困人口、低保对象和特困人员等困难群体城乡居保待遇发放工作，2019年全年享受城乡居保待遇发放贫困人员10934人。通过问卷调查、电话访问、现场走访等形式，对社会公众、受益对象满意度进行调查，满意率达100%。

3. 经验启示

（1）强化组织领导

民政、人社、财政、扶贫移民、残联等部门高度重视，把社会保障扶贫工作摆上重要议事日程，与各项业务工作同安排、同部署。成立青川县社会保障脱贫攻坚工作领导小组，先后召开35次社会保障扶贫联席会议，专题研究脱贫攻坚工作。

（2）强化措施精准

由县民政局牵头，相关部门参与编制了《青川县社会保障扶贫专项方案》，明确了目标，按照各民生相关部门职责细化了举措，落实了扶贫专项资金，各项扶贫政策精准落地。

（3）强化部门协作

县民政局负责农村低保兜底脱贫、困难残疾人生活补贴、重度残疾人护理补贴工作，县人社局负责城乡居民基本养老保险工作，县残联负责残疾人扶贫生活补贴工作，县财政局负责资金筹集安排和拨付工作，县扶贫开发局做相关数据审核等工作，各相关部门各司其职、各负其责，形成合力，协同推进。①

十七、广元市社会扶贫典型案例

——构建产业扶贫共同体，助力脱贫致富：黄猫垭商会扶贫案例

1. 主要做法

四川黄猫垭商会成立于 2015 年 12 月，会员皆为四川省广元市苍溪县黄猫垭及周边乡镇外出创业企业家。2014 年，黄猫垭商会首任会长罗洪为积极响应国务院办公厅《关于进一步动员社会各方面力量参与扶贫开发的意见》和县委、县政府关于"返乡创业、反哺家乡"的号召，成立了四川省黄猫垭农业生物科技发展有限公司，全身心投入家乡的脱贫攻坚事业。

近六年来，黄猫垭商会深度参与黄猫垭镇的脱贫攻坚事业，基于当地特色资源，探索出"红色文化＋乡村旅游＋特色产业"的三位一体精准扶贫模式。其中，红色文化指的是挖掘和开发黄猫垭的红色革命文化资源，传递黄猫垭人"不等不靠、不胜不休"的"四不"精神。乡村旅游指的是基于乡村生态自然环境，打造乡村旅游精品线路和观光园区，让黄猫垭农户吃上"旅游饭"；特色产业指的是在红色文化资源和乡村旅游资源的基础上，建立现代化农业产业园，把乡村生态旅游资源和红色文化资源进一步有效转化为农业发展优势，激发农村经济活力，让村民拥有可持续的产业脱贫致富渠道。实践中，红色文化、乡村旅游和特色农业相辅相成，相互促进，

---

① 资料来源：《青川县脱贫攻坚行业扶贫工作总结》（2020 年 7 月）。

把黄猫垭打造成了"春赏花、夏避暑、秋品果、冬踏雪"的游览胜地。

（1）挖掘红色文化资源，传递革命精神

2012年起，罗洪带领企业与镇政府一起调研和走访黄猫垭战役遗址，2016年成功将黄猫垭战役遗址纳入全国红色旅游景区。目前，黄猫垭红色旅游景区设施建设已申请到政府配套资金超过1700万元，黄猫垭商会成员捐资超过500万元，共同打造革命烈士陵园、黄猫垭战役遗址，以及红色文化广场等景点。

（2）发展乡村生态旅游，建设"中国桃花之都"

2015年起，商会投资1000万余元，商会成员和乡亲们捐款捐物，在悬崖峭壁上修建了一条宽8.5米、长15公里的快速通道"红安路"，连通了黄猫垭至广巴高速木门出口，让原来总长50多公里的盘山公路，缩短为15公里，随后又先后建设修整了断头路和乡村旅游公路20余公里，彻底解决了长期以来制约发展致富的交通难题，为黄猫垭镇脱贫攻坚产业发展奠定了坚实的基础。

为了打造黄猫垭乡村旅游的美景，商会在近100里的乡村公路两旁种植了数十种桃花，打造出中国最美乡村公路。商会成员捐资2000余万元建成了旅游文化广场3个、乡村旅游民宿2家、山坪塘15口、自来水管网25公里、路灯65公里、民用天然气管网22公里、供水站3座，并以"走红军路、观农家景、赏桃花源"为主题，引导贫困户发展乡村农家乐13家。

为了提高当地农户尤其是贫困户的参与感，一是黄猫垭每年3月份举行盛大的"桃花节"，吸引了数十万的游客；二是采取"政府+企业+村集体+贫困户"的模式，鼓励村集体以劳务入股，享受60%的旅游收益权，仅2020年桃花节入股的10个村就分红30多万元，解决了山区集体经济发展的难题。鼓励当地村民尤其是贫困户在桃花观赏基地工作，维护旅游环境，获取收入。

同时，商会与政府联动，开发黄猫垭周边旅游资源，提升乡村旅游环境。2016年，距离黄猫垭镇不远的"三溪口国家森林公园"开始重点开发，与黄猫垭乡村桃花旅游基地形成联动。2018年，黄猫垭商会与当地镇政府一起配合申请政府配套资金8000余万元，修建了连通三溪口与桃花岛的18公里乡村旅游公路，建成黄猫垭·三溪口红色生态旅游景区，2019年11月景区通过3A验收。

（3）发展特色产业，增强"造血"能力

为进一步增强黄猫垭镇的自我造血能力，商会会长罗洪联合商会其他企业家投资超过1亿元，建成万亩现代农业产业园。在精选特色产业方面，罗洪及商会成员邀请四川省农科院的技术专家全面考察了当地的土地和气候条件，选择了稀有的白肉枇杷、高山红橙、巴山红桃、黄金梨等特色水果，联合商会中15位企业家在黄猫垭乡镇的9个村中建起了七大产业园区，在全镇范围内形成园连园、园带园、园套园的产业发展格局。目前，园区建设面积超4500亩，土地涉及黄猫垭镇朝阳社区、龙狮村、君寨村和杨坝村，种植白肉枇杷1500亩、红桃1500亩、梨子600亩、沃柑300亩、新建新品种培育基地400亩，建设标准温室大棚100亩、避雨棚650亩、水肥一体化1500亩、灌溉管网15公里。

商会坚持绿色有机种植，致力于种植绿色有机、高品质的农产品。利用黄猫垭商会企业的影响力和内部网络，积极为白肉枇杷、巴山红桃、高山红橙等特色农产品进行宣传，拓宽特色农产品的销售渠道。

为激发农户和贫困户的内生动力，现代农业产业园采取了灵活的利益共享机制。在农业产业园建设初期，为减少农户和贫困户的风险采取"企业主导，农户享受土地租金和劳务工资"的模式；在农业产业园建设中后期，尤其是特色农产品的种植技术稳定，以及销售渠道建立后，采取"企业+农民合作社+贫困户"的模式，鼓励农民成立专业合作社，种植特色农产品,而园区负责提供技术指导和销售支持。

2. 主要成效

罗洪广泛动员了黄猫垭周边乡镇在外创业的100多名企业家,成立了黄猫垭商会,秉持"支持家乡发展"的信念,助力黄猫垭脱贫致富。商会创立至今,已在家乡累计投资逾2亿元,深入挖掘和开发了当地的红色文化资源,助力打造了黄猫垭乡村旅游示范景区和现代农业产业园,直接惠及黄猫垭及周边高坡、石马、化林等10个乡镇10余万群众。其中,"致富路"惠及苍旺两县10多个乡镇10余万群众,直接惠及1.5万贫困人口。乡村旅游观光园通过土地租金、园区务工、土地入股分红、种养殖联产联销等方式,带动588户贫困户、2241人实现年均可支配收入8000元以上。现代农业产业园初期即带动588户贫困户、2241人实现年均可支配收入8000元以上。

2019年,黄猫垭商会被全国工商联评定为2017—2018年度全国"四好"商会,在全国"万企帮万村"精准扶贫行动评选中获评"先进民营企业",罗洪荣获四川省2018年度"脱贫攻坚奋进奖"。

3. 经验启示

(1)坚持扶贫初心,正确协调经济效益和社会效益

企业和社会组织参与扶贫既是社会责任心的体现,也可以实现社会效益和经济效益的双赢,但是由于扶贫项目的经济回报期通常比较长,这就要求任何企业和组织在参与扶贫项目时要坚持扶贫初心,而不是短时间内追求经济效益。黄猫垭商会的各个企业家正是坚持改变家乡发展家乡的初心,把社会效益放在第一位,全身心投入扶贫项目,推动黄猫垭群众实现脱贫致富奔小康。

(2)明确"政企社"角色定位,分工协作合力扶贫

商会在实践中探索出可造血、可复制、可持续的"三位一体"精准扶贫模式,为创新社会力量参与扶贫机制贡献了黄猫垭智慧和方案。如红色文

化、乡村旅游和特色产业扶贫中,政府、企业和农户等多方力量共同参与,角色定位清晰,黄猫垭商会的企业家利用自己的商业知识、人脉网络和资金对乡村旅游与现代农业产业园建设进行了主导设计和执行,而政府提供相应的服务,并在项目后期提供了配套资金和政策支持。各主体在扶贫项目中有分工也有协作,使扶贫项目真正融入当地民众的文化和生活,改善和提高他们的生活水平。

(3)共同参与,挖掘本地特色,建立可持续的扶贫模式

黄猫垭商会发动社会力量成立企业家联盟,共同参与精准扶贫和乡村振兴事业,建立了清晰的目标和长远规划,深度考察了当地自然和人文环境的特色资源,打造了可持续的扶贫模式,提升了黄猫垭发展的"造血"能力。

(4)协调利益共享机制,打造扶贫产业命运共同体

利益分享机制是保证扶贫参与各方持续深入参与扶贫项目的制度保证,黄猫垭商会在整个扶贫项目中根据当地村民的意愿和扶贫项目建设的阶段采取了灵活的利益分享机制,使农户能够享受最大限度的利益,避免风险,增强了农户参与的积极性。同时,商会非常重视成员之间,以及政府和当地农户的情感交流,打造出扶贫项目的命运共同体,为扶贫项目成功提供了有力保证。

十八、广元市财政扶贫典型案例

——创新机制强化监管:剑阁县财政扶贫案例[①]

财政扶贫资金是贫困群众的救命钱,一分一厘都不能乱花。为切实提高扶贫资金使用效益,推动精准扶贫、精准脱贫,广元市剑阁县在财政扶贫

---

① 广元市剑阁县提供资料。

资金管理上进行了有益探索。通过推动扶贫资金整合、财政金融互动、创新财政扶贫资金使用方法，剑阁有效推动了各类行业扶贫的进程，并为创新产业扶贫模式奠定了财政基础。

1. 主要做法

（1）统筹整合涉农资金及专项扶贫资金

剑阁县坚持按照精准扶贫精准脱贫基本方略，坚持"六个精准""五个一批"要求和"聚焦对象、整合资金、集中投放、统筹推进、精准扶持"的总体思路，统筹安排专项扶贫资金、各级纳入统筹整合涉农资金和行业扶贫资金等为全县脱贫攻坚提供有力资金保障。一是强化本级资金投入。2014—2020年本级财政安排扶贫资金25527.6万元，其中财政专项扶贫资金安排13713.89万元。主要用于产业发展、农村基础设施建设、易地扶贫搬迁项目贷款利息、健康"一站式"扶贫等，确保脱贫攻坚任务落实。二是强力统筹整合财政涉农资金。2016年以来，剑阁县严格贯彻落实财政涉农资金统筹整合相关政策规定，加大涉农资金统筹整合力度，修订管理办法、规范操作流程。积极整合各方资源，集中攻坚，助力脱贫，形成"多个渠道引水，一个龙头放水"的扶贫投入新格局。2016—2020年统筹整合财政涉农资金227613万元，其中，中央资金146916万元、省级资金62518万元、市级资金3690万元、县级资金14489万元。三是加大向上争取资金力度。剑阁县认真研究扶贫政策，切实规划扶贫项目，加大扶贫项目资金争取力度。2014—2020年，向上争取中央、省、市各类扶贫资金692481.61万元，其中财政专项扶贫资金98613.5万元、易地扶贫搬迁资金245037.1万元、彩票公益金2174万元、行业扶贫资金173177.93万元、纳入整合财政涉农资金158999.18万元、地方政府债券资金3334万元、东西部协作扶贫资金10980万元、其他资金165.9万元。

（2）财政金融互动扶贫模式

财政金融互动扶贫模式是在广元市、宜宾率先进行试点并逐步向全国推广的重要财政扶贫模式。一是以扶贫小额信贷为主导。县财政出资6094万元建立扶贫小额信贷风险补偿基金，对贫困户发放"5万元以下、3年期限以内、免抵押免担保、基准利率、财政贴息"的扶贫小额信贷支持产业发展。截至2020年6月30日，剑阁县累计发放扶贫小额信贷16190笔、61719.02万元，财政累计贴息6829.55万元。二是政担银企户助力。县财政注入"政担银企户"资本金300万元，由省农担公司为新型农业经营主体在银行融资提供担保。目前，已向四川鑫茂农业科技有限公司、广元市绿创实业有限公司、剑阁三分田农业有限公司等153户新型农业经营主体累计发放贷款8183万元，吸纳贫困人口就业或收购农副产品联结惠及823户建档立卡贫困户。三是扶贫再贷款引导。人民银行充分发挥货币政策工具引导作用，加大对剑阁农商行和广元市包商贵民村镇银行的扶贫再贷款支持力度，积极运用扶贫再贷款资金以4.35%的年利率优先向1.6万多户建档立卡贫困户发放个人精准扶贫贷款、产业扶贫贷款，同时加大对吸纳贫困户就业、收购贫困户农产品的新型农业经营主体发展产业的贷款支持。2015年9月以来，人民银行向两家地方性法人金融机构累计发放扶贫再贷款27笔70740万元、展期21笔77020万元。

（3）强化监管，始终拧紧扶贫资金"安全阀门"

剑阁县结合县域实际，切实加强扶贫资金管理，着力提高资金使用效益，确保资金"监督不断链、去向不模糊、使用要精准"。一是严格专户管理，强化全程监管。建立了扶贫资金库款保障机制，严格实行财政扶贫资金专户管理和国库集中支付制度，扶贫资金支付直达收款人。强化扶贫资金监管，把事前审核、事中控制和事后检查有机结合起来，对每一笔扶贫资金预算安排、分配下达、资金支付以及绩效目标执行等环节，实行全流程动态监控。建立财政监督与纪检、监察、审计协调联动机制，充分发挥不同层面、多种形式的全方位监督管理，确保资金全程规范运行。二是强化制度建设，建立长效机制。为加强和规范财政扶贫资金管理，剑阁县始终坚持把制度挺在工作的前面，强化扶贫资金管理的制度约束和刚性。严格按照《中央和省级财政专项扶贫资金管理办法》《四川省财政专项扶贫资金县级财政报账制实施办法》等政策规定，制订出台了《剑阁县统筹整合使用财政涉农资金管理办法》《剑阁县财政专项扶贫资金县级报账制实施办法》《剑阁县村级产业扶持基金使用管理实施细则（暂行）》等资金管理办法，理顺制度衔接、扎紧制度笼子，着力构建起保障有力、措施有效、责任落实、覆盖全面的财政扶贫资金监管制度体系。三是严格督查督办，防止资金滞留。坚持"急事急办、特事特办"原则，为扶贫资金开通"绿色通道"，切实加快资金拨付进度。建立分片包干责任制度，打破预算日常管理分工模式，整合全局力量、协调部门力量、发挥纪检监察审计力量，有力有序开展扶贫资金日常监督检查，加大项目建设、问题整改的督办力度、考核力度，切实提高了资金的实际支付率和及时性，防止了资金"趴窝"，发挥资金最大效益。四是大力推行公示，主动接受监督。剑阁县制订出台《剑阁县财政扶贫资金项目公告公示制管理办法》，完善了接受社会和群众监督的长效机制，激发了群众参与扶贫资金监督的热情，增强了群众做好扶贫资金监督的政策水平，提升了全民参与扶贫资金监督的实效。各乡镇、部门通过网站、报刊、广播、公告牌（栏）等形式，准确、完整、及时地向社会公开扶贫相关政策、管理制度和扶贫资金具体项目内容、补助标准等信息。坚持"谁主管、谁负责信息公开，谁使用、谁负责公告公示"的原则，突出抓好事前项目资金分配公示、事中项目启动建设公示、事后项目竣工验收公示，全力推行县、乡（镇）、村"三级公开"制度，确保项目在阳光下管理，资金在阳光下运行。

2. 主要成效

（1）坚持以规划引领项目，以项目引导资金

剑阁县按照"资金跟着项目走"的原则，严格依据行业扶贫专项方案的项目规划，足额安排资金预算，全力保障项目实施。统筹整合财政涉农资金227613万元，全部安排用于贫困村、贫困户产业发展和基础设施建设项目。其中：投入产业扶持基金8772万元，着力解决贫困户发展产业资金筹措难题；投入种植业、养殖业等主导产业发展资金30791万元，对贫困户发展产业给予奖励补贴和以发放物资方式给予扶持；投入安全饮水资金18109万元，解决贫困村、贫困户生活用水难问题；投入水利建设资金26134万元，整治山坪塘、病险水库除险加固、治理水土流失、改善小型农田水利设施；投入贫困村村组道路建设等资金72375万元，改善贫困村生产道路落后面貌；投入村内公共公益服务设施建设资金907万元，新建、改建11个村级阵地，87个贫困村配套卫生室设施设备，改善贫困村办公环境，解决群众看病难问题；投入农村危房改造资金34134万元，解决17067户贫困户家庭住房困难；投入新村建设、环境整治资金7737万元，改善贫困户生产生活条件；投入高标准农田和土地整治项目资金10321万元，建设高标准农田94077亩；投入文化室、村级广播达标建设资金711万元，改善提升贫困村群众文化活动环境；投入贫困户小额贷款贴息资金9489万元、扶贫贷款风险补偿资金3000万元、撬动金融部门"5321"小额信用贷款，解决13593户贫困户发展产业资金短缺压力，激发发展内生动力；投入教育、卫生扶贫救助基金、雨露计划1405万元，解决贫困户看病难、就学难问题；投入其他扶贫项目3728万元，用于聘用水利巡管员、生态护林员、农业技术培训等，解决贫困人口就业难问题。

（2）管好用好四项扶贫基金

一是不断完善制度建设。建立了教育扶贫救助基金、卫生扶贫救助基

金、贫困村产业扶持基金、扶贫小额信贷风险补偿金的管理办法,落实专人、专账,强化对四项扶贫基金管理。二是加强宣传培训。充分利用政府门户网站、四川新闻网、行业门户网站等新闻媒体加强对基金政策、使用成效等方面宣传报道。同时,利用召开扶贫工作会议、发放扶贫救助政策明白卡等多种形式加大宣传力度,让全县所有部门、乡镇熟悉四项扶贫基金的操作规程和办法,让贫困群众知晓四项扶贫基金使用政策。三是加强监督检查。加大基金使用督查力度,建立上下联动监管体系和部门联动监管体系,强化日常监督检查,强化结果应用,切实提升资金使用效益。全县四项扶贫基金总规模达到14316.54万元,其中,教育扶贫救助基金484.1万元,卫生扶贫救助基金680.24万元,扶贫小额信贷风险基金4380万元,贫困村产业扶持基金8772.2万元。截至2020年6月底,累计发放教育扶贫救助基金357.74万元,惠及3838名贫困学生;发放卫生扶贫救助基金480.04万元,惠及22094户贫困家庭;发放产业扶持基金借款2607.09万元,帮助11010户贫困家庭发展产业,使用产业扶持基金4770.01万元,进行股权投资或合作经营发展村级集体经济,惠及29110户贫困家庭;通过扶贫小额信贷风险基金,引导金融机构向贫困户发放扶贫小额信用贷款16190笔、61719.02万元。

(3)创新产业扶贫模式,筑牢增收基础

以"三园"建设为载体,创新"四两拨千斤"产业扶贫方式,初步探索出了符合剑阁实际、增强贫困村贫困户"生血""造血"功能和产业发展后劲的产业扶贫新路子,村级集体经济和贫困户增收"两翼齐飞"。一是政策驱动。通过落实产业扶持基金和小额信贷政策对贫困户产业发展提供后续资金保障,形成"政策奖补+特色种养业+贫困户"的自我发展模式,引领优势特色产业成为贫困户增收脱贫的骨干产业,形成户户有增收门路、人人有脱贫路径的产业格局。二是主体带动。围绕县域主导产业,以"三园"

建设为载体，大力培育或招引新型农业经营主体，利用龙头企业的市场和技术优势发展产业，形成"新型农业经营主体＋集体经济组织＋农户"的产业发展模式，通过龙头企业与合作社、贫困户签订产销订单、代种代养、劳务承包等方式建立合作关系，带动贫困户增收脱贫。三是资金撬动。财政专项扶贫资金投入农业经营主体，形成的资产全部以计价形式量化为股权，按照"参股不控股、投资不经营、分红不担险"的原则，由村"两委"进行财务监督，农业经营主体统一经营，每年分红一次。

3. 经验启示

（1）资金整合是保障

剑阁县严格落实脱贫攻坚政策，坚持扶贫资金精准投放，积极探索，大力创新，稳妥推进，确保资金用在刀刃上，最大限度发挥了扶贫资金使用效益。以建立财政涉农资金整合平台为抓手，剑阁县做到了依法依规整合，做到了"应整尽整、弥补短板"，从而为全县脱贫攻坚工作的开展提供了有力的资金保障。

（2）统筹推进是根本

剑阁县将全行业扶贫资金统筹整合，瞄准贫困村、贫困户，突出产业发展为先、民居改造为重、基础建设为要的思路，充分发挥了财政涉农资金、专项扶贫资金在脱贫攻坚中的统筹整合效益，确保全县脱贫攻坚连战连胜。

（3）创新使用是助力

剑阁县不断加大扶贫资金使用的创新力度，既创新资产收益扶贫实现模式，扶持贫困村发展特色产业，充实壮大村级集体经济实力，也有效增加贫困户收入。同时，剑阁不断完善财金互动扶贫，进一步解决了金融精准扶贫中部分金融机构不敢贷、新型农业经营主体不能贷等问题，扩大了扶贫资金覆盖面。

十九、广元市金融扶贫典型案例
——聚焦扶贫小额信贷 创新金融扶贫实践:金融扶贫的"旺苍模式"[①]

脱贫攻坚以来,广元市旺苍县抢抓国、省两级在旺苍开展金融扶贫试点契机,坚持打好扶贫再贷款、扶贫小额信贷、村级互助资金、扶贫小额保险、"扶贫保"等金融组合拳,突出抓好财政撬动、信用保证、叠加增效、风险防控四个关键环节,着力解决"钱从哪里来、怎样贷得到、如何用得好、风险怎样控"四个主要问题,金融扶贫"旺苍模式"在全国推广。截至2019年底,全县金融精准扶贫贷款余额达19.67亿元,累计发放扶贫小额信贷9222户3.74亿元。亚非拉欧国家司处级政府官员研修班、联合国粮农组织减贫访华团先后到旺苍考察金融扶贫工作,扶贫小额保险被美国哈佛大学列为"解决贫困地区低收入人群保险保障"的成功案例进行研究。

1. 主要做法

(1)突出财政撬动,着力解决"钱从哪里来"。突出财政引导支持作用,让财政资金"小杠杆"撬动"金融资本"大市场,着力解决贫困地区、贫困人口发展资金稀缺瓶颈。一是突出财政引导作用,用"小杠杆"撬动"大资本"。坚持用好用活每个贫困村20万~30万元的村级产业发展基金、25万元的集体经济发展扶持资金、100万~250万元的产业示范园建设资金以及贫困党员精准扶贫示范项目等各类财政项目资金,撬动9.8亿元信贷资金投入贫困村产业发展。尚武镇寨梁村利用村级产业发展基金、集体经济发展扶持资金、党建扶贫资金等财政项目资金65万元,撬动金融机构发放产业带动贷款135万元,建成光伏发电基地大棚12个,发展羊肚菌4

[①] 广元市旺苍县提供资料。

亩、脆红李350亩。2018年，该村贫困户人均增收1236元。二是突出财政支持作用，将"不愿贷"变为"踊跃贷"。商业银行普通农户贷款年利率普遍在8%以上，由于利率较高，导致贫困户担心还不上款而不敢贷、不愿贷。为解决其后顾之忧，县财政每年安排扶贫贷款贴息资金500万元以上，对贫困户贷款按照不超过5%的年利率给予贴息。同时，大力推行"扶贫再贷款+扶贫小额信贷"模式，贷款利率执行人民银行同期同档次贷款基准利率，支持贫困户发展特色增收产业，有效解决了产业发展缺资金这一瓶颈问题。

（2）创新信用保证，着力解决"怎样贷得到"。针对扶贫小额信贷一系列限制性条款严重制约贫困户资金额度和受惠面问题，通过精准评定、互助联保、产权抵押等方式，着力解决"怎样贷得到"难题。一是精准评定助推"授信扩面"。出台了《创新扶贫小额信贷五条措施》，对原有评级授信"5221"办法中的贫困户诚信度评价指标及权重进行了重新界定。参考贫困户实施互助资金项目诚信情况，区别对待贫困户银行不良信用记录，对曾按期还本付息，后因不可抗力因素严重影响贷款偿还能力、无主观因素所致的，尽量不扣分以提高农户评级授信比例和放款额度。截至目前，全县有劳动能力的建档立卡贫困户已全面完成信用评级，授信总额达4.93亿元。同时，"巩固主体、延伸两头"，将贷款对象向新型经营主体、临界贫困户延伸，不断拓宽实施对象和范围。二是互助联保解决"额度需求"。针对互助资金个户贷款额度有限的问题，率先在五权镇铜钱村、鼓城乡关口村、普济镇远景村等三个互助社启动了金融创新扩面工作，以信誉好、有一定经济实力的10~20户农户信用联保，信用联社和贵商银行以人民银行基准利率授信贷款20万元给互助社，有效扩大了互助社资金运作规模。三是产权抵押激活"沉睡资产"。率先在畜禽规模养殖领域推出"活体质押贷款"，银行对贷款户畜禽活体按照市场价格确定初步价值，并根据存栏、长势等情况在最大 50% 的贷款系数内进行授信，企业可按照发展需求在授信额度内灵活周转使用。柏林畜禽公司利用"扶贫再贷款+产业带动贷款"和畜禽活体质押信贷产品，获得贷款 600 万元，以租赁、折资入股分红的方式整合九盛家庭农场等 8 家新型养殖主体、1000 余户贫困户发展养殖产业，带动贫困户人均实现年增收 6600 元。

（3）释放叠加效应，着力解决"如何用得好"。突出产业带动，创新推出"扶贫再贷款+个人精准扶贫贷款""扶贫再贷款+产业扶贫贷款""村级互助资金+扶贫小额信贷"等模式，释放叠加效应提高资金使用效率，确保扶贫资金示范带动效应。一是创新推行"扶贫再贷款+扶贫小额信贷"模式。充分利用央行扶贫再贷款政策，优先支持"龙头企业+贫困户""专合社+贫困户""专业大户+贫困户"的新型农业经营主体获得贷款，有效破解了新型农业经营主体扩大再生产缺资金难题。金溪镇中坝村彭菊华等 5 户贫困户成立南江黄羊养殖专合社后，县信用联社根据扶贫小额信贷政策，通过"扶贫再贷款+扶贫小额信贷"模式为专合社 5 户社员发放扶贫小额信贷贷款 21 万元用于购买黄羊。目前，该专合社不仅自身养殖规模已达到 1100 只，还带动周边 30 户贫困户养殖肉羊 2300 多只，并建立了肉羊销售电商平台，实现"产、供、销"一体化发展。二是创新推行"村级互助资金+扶贫小额信贷"模式。为鼓励贫困户申请扶贫小额信贷，在实施互助资金的基础上，将贫困户在互助社的信用和还款情况运用到扶贫小额信贷评级授信中，提高授信额度和贷款额度，有效解决了贫困户发展产业资金多元化需求的现实问题，推动了产业持续健康发展。龙凤镇锦旗村养殖户向贵全在加入互助社后，贷款 1 万元养殖肉牛 12 头，为扩大养殖规模，向农行申请扶贫小额信贷资金，由于他在互助社信用良好，农行很快为他再发放贷款 5 万元。目前，其养殖肉牛 80 余头，年纯收入可达 50 万元。

旺苍农商联社发放扶贫小额信贷支持贫困户发展肉牛养殖产业

（4）构建长效机制，着力解决"风险怎样控"。针对门槛降低、受惠面扩大所带来的金融机构信贷风险问题，建立县、乡村、农户三级防控体系，切实防范金融机构发放贷款风险。一是建立县级防控机制。县财政累计出资3611万元，在信用联社、农行、贵商银行等承贷银行设立"扶贫小额信贷风险补偿金"专户，按各承贷银行实际贷款额度10∶1的比例分批注入风险补偿金，用于扶贫小额信贷风险防控。同时，合理确立政府、银行7∶3风险承担责任，切实解决了政府与银行之间的责、权、利问题。二是建立村级防控机制。成立了以乡村干部和群众代表为主体的村级风险防控小组，负责扶贫小额信贷政策宣传、产业指导规划、资金使用日常监督和协助银行催收贷款；建立了村级风险互助金，由驻村帮扶单位按村贷款总额的3%~5%筹集村级风险互助金，出现逾期时，首先使用村级风险互助金进行偿还。三是建立自身防控机制。鼓励贫困户全部参与政策性农业保险、扶贫小额信贷保险、扶贫小额保险,一旦出现自然灾害、人身意外、大病伤残等风险导致还贷困难时,保险赔付资金首先用于支付银行本息。如购买扶贫小额信贷保险的主借款人及家庭成员一旦发生意外,保险金的第一顺序受益人为放贷银行,截至目前,保险公司已代为偿还承贷银行贷款28.38万元,从而有效降低了资金风险;创新开展"扶贫保",保险费用县财政承担80%、农户承担20%,截至目前,已赔付到位资金112.51万元,有效防止了贫困户因灾因意外陷入深度贫困。

2.主要成效

(1)为脱贫攻坚提供金融保障。旺苍县各金融机构始终优先满足精准扶贫、脱贫攻坚信贷需求,持续加大金融精准扶贫力度,打好以扶贫小额信贷、村级互助资金、扶贫小额保险等为核心的金融扶贫组合拳,为全县特色产业发展、重点项目建设提供了脱贫攻坚金融保障。截至2019年11月末,旺苍全县金融精准扶贫贷款余额19.9亿元,当年累计投放7.75亿元,全市排名靠前,带动服务贫困人口近10万人次。其中,个人精准扶贫贷款当年累计投放1.34亿元,产业精准扶贫贷款4.56亿元,项目精准扶贫贷款9.88亿元。

(2)发挥政府、市场财政金融扶贫合力。旺苍县充分发挥政府和市场两个方面的作用,通过财政增效、农担增信、银行增贷、企业增利、农户增收力促"政担银企户"试点贷款持续增量扩面。截至2019年11月末,全县累计为枣林、茶叶等210家农业产业化龙头企业和新型农业经营主体发放"政担银企户"试点贷款250笔、10504万元(含续贷),余额8394.63万元,直接带动965户建档立卡贫困户稳定增收。

(3)管控小额信贷风险。旺苍县不断规范扶贫小额信贷、小额保险业务,确保扶贫小额信贷资金精准用于产业发展,通过现金清收、展期续贷、风险代偿、依法打击"四个一批"做好到逾期贷款清收处置工作。截至2019

年 11 月末，全县扶贫小额信贷余额 23282.14 万元，其中逾期贷款 172.02 万元，逾期率 0.74%，略高于全市平均水平，仅略微低于全省平均水平 0.16 个百分点，全市排名居中，风险总体可控。

（4）提升普惠金融深度广度。旺苍县持续深化农村支付环境建设，确保"基础金融服务不出村、综合金融服务不出镇"；稳步推进农村信用体系建设，坚决打击恶意逃废银行债务的行为，营造良好金融生态环境；持续扩大政策性农业保险覆盖面。截至 2019 年底，全县扎实推广"1+2+N"信用救助旺苍模式，农户及新型农业经营主体融资增信机制显著改善。加强金融扶贫综合服务站点建设，实现了全县 97 个贫困村全覆盖。电子银行、云闪付、ETC 等现代支付业务持续快速增长。惠农补贴直拨到户，国库为民服务能力明显提升。持续推动银司协作，金融债权得到有效维护。根据 2018 年度四川省金融生态环境评价结果通报，旺苍县在 GDP 50 亿~150 亿元的县（区、市）中由 2017 年的第 29 名上升至第 13 名，在全部 178 个县（区、市）中，由 2017 年的第 109 名上升至第 71 名。

（5）衔接金融扶贫乡村振兴。旺苍县通过金融行业与县农业农村、扶贫开发、自然资源、财政等各职能部门的不断沟通协调，统筹现有金融扶贫政策并做好与乡村振兴助推农业产业发展贷款、农村土坯房改造贷款等的统筹衔接，充分借鉴"政担银企户"财金互动合作模式，稳步推进金融助推农业产业发展贷款，进一步加大了金融对现代农业示范园区和新型农业经营主体的支持力度，探索出了金融支持乡村振兴的有效路径。

3. 经验启示

（1）宣传发动群众是前提。坚持政府引导，把扶贫小额信贷作为破解贫困地区和贫困农户产业发展资金难题的有效途径，从宣传发动贫困群众入手，广泛开展扶贫小额信贷政策和金融诚信宣传教育，积极鼓励贫困农户使用扶贫小额贴息贷款，激发贫困农户自主发展的内动力，教育引导贷款贫困户讲诚信，按时还本付息，努力营造"有贷有还、再贷不难"的金融诚信氛围。

（2）发展特色产业是依托。特色优势产业发展是实现贫困地区经济增长和贫困农民增收脱贫的根本保障，通过贫困农户使用扶贫小额贷款，推动农村经济金融资源紧密融合、协调发展，加快形成有效益、有优势、可持续的产业群体，为带动贫困农户脱贫致富奠定坚实的基础。

（3）有效防范风险是保证。坚持把扶贫小额信贷风险防控当作大事来抓，村风险控制小组和驻村帮扶工作队积极帮助借款人科学选准发展项目，合理确定发展规模、贷款额度和期限，并通过建立县级风险补偿金、村级风险互助金与积极鼓励贷款贫困户参加各类涉农政策性保险和扶贫小额保险等措施，降低贷款风险。同时，充分运用互助资金参与式方法，鼓励各村组建互助小组，实现成员间在生产上相互帮助、在信息上相互共享、在技术上相互学习，形成互帮互助的良好氛围。

（4）金融部门主动发力是关键。结合金融机构基层服务网点分布实际情况，旺苍县政府与县信用联社、县农行、贵商村镇银行三家银行签订了合作协议，分片竞争性开展扶贫小额信贷工作，从而更加充分地发挥了金融部门的主力军作用，履行社会扶贫责任，正确处理好服从与服务、盈利与让利的关系，积极主动、更好更优质地为贫困农户提供金融服务，同时也为金融部门自身开辟了更加广阔的市场空间。

（5）创新整合金融扶贫是动力。金融扶贫方式方法的创新以及不同金融扶贫举措之间的整合叠加形成了旺苍金融扶贫模式的根本动力。旺苍县抓住金融扶贫试点机遇，以小额信贷、小额保险为核心，并逐步将村级互助资金、产业扶贫信贷、扶贫再贷款等多项金融扶贫政策整合叠加，全过程、全方位构筑了金融精准扶贫体系，为脱贫攻坚以及衔接乡村振兴提供了保障。

二十、广元市党建扶贫典型案例
——四大工程,增量提能:昭化区村干部专职化管理

村干部作为农村工作的主要承担者,处在农村工作的第一线,担负着贯彻落实党的路线、方针、政策,密切党和政府同人民群众的联系,带领群众致富奔小康的重任,是党在农村实施核心领导的关键核心。广元市昭化区通过"四大工程"推动村干部专职化管理,提升村干部专业化素养,全面提高村干部能力素质、保障基本待遇、增强日常管理水平,激发村干部的干事创业激情,鼓励其带领村民脱贫致富,实现从整体连片贫困到全面同步小康的跨越。

1. 实践举措

(1) 推进实施"人岗匹配工程"

一是按需设置村干部岗位。按照"定岗位、定职责、定人员、有报酬、有制度"的"三定两有"和"因事设岗、依岗用人"原则,根据贫困村脱贫攻坚任务大小、资源禀赋等因素,按需增设村"两委"副职、扶贫专干等职数153个。通过本地培育、人才回引、"剪刀"干部培养、机关干部选派等方式,培育小水果种植、家禽养殖、电商等专业村干部153名,增强到村到岗精准匹配。二是分岗位、分层级进行考评。研制出台《村组干部脱贫攻坚绩效考核办法》,采用日常评价和年终评价相结合,根据脱贫攻坚重点任务,细化制订5大项25小项考评指标,引入群众评价环节,强化群众评价权重,凡是群众不满意票占到30%的实行"一票否决"。三是对村干部档案进行规范统一管理。建立村干部终身档案管理制度,按照"统一建档对象、统一建档内容、统一审核审定、统一标准要求"的"四统一"标准,将村干部履历资料、学习培训资料、入党资料、奖励资料、处分资

料等7大类23小项作为建档内容，从2014年1月起，为全区780余名在任村支部书记、主任和文书逐人建立个人档案，有效增强村干部的责任感。

（2）推进实施"待遇提升工程"

一是分类确定报酬。根据全区210个行政村脱贫任务轻重和所辖人口数量，分别确定行政村类别，按照行政村类别确定报酬。二是加大激励力度。区财政统筹资金1000余万元，设立脱贫攻坚专项奖励基金和脱贫攻坚专项考核经费，统一划拨到乡镇（街道），根据年终综合考评结果予以发放，并根据不同职位明确标准。三是多渠道提高村干部报酬。设立建卡贫困村"脱贫摘帽"突出贡献奖，对当年完成整村"脱贫摘帽"任务的村给予一次性奖励，调动了村组干部干事创业热情。

（3）推进实施"优质服务工程"

一是推进科学民主决策。创新村党组织运行工作法，探索建立"听政、论证、施政、督政、评政"村级组织运行"五步工作法"制度。设立村民监督委员会，从制度上规范村干部的用权行为，防止村级权力滥用和腐败现象的滋生。二是提升为民服务质效。推行村干部8小时轮流坐班制和24小时值班制，建立村级便民服务代办站，随时为贫困群众提供脱贫政策咨询、建房手续代办、产业发展规划等专项服务。建立村干部工作纪实制度和日记月评年考"两大机制"，强化对村干部的日常考核。三是规范村干部日常行为。紧扣脱贫攻坚实际出台《村组干部脱贫攻坚正面清单和负面清单》，从对象评定、产业发展、项目建设、民风教化等方面列出奋斗目标，围绕脱贫攻坚村情摸排、政策宣讲、规划编制等6个方面列出负面清单明晰行为底线。

（4）推进实施"后勤保障工程"

一是突出能力提升。建立村干部培养长效机制，三年累计整合资金790余万元全域建立乡镇党校、农民夜校，紧扣"党性教育""法治教育""形势教育"等课题，采取"走出去""请进来"和本地培训相结合的方式，2014

年以来举办各类村组干部培训班410余期,不断提升村组干部脱贫攻坚履职能力。二是畅通上升渠道。研制出台《村党组织书记特殊津贴及评选功勋村党组织书记办法(试行)》,评选功勋村党组织书记,激发干事活力。自2014年以来,12名优秀村党组织书记享受特殊津贴,每月基本报酬实现翻番,8名优秀村党组织书记被评选为功勋村党组织书记。连续4年全区面向村干部定向招录事业人员、公务员45名,23名村干部被提拔为乡镇领导班子成员。三是加强离任保障。建立离职村干部生活补贴标准稳步增长机制,出台《村干部养老保险办法》,采取政府主导、财政补助为主与个人缴费相结合的方式,将全区新中国成立以来正常离任的1247名村干部全部纳入补贴享受范围。建立特困离退休村干部救助帮扶制度,实施定额补助、困难补助和动态管理,解决村干部离职后老有所养的问题。

2. 主要成效

经过三年的村干部专职化探索与实践,昭化区村干部队伍结构优化和带富能力显著提高,对全区的脱贫减贫起到了极大的促进作用,为探索村干部专职化管理提供了极大的借鉴意义。这一实践成果被中共中央组织部,四川省委、省委组织部,广元市委、市委组织部刊发推广,并在全国推广。

(1)村干部能力明显增强,尖兵作用充分发挥。村干部通过"支部+专合社+基地+农户"、土地入股等多种发展模式,提升贫困户户均分红和村集体收益,有力助推了贫困村"摘帽"和贫困户退出。同时,村干部专职化有效激发了村干部干事创业的内在动力,服务群众的水平明显提升,服务脱贫攻坚能力明显增强,全区脱贫"摘帽"步伐明显加快。

(2)村干部岗位吸引提升,村干部人才逐渐聚集。村干部专职化有效解决了村干部既要顾"大家"又要顾"小家"和"只让马儿跑,不让马儿吃草"的尴尬窘境,村干部"副业"变"主业",让广大村干部在岗有报酬、养老有保障、经济得实惠、政治有奔头,岗位吸引力明显增强。更多农村致富能手、返乡创业人员等"能人"回引到村"两委"班子，为村级班子换届奠定了坚实的人才基础。2014年以来，回引优秀创业人员回乡担任支部书记28名，188名产业领军人才担任贫困村"两委"主要职务，274名优秀返乡农民工被纳入村级后备干部库进行跟踪培养，147名能人被纳入村级班子换届候选人名单。

（3）村干部示范带动效应逐步显现，村级集体经济快速发展。截至2018年5月底，全区210个村集体经济全部"破零"，集体经济人均收入超过30元的村有69个，有效带动372户贫困户脱贫。61名村"两委"干部领建（办）产业园132个，吸纳就业7500余人，带领9752名贫困人口脱贫致富。截至2017年底，全区贫困人口和贫困区域实现突破发展，累计实现14244名贫困人口脱贫，36个贫困村摘掉贫困"帽子"，贫困发生率由2013年底的13.45%下降到2.73%，为实现整体连片贫困到全面小康跨越提供了坚强保障。

3. 经验启示

实行村干部专职化是打赢脱贫攻坚战的形势需要。当前村干部普遍年龄结构老化、文化水平偏低，村干部"工作无劲头、待遇无想头、政治无盼头、退后无靠头"的"四无"心态日趋凸显，能人难选难留已成为当前影响农村脱贫奔小康目标实现的重大问题。实行村干部专职化是稳定基层干部队伍的现实需要。党的十八大以来，特别是在全面从严治党和脱贫攻坚的进程中，大量资金流入农村，大批项目进驻农村，村干部权、责、利不对等，与民争利风险系数高，实行村干部专职化也是保证基层干部廉洁从政的工作需要。村干部作为带领群众脱贫致富、全面实现乡村振兴的领路人，既要懂技术，还得学会如何认路，如何判断方向，如何带领贫困群众脱贫致富。村干部专职化对于提升基层贫困治理能力、巩固拓展脱贫攻坚成果、实现脱贫攻坚与乡村振兴有效衔接有重要意义。

二十一、广元市法治扶贫典型案例

——"四抓四促"扎实推进法治扶贫：旺苍县法治扶贫案例

为增强贫困地区和贫困群众的法治意识，保障贫困群众法治权益，广元市旺苍县立足实际，强化举措，创新形式，拓展载体，牢固树立法治思维，以法治宣传、法治服务、法治护航、基层治理为着力点，四抓四促，打造了东河镇凤阳村、嘉川镇五红村、三江镇大旗村等法治扶贫示范村，实现了法治与扶贫的深度融合。

1. 具体做法

（1）抓好法治宣传，促素质提升

夯实文化阵地、建强宣传平台和创新宣传形式。一是建强宣传平台。优化《旺苍普法》微信、广电网络《法治旺苍》和新浪《旺苍普法频道》普法微博等新媒体普法平台，办好《旺苍手机报》依法治县专栏、《法之大观》电视节目、党政公众网《全面依法治县》版块和《党员 e 家》网络普法栏目等传统普法平台，形成了立体多样、融合发展的法治宣传新格局，为贫困村群众提供更加便捷、及时的法律服务。二是夯实法治阵地。扎实推动法治扶贫"五个一"工程，即确保一村一法治宣传场所、法治文化书屋、矛盾纠纷调解室、公共法律服务工作室和免费法律顾问全覆盖。在"法治文化书屋"配置了与群众生产生活息息相关的法律书籍、读本和挂图1500余册，建成法治宣传专栏97个、法律图书角97个、法治文化长廊40个，打造了东河镇凤阳村法治文化长廊、三江镇法治文化广场等一批阵地，营造了群众"休闲学法、抬头见法"的社会氛围。三是丰富宣传内容。开展了"脱贫摘帽奔小康·共建共享新旺苍"和"决胜脱贫摘帽·情暖群众心田"主题文艺巡演活动227场次，穿插了法治节目，向群众发放法治礼包

1000余个；以"乡村法治大讲堂"、农民夜校、道德讲堂、"1+12"主题法治宣传活动为载体，突出宣传宪法等与群众生产生活密切相关的政策法规336场次；各单位编印"以案说法"读本、法治口袋书和宣传资料12类，制作法治雨伞、法治手提袋、法治水杯等群众喜爱的法治产品，向贫困户发放普法资料5万余册（份），进一步提升广大群众的法律意识和基层干部依法履职能力。

（2）抓好法治服务，促群众满意

一是建强服务队伍。探索建立"法律顾问+村组干部+驻村帮扶队+法律明白人"的法治服务队伍，使每个贫困村都有一支法律服务小分队、一名法律顾问，每组有一名普法志愿者、每户有一名法律明白人。由法律顾问、"两所一庭"人员分别建立村、组和法律明白人"法律服务在您身边"微信群，不定期推送相关法治信息，解答群众法律难题。为全县5000多户建档立卡贫困户制作了"家庭法律顾问"卡，与"三卡两单"同步粘贴，使广大贫困户足不出户就能得到想要的法律服务。二是用好服务平台。建设好三级公共法律服务实体平台、四级网格管理平台，做到有阵地、有人员，实行定期值班制度；运用好"5512348法律援助电话"热线平台，做到服务零距离。发挥好"两所一庭"作用，建立"人民调解+司法确认"、公证"网上受理、现场拿证"、法律援助、司法救济"绿色通道"、移动法庭和坝坝审案、诉讼费用"缓减免"、法治宣传"点菜式+订单式"等工作机制，实行"一站式"办事，真正做到让数据多跑路、群众少跑腿。

（3）抓好法治护航，促权益保障

一是纵深推进脱贫攻坚领域扫黑除恶专项斗争。着力解决农村突出的淫秽、赌博、吸毒、传销、拐卖、非法传教等违法犯罪问题，特别是河道私挖乱采、货物运输强行招揽、操纵基层选举、地方宗族势力、侵占集体资产等，人民群众安全感、满意度进一步提升。今年以来县法院审结涉扶贫领域案件36件。二是常态开展农资制假售假违法行为。开展了"2019春雷行动"暨保健食品乱象整治专项行动。常态化开展餐饮店、药店、乡村卫生站、学校食堂以及坝坝宴的安全检查，建立登记备案、全程跟踪、责任落实等制度。深入开展"农资打假下乡"活动，在春耕、秋种等重要时点，组织开展"进千村、入千户、抽千样"农资打假下乡行动；严厉打击坑农害农违法行为，以化肥、农膜、农机及其配件等产品为执法重点，切实维护群众合法权益。三是持续开展生态环境依法治理。大力开展农村土壤污染、水污染、矿井涌水污染等防治，做到监管到位、整治到位、依法打击到位。加强环境保护，提倡低碳生活理念、使用清洁能源，切实治理排污企业等；加强米仓山、汉王山等天然林资源保护，加强东河、嘉川、普济等流域水资源保护等，促进健康养生产业、绿色有机农业、林业综合开发等健康发展。县检察院巩固提升"4321"生态环境资源检察，加大了对米仓山腹地保护力度；县林业局探索了"四制四破"林业改革促脱贫典型经验。四是加强矛盾纠纷专项治理。健全贫困村人民调解组织，建设标准调解室，做到机构、人员落实。大力加强矛盾纠纷源头治理，定期排查，提前防范，主动出击，进一步减少矛盾纠纷发生。大力开展春耕大忙生产、林地流转、婚姻家庭、劳动用工、重点工程建设、群众信访积案等矛盾纠纷专项治理，实行"三大"调解联动，协调发展诉调、访调、公调、检调，使一大批矛盾纠纷及时化解在基层。

（4）抓好共建共享，促基层治理

一是建立健全现代乡村社会治理体系。坚持自治、法治、德治相结合，在东河镇、木门镇2个镇和嘉川镇五红村、高阳镇鹿渡村等14个村建立了乡村治理示范点，不断完善"一核多元"乡村治理体系，探索建立"一约两团三平台四工程一目标"乡村治理工作机制，使群众自治活力得到激发、法治意识逐步增强、道德素养明显提升。二是完善推广村民道德积分制管理模式。进一步丰富了道德积分内容，完善评分办法。成立由乡镇驻村干部、村组干部、党员和群众代表组成的道德评议委员会，每月评分并公示积分及名次；进一步强化积分使用力度，积分与季度福利发放、年度先进评比等挂钩；同时加大集体经济发展、帮扶部门捐赠和财政投入力度，丰富贫困村道德积分超市产品。通过积分制管理，真善美得到再次弘扬、社会正能量不断传递。三是持续深化法治示范创建。大力开展民主法治示范村、法治扶贫示范村、"四好村""文明村""平安村"等各类示范创建活动，采取领导挂联、抓点示范、梯次推进等举措，通过以评促建，推动贫困村真正实现"四个好"。

2. 主要成效

通过扎实推进法治扶贫，旺苍县基本实现了在基层及时化解矛盾纠纷，截至目前，全县共排查收集矛盾纠纷 2594 件，成功调解 2592 件，群众的满意度明显提高。法治扶贫与基层治理的结合，涌现了一批先进示范村，截至目前，打造了高阳镇双午村、三江镇厚坝村等 121 个"无访村""四好村"等示范村，建成全国民主法治示范村 1 个、市级法治扶贫示范村 3 个、市级依法治村示范村 6 个。

3. 经验启示

要贴近群众生活进行法治宣传。旺苍县在法治扶贫推进过程中坚持以群众看得懂、听得懂、能接受、感兴趣的方式和内容进行法治普及和法治宣传，注重"以案释法"，选取发生在县域内的典型事例，以身边事教育身边人，引领群众自觉学法用法、依法办事。

第五篇

广元市脱贫攻坚政策建议

广元剑门云海

一、广元市脱贫攻坚取得的显著成就

绝对贫困现象实现整体性消除。立足整体连片贫困的基本市情，充分发挥"坚韧自强"的新时代广元市精神，凝心聚力攻坚克难，创新机制释放活力，脱贫攻坚取得决定性胜利，全市34.7万名贫困人口实现稳定脱贫，739个贫困村全部退出，7个贫困县区全部摘帽，贫困发生率由2013年的14.6%下降至0，提前一年历史性地实现了全域整体消除绝对贫困，走出了一条极具广元市特色的贫困治理之路。

城乡发展面貌实现显著性改善。坚持把改善城乡面貌作为重要目标，持续性保障安全住房、提升基础设施、美化人居环境，集中力量抓好交通、水利、能源等基础设施建设，县县通高速、县县通铁路，100%乡镇通油路或水泥路，100%建制村通硬化路、通客车；农村饮水安全达标率100%、自来水普及率90%；脱贫户生活用电全面达标，行政村光纤网络通达率100%。

经济社会发展实现历史性跨越。以脱贫攻坚统揽经济社会发展全局，有效激发了经济社会的发展活力。制订实施"三个一、三个三"治蜀兴川广元市实践方案，全市地区生产总值、城乡居民可支配收入连续六年增速高于全国平均水平，地区生产总值近五年连跨四个百亿元台阶、在全省排名上升一位，实现了由整体连片贫困到同步全面小康跨越。

基层治理能力实现稳步性提升。改革创新现代乡村治理制度，稳妥推进乡镇行政区划和村级建制调整改革，创新实施党建扶贫、法治扶贫，不断健全乡村治理工作体系。构建乡村组织振兴"六大体系"，全面提升基层组织的治理水平。加强农村精神文明建设、调处化解乡村矛盾纠纷，群众安全感和满意度连续六年居四川省第一位。

二、广元市脱贫攻坚中的特色经验

注重发挥市域作用，创造性推进市县抓落实。广元市在脱贫攻坚中，精准对标中央和四川省要求，准确标注市级定位，充分发挥市级作用，广泛集聚市域力量，全过程加强对全市脱贫攻坚工作的组织领导、科学谋划、统筹调度和考评监督，形成了市县联动、合力攻坚的扶贫体系。比如，2015年率先组建脱贫攻坚指挥部加强统一调度指挥，2016年率先制订超常推进三十三条措施实现尽锐出战，2017年率先制订精细化管理三十条规程下足"绣花"功夫，2018年创新制订"十强十少十不准"规定严明作风纪律，2019年制订稳定脱贫五项长效机制巩固脱贫成果，2020年制订收官战"7+1"作战方案、"强力推进十条措施"确保全面决胜脱贫攻坚战。这些特色措施目标明确，重点突出，相互联通，构成了体系完备、富有质效的脱贫攻坚"广元市战法"。

注重抓实稳定增收，多样化促进群众长效脱贫。广元市在脱贫攻坚中，立足山区特色农业大市、劳动力转移就业大市、国家农产品质量安全市这一实际，坚持把群众稳定增收作为核心目标和关键支撑，积极构建以产业发展为根本、就业创业为重点、消费带动为支撑的"三位一体"增收格局。比如，创新"三园联动"模式，建设现代农业产业园107个、村"一村一品"特色产业园2548个、户增收脱贫自强园7.4万个，发展特色农业产业480万亩，建成全球最大的红心猕猴桃基地、全国最大的黄茶基地，实现19.1万人脱贫致富。创新转移就业组织化、培训提能精准化、返乡创业园区化、扶持政策集成化"四化并举"模式，在全国设置农民工工作站和流动党员党委80余个，助推18.5万名贫困劳动者实现"一人就业全家脱贫"。构建扶贫产品认证、流通、营销、质量监管"四大体系"，认证国家扶贫产品4837个，组织189家企业入驻"832扶贫"平台，促进扶贫产品卖得好、卖得俏。

注重改善居住条件，多举措保障群众安全住房。广元市在脱贫攻坚中，坚持把改善群众基本住房和居住条件作为践行以人民为中心的发展思想、解决群众急难愁盼问题的紧要任务，实行搬迁重建、排危改造、功能提升相结合的工作举措，让群众不仅住上安全舒适的房子，还能记得住乡愁乡情。比如，抓住易地扶贫搬迁机遇，创新推出差异化搬迁规划好、规范化建设住房好、多元化发展产业好、文明化新风生活好的"四化四好"易地扶贫搬迁模式，制订住房选址指南、住房设计指南，建成集中安置区515个，搬迁安置贫困人口3.3万户10.9万人。加大农村危旧房改造力度，在全国率先实施差异化补助、重点帮扶、分类改造等安居扶贫措施，一体推进改水、改电、改卧室、改厨、改厕、改圈和建微田园、建入户路、建沼气池、建阴阳沟、建垃圾屋、建院坝"六改六建"，改造危旧房9.64万户，受益人数达31.81万人（其中贫困户4.2万户13.86万人）。

注重强化投入保障，多渠道汇聚社会各方合力。广元市在脱贫攻坚中，立足"吃饭财政"的实际，坚持开源聚流、民生优先，以有限的财政投入带动其他投入，构建形成多渠道整合、多元化投入的大扶贫格局。比如，积极整合财政投入，坚持"多个渠道引水、一个龙头放水"，以年度脱贫计划为导向，统筹整合财政涉农资金投入脱贫攻坚，累计投入财政扶贫资金450亿元。大力撬动金融资本，创新"扶贫再贷款+扶贫小额信贷"模式，贷款余额187.23亿元。创新"政担银企户"财金互动模式，1148家农业经营主体获贷6.32亿元。主动加强浙江—广元扶贫协作，与浙江3市6县区携手创建东西部扶贫协作示范市，实施帮扶项目264个，引导111家浙企来广兴业，培训干部人才2.2万人次，合作共建"6+1"产业园区，6个受帮扶县区各建1个、市本级建1个产业园，已引导入园投资企业19个，实际投资3亿元。习近平总书记关注的浙江省黄杜村捐赠的"白叶一号"茶苗长势良好，浙广扶贫协作成效显著。广泛汇聚社会合力，加强与3个中央国家机关、28个省级定点帮扶单位沟通衔接，争取直接投入帮扶资金5000余万元、帮扶项目1100多个。持续开展"不忘党的恩、先富帮后富、携手奔小康"活动，800余家民营企业、1100个社会组织、10万余名爱心人士积极参与，累计投入社会资金67亿元。

注重夯实发展基础，全方位加强农村社会治理。广元市在脱贫攻坚中，坚持把加强农村治理制度创新和能力建设作为脱贫攻坚的重要内容，大力完善村党组织领导下的村级治理体制机制，积极构建自治、法治、德治相结合的乡村善治体系。比如，积极推进乡镇行政区划和村级建制调整改革，实现了乡镇、村、组数量调减、布局调优、成本降低、效能提高。持续开展"干部讲政策、专家讲技术、典型讲经验、群众讲党恩、做新型农民"活动，890名科技特派员经常性到村指导，1.5万名专业人才支农支教、义诊义治，培育家庭能人2.4万余名、新型职业农民2500余名。落实"三盯""三公开"要求，扶贫项目资金使用管理全过程接受群众监督。推行"文明新风积分管理"，评选"百佳示范脱贫户"1440户，新时代农村文明新风得到深化涵养。

三、广元市巩固拓展脱贫攻坚成果同乡村振兴有效衔接面临的挑战

返贫致贫风险依然存在。个别贫困群众虽然脱贫，但收入水平仍然较低，抵御返贫风险的能力较弱，一旦出现自然灾害、意外事故、重大疾病或其他特殊情况，容易导致返贫。此外，个别发展能力较差的边缘户，也可能因以上原因致贫。

新冠肺炎疫情带来不利影响。当前疫情形势仍然严峻，疫情防控进入常态化阶段，将在大环境上持续影响贫困群众务工就业、农产品销售、脱贫攻坚项目实施等，不利于群众稳定增收和脱贫攻坚成果巩固拓展。

扶贫产业带贫作用尚待增强。当前农村群众仍然以外出务工为主要增收方式，参与扶贫产业发展的群众数量不多、比例不高。产业扶贫项目仍存在特色不鲜明、市场竞争弱、带动能力弱、经济效益低等现实问题，不利于充分发挥产业扶贫的益贫功能和群众增收的支撑效用。

资金保障存在明显短板。虽然广元市近年来经济社会发展取得明显成效，但地处秦巴山区落后地区、总体经济发展水平低、发展基础薄弱、地方财力紧张的局面没有得到根本改变，许多工作还须依靠中央、省财政支持和转移支付，无论是脱贫攻坚成果巩固拓展还是乡村振兴高效推进都存在资金保障的瓶颈制约。

四、巩固拓展脱贫攻坚成果同乡村振兴有效衔接的政策建议

广元市走出了一条极具特色的市域贫困治理实践之路，形成了可复制、

可推广的整体连片贫困地区发展经验。广元市脱贫攻坚经验的总结提炼，可为其他地区提供有益借鉴。为更好推动集中连片脱贫地区高质量发展，特提出以下政策建议：

完善防贫保障机制。坚持近期扶贫与长远防贫政策有效结合，从制度层面防范返贫风险。通过产业扶贫和教育扶贫等提升贫困群体的可持续发展能力，增强其抵御各种风险的韧性和抗逆力。完善防贫预警监测机制并使其常态化，精准评估返贫风险，把潜在贫困群体纳入重点监测对象范围，从源头上阻断绝对贫困发生。完善社保机制，提升兜底保障水平，探索构建扶贫机制与社会保障"一张网"。统筹抓好疫情防控和扶贫防贫工作，通过推动产业发展、组织劳务输出、提升网络销售等系列举措有效应对疫情影响。

夯实产业就业基础。充分挖掘本地优势产业资源，加快建设高质量的产业园区，培育特色产业项目，打造高质量的特色产品。鼓励、引导、支持返乡人员自主创业，带动群众就业增收，促进市域"归巢经济"快速发展。提高群众的组织化程度，增强应对市场风险的能力。完善产业发展的利益联结机制，使群众共享产业发展的经济效益。加强农村电商、物流配送等基础设施建设，促进农产品线上线下销售，有序开拓外地消费市场。大力发展地区主导产业，完善产业发展链条，构建科学的产业发展体系，为乡村振兴奠定良好的产业基础。

拓展东西协作空间。以建设东西部协作示范市为机遇，持续深化东西部协作的实践探索。扩大东西部协作示范效应，以产业协作为重要抓手，借助浙江等地资金、技术、市场、人才、信息优势和管理经验，有效借力的同时立足自身资源禀赋和资源优势，在人才培养、产业发展、劳务协作、教育医疗共建等方面加强合作，形成优势互补、互利共赢的良性发展局面。

增强群众内生动力。持续强化感恩教育，引导广元市人民更加发自内心、坚定不移听党话、跟党走、感党恩。注重价值引领，倡导向上向善的民风、家风，引导群众树立崇德尚俭、艰苦奋斗、自强自立等价值观念，增强群众脱贫奔小康的思想自觉和行动自觉。同时，加强产业扶贫、教育扶贫、健康扶贫和就业扶贫等工作力度，不断提升群众的综合素质和职业技能，积极培育新型农业经营主体，增强农村发展的"造血"功能。

加大政策支持力度。建议加大对集中连片脱贫地区的支持力度，在乡村振兴重点帮扶县和东西部协作市县安排方面给予政策倾斜。加大对广元市建设成渝地区北向重要门户枢纽、高品质生态康养"后花园"、绿色产品供给地和产业协作配套基地支持力度。争取国家同意设立川陕革命老区综合改革试验区和"川陕革命老区振兴发展专项资金""川陕革命老区振兴发展基金"、对川陕革命老区制订差别化存款准备金率政策，探索革命老区振兴发展新路径。

后 记

　　广元市是川陕革命老区、边远山区、集中连片贫困地区和5·12汶川特大地震重灾区"四区合一"的特殊贫困地区，所辖7个县区6个属于国定贫困县、1个属于省定贫困县，2013年贫困人口达34.8万，贫困发生率为14.6%，脱贫攻坚任务十分艰巨。党的十八大以来，广元市委带领全市人民认真贯彻习近平新时代中国特色社会主义思想和习近平总书记关于扶贫工作重要论述，牢记总书记对广元市"两封来信""一次视察""一次接见"重要嘱托，坚决落实党中央、国务院、四川省委省政府决策部署，把脱贫攻坚作为最大的政治责任、最大的民生工程、最大的发展机遇，以脱贫攻坚统揽经济社会发展全局，力破广元之困，大兴广元之干，加速广元之变，2020年底全市7个县区全部摘帽，739个贫困村全部退出，贫困人口全部脱贫，脱贫攻坚取得历史性成就，全市经济发展动力明显增强，区域性整体贫困全域整体消除，人民生活水平显著提高，为四川打赢脱贫攻坚战做出了广元市贡献，也为全国市域贫困治理和集中连片贫困地区脱贫提供了易地扶贫搬迁、产业扶贫等广元市经验，贡献了广元市智慧。

为全面总结广元市在脱贫攻坚中取得的显著成绩和成功经验，广元市委在2020年初7个县区全部通过脱贫摘帽验收后，对全面系统总结脱贫攻坚实践经验进行了安排。2020年5月，在中国扶贫发展中心的指导下，广元市扶贫开发局对外发布项目公告征集研究团队，选择华中科技大学减贫发展研究中心实施《广元市决战决胜整体连片贫困到同步全面小康跨越》研究项目。6月19日，中国扶贫发展中心召集广元市有关部门、华中科技大学减贫发展研究中心、华中师范大学社会学院，召开广元市脱贫攻坚总结研究项目方案评审暨启动会，组织专家学者对广元市脱贫攻坚总结研究项目实施方案进行评审，讨论安排项目启动工作。随后几个月，由华中科技大学减贫发展研究中心向德平教授牵头组建的课题组赴广元市利州区、昭化区、朝天区、苍溪县、旺苍县、剑阁县、青川县开展实地调研，广元市委书记王菲两次接见课题组专家并介绍广元市情况，广元市相关市领导和市级部门负责人参与座谈，全面介绍情况并提供翔实资料。课题组在调研结束后，分工负责完成了广元市课题研究报告撰写工作。研究报告总结提炼了广元市决战决胜整体连片贫困到同步全面小康跨越的主要经验。广元市委王菲书记和有关市领导及市扶贫移民局相关负责人对项目成果提出宝贵意见。2020年12月，中国扶贫发展中心召开广元市脱贫攻坚总结研究项目结项评审会，组织专家对项目成果进行评审，与会专家充分肯定了项目成果。

本书是在课题研究成果的基础上编写而成。书稿由华中科技大学减贫发展研究中心向德平牵头负责，华中科技大学向德平、武汉大学社会学院罗珍珍、张坤撰写第一篇和第五篇；郑州轻工业大学政法学院宋雯撰写第三篇第四章，第四篇第九、十、二十一章；山东师范大学公共管理学院胡振光撰写第二篇第四章第一节和第三节，第三篇第二章，第四篇第一、二章；中南财经政法大学哲学学院向雪琪撰写第二篇第四章第四节，第三篇第五

后 记

章，第四篇第十二、十五、十七章；武汉大学社会学院梅莹莹撰写第二篇第四章第七节和第八节，第三篇第三章，第四篇第六、七、八章；武汉大学社会学院何瑾撰写第二篇第四章第六节和第九节，第三篇第一章，第四篇第十一、十三、十六章；罗珍珍撰写第二篇第一、二章和第四章第五节，第三篇第六章，第四篇第二十章；华中科技大学社会学院向凯撰写第二篇第五、六章，第四篇第十八、十九章；张坤撰写第二篇第三章和第四章第二节，第三篇第七章，第四篇第三、四章。

中国扶贫发展中心主任、北京大学贫困治理研究中心主任黄承伟研究员全程指导课题研究和报告撰写，负责报告稿审定。中国扶贫发展中心副主任曾佑志、罗朝立，金融扶贫处负责人李国强同志先后对项目研究给予支持和指导。中国社会科学院社会学研究所研究员王晓毅、中国农业大学人文与发展学院教授左停、北京师范大学中国扶贫研究院院长、教授张琦，复旦大学六次产业研究院常务副院长、教授王小林，中国农业科学院农产品加工研究所研究员张春晖，研究出版社张博等先后对课题研究、报告稿修改提出了指导意见。在此一并表示感谢！

课题组

2021 年 1 月

图书在版编目（CIP）数据

跨越：广元市从整体连片贫困到同步全面小康的探索/中国扶贫发展中心组织编写．--北京：研究出版社，2021.3

ISBN 978-7-5199-0856-0

I. ①跨… II. ①中… III. ①扶贫－研究－广元 ②小康建设－研究－广元 IV. ① F127.713

中国版本图书馆 CIP 数据核字（2021）第 044559 号

跨越：广元市从整体连片贫困到同步全面小康的探索
KUAYUE: GUANGYUANSHI CONG ZHENGTI LIANPIAN PINKUN DAO TONGBU QUANMIAN XIAOKANG DE TANSUO

中国扶贫发展中心　组织编写

责任编辑：王卓然

研究出版社 出版发行

（10011　北京市朝阳区安华里 504 号 A 座）

河北赛文印刷有限公司　新华书店经销

2021 年 3 月第 1 版　2021 年 3 月北京第 1 次印刷

开本：710 毫米 ×1000 毫米　1/16　印张：19

字数：253 千字

ISBN 978-7-5199-0856-0　定价：58.00 元

邮购地址 100011　北京市朝阳区安华里 504 号 A 座
电话（010）64217619　64217612（发行中心）

版权所有·侵权必究
凡购买本社图书，如有印制质量问题，我社负责调换。